珞珈铸魂丛书

# 珞珈铸魂

武汉大学课程思政论文集

（第二辑）

主编 姜昕

WUHAN UNIVERSITY PRESS

武汉大学出版社

**图书在版编目(CIP)数据**

珞珈铸魂 : 武汉大学课程思政论文集. 第二辑 / 姜昕主编 . —
武汉 : 武汉大学出版社, 2025.7. — 珞珈铸魂丛书 . — ISBN 978-
7-307-24629-4

Ⅰ. G641
中国国家版本馆 CIP 数据核字第 2024AA4043 号

责任编辑:李彤彤　　　责任校对:汪欣怡　　　版式设计:韩闻锦

出版发行: **武汉大学出版社** 　 (430072　武昌　珞珈山)
　　　　　 (电子邮箱: cbs22@ whu.edu.cn　网址: www.wdp.com.cn)
印刷:武汉邮科印务有限公司
开本:720×1000　 1/16　　印张:17.5　　字数:284 千字　　插页:2
版次:2025 年 7 月第 1 版　　 2025 年 7 月第 1 次印刷
ISBN 978-7-307-24629-4　　　定价:78.00 元

# 珞珈铸魂：武汉大学课程思政论文集

## （第二辑）

## 编委会

主　编　姜　昕

副主编　邱　超

编　委（以姓氏拼音为序）

　　　　陈慧女　陈苏一　陈训威　姜　昕

　　　　邱　超　唐　飞　王　郢　杨　威

　　　　张　晶　朱智敏　邹进贵

# 序

教育兴则国家兴，教育强则国家强。党的十八大以来，党中央坚持把教育作为国之大计、党之大计，作出加快教育现代化、建设教育强国的重大决策，推动新时代教育事业取得历史性成就、发生格局性变化。当前，我国已经建成世界上规模最大的教育体系，正面临从"教育大国"向"教育强国"的系统性跃升和质变。2023 年 5 月，习近平总书记在中央政治局就建设教育强国进行第五次集体学习时强调："我们要建设的教育强国，是中国特色社会主义教育强国，必须以坚持党对教育事业的全面领导为根本保证，以立德树人为根本任务，以为党育人、为国育才为根本目标，以服务中华民族伟大复兴为重要使命，以教育理念、体系、制度、内容、方法、治理现代化为基本路径，以支撑引领中国式现代化为核心功能，最终是办好人民满意的教育。"

基于我国高等教育发展面临的新形势和新任务，高校思想政治教育作为一项系统性工程，必须坚持思政课程与课程思政同向同行，充分调动各学科专业力量和资源，调动一切育人主体、发掘一切育人资源、形成强大育人合力。武汉大学高度重视课程思政建设，在学校课程思政建设工作领导小组的组织领导下，持续推进课程思政示范体系建设，引导全校教师切实将课程思政建设落实到课程目标设计、教学大纲修订、教材编审选用、教案课件编写和教学效果评价等方面，贯穿于课堂授课、教学研讨、实习实训、创新创业等各环节，确保课程思政建设落实落细、见功见效，形成"课程门门有思政，教师人人讲育人"的全覆盖课程思政建设格局。2024 年，学校成功举办"第二届武汉大学课程思政教学研究论文评选活动"，以评促教、以评促研，推动广大教师强化课程思政建设意识，进一步探索课程思政建设规律，提升育人能力和育人水平。

本论文集收录的是 2024 年"第二届武汉大学课程思政教学研究论文评选活动"中遴选出来的 27 篇优秀论文，涉及哲学、经济学、法学、文学、历史学、理学、工学、医学、管理学、艺术学及交叉学科等，覆盖新工科、新医科和新文科等多个领域的课程思政教育教学探索。论文研究内容聚焦当前高校课程思政教学内容供给、教学方法实施、教学评价研究等重点、难点、前瞻性问题，围绕高校课程思政教育理念、课程思政元素挖掘、课程思政创新路径、课程思政实践经验、课程思政教学效果等方面开展深入探索，对于深化高等教育教学改革，提升高校人才自主培养能力具有重要启示性价值。

课程思政既是高校落实立德树人根本任务的战略性举措，也是高校教师开展高水平教学研究的重要领域。武汉大学将持续开展课程思政教学研究论文评选活动，通过跨学科交流，系统总结不同学科专业的课程思政教育教学经验，探索课程思政教育教学创新规律，推出高水平课程思政教学研究成果，为同行开展课程思政教育提供借鉴和参考，推动课程思政建设和高等教育教学创新发展走深走实，为早日实现教育强国目标而共同努力！

# 目　　录

课程思政助力人才培养

——以"比较文学"课程建设为例 ………………………… 张　晶（1）

从延安出发：高校艺术类课程思政教育的方法与路径探析 ……… 刘艺琴（9）

高校课程思政教学设计与教学方法研究

——以"当代中国经济改革与发展"课程为例 ……………… 李雪松（20）

中华优秀传统文化融入课程思政的路径思考

——以"中国法制史"的课程建设为例 ……………………… 钟　盛（32）

"植物发育生物学"课程思政建设的探索研究 ………… 袁婷婷　张雅䜣（41）

水利工程测量课程思政实践途径分析

………………… 金银龙　严　鹏　刘　全　吴云芳（49）

课程思政视域下"护理学导论"课程教学设计与效果研究 …… 欧阳艳琼（62）

课程思政在"护理学导论"课程中的应用研究 ………… 张　青　邹智杰（73）

思政教育融入"急诊医学"教学的探索与实践 ………… 甘佼弘　金晓晴（80）

思政元素融入"口腔生物学"教学的探索与实践 ……………… 傅夏洲（86）

跨文化教育视域下大学英语课程思政实施探讨 ……………… 邓长慧（96）

价值引领的技术：影视人类学与"Z世代"的视听传播教育 …… 陈凯宁（104）

新时代中国特色社会主义政治经济学课程改革和

思政效果研究 ………………………………… 余　江　叶　林（118）

党政话语国际传播背景下中共党史党建专业英语

课程建设刍议 ………………………………………… 周　迪（143）

新文科背景下社会学专业课程思政教学探索与实践

——以"中国乡村研究"课程为例 ……………… 李向振　刘亚品（156）

新时代环境影响评价课程思政教学设计 …… 王　艳　赵　林　赵　曦（166）

1

高校环境微生物学实验课程思政教学改革与探索
………………………………………………… 朱联东　关晓楠（174）
专业课程教学中的思政教育探索
——以武汉大学城乡规划专业课程为例 ……… 陶翙婷　张鼎璘（182）
数智赋能的机器学习课程思政教学路径与实践
………………………………… 曾园园　江　昊　隋竹翠（193）
《网络地理信息系统原理与技术》教材建设和课程思政
………………………………………… 孟令奎　黄长青（202）
"色彩原理与应用"课程思政的设计与实施 ………………… 马桃林（214）
医学类课程思政的"为何"与"何为"
——以"医学免疫学"课程为例
……………… 罗凤玲　韩　莉　刘万红　刘　敏　章晓联（225）
思政精神融入预防医学专业实践教学的探索与实践
… 俞　斌　燕　虹　王　超　朱元忠　丁红利　鲍　维　朱俊勇（231）
课程思政融入公共卫生研究生教学探索与实践
——以"选题依据与数据再分析"为例
………………………… 张敏哲　陈　锐　余宏杰　何启强（237）
基于纸数媒融合教育游戏的专业课程思政探索
………………… 钱　俊　陈云阳　刘　毅　李　莉　周奕华（244）
以思政元素为主线，培养口腔健康促进的践行者 …… 台保军　刘　畅（253）
基于教材的高级汉语综合课课程思政教学探索
——以《HSK 标准教程 5》为例 ……………………………… 陈　静（263）

# 课程思政助力人才培养

## ——以"比较文学"课程建设为例

张 晶

（武汉大学 文学院，湖北 武汉 430072）

**摘 要**：课程思政建设是高校人才培养体系建设的基础工作，事关立德树人根本任务的落实。"比较文学"是武汉大学文学院中国语言文学专业本科生的专业核心课程，旨在培养立足中国又面向世界，坚定文化自信又秉持文明互鉴，在多元文化对话中构建中国话语的德才兼备的新文科人才。"比较文学"在推进课程思政建设的过程中，以学情分析明确育人目标、以学科特性挖掘思政资源、以学习环境创新教学模式，试图以价值塑造与知识传授、能力培养相融合的课程思政探索推进武汉大学高质量的人才培养体系建设。

**关键词**：课程思政；人才培养；比较文学；学情分析；学科特性；学习体验

**作者简介**：张晶(1982— )，湖北黄石人，文学博士，武汉大学文学院副教授、硕士生导师，武汉大学"351人才计划"教学岗位"珞珈青年学者"，武汉大学课程思政教学研究示范中心副主任，武汉大学教学咨询师。主要研究方向为比较文学与世界文学、海外华文文学与华裔文学、中国文学的跨文化传播等，E-mail：Jennyzh@ whu. edu. cn。

**基金项目**："351人才计划"教学岗位(413200176)、国家级一流本科课程"比较文学"、武汉大学课程思政示范课程等多项教学改革项目。

党的二十大报告明确指出，"教育、科技、人才是全面建设社会主义现代化国家的基础性、战略性支撑"，深刻阐明了教育、科技与人才在全面建成社会主义现代化强国中的地位和作用，凸显了新时代建设教育强国的重大意义。为党育人、为国育才是中国高校的办学之本，立德树人、铸魂育人是中国高校的立身之本。进入新时代，中国高校要回答好"培养什么人、怎样培养人、为谁培养人"这个教育的根本问题，就必须构建高质量的人才培养体系。全面推进课程思政建设既是落实立德树人根本任务的战略举措，也是全面提高人才培养质量的重要任务。本文以建设国家一流本科课程"比较文学"为例，从开展学情分析、立足学科特性与重视学习体验三方面的具体做法，探讨"比较文学"如何在课程思政建设中明确教学目标、优化教学内容、创新教学方法，进而实现价值塑造与知识传授、能力培养相融合，育人与育才相统一的人才培养目标。

## 一、以学定教：结合学情定位育人目标

课程思政建设要尊重教育教学规律和人才培养规律。教学具有教育性，这是东西方自古以来都公认的一条教育规律，揭示的正是教书与育人相统一的原则。教学活动在有效地传授知识、培养能力的同时，还要有意识地培育学生的人格发展、情感意志、思想品德和价值观念。这正是"教书育人"在教育学中的合理解释："教书与育人统一的原则，是指教师在教学过程中使思想品德教育与知识教学有机地结合起来，二者相辅相成、相互促进……教书与育人相结合，既有利于知识的教学，又使思想教育充满活力，二者相得益彰。"[1] 教育部在 2020 年印发的《高等学校课程思政建设指导纲要》（以下简称《纲要》）中明确要求："落实立德树人根本任务，必须将价值塑造、知识传授和能力培养三者融为一体、不可割裂。"[2]

"比较文学"是武汉大学文学院自 2004 年以来持续为中国语言文学专业三年级学生开设的一门文学专业课程，旨在引导学生系统地掌握比较文学批评的基本方法，灵活运用跨文化与跨学科的方法合理阐释世界文学交流互鉴的现象。其前修课程包括中外文学史、文学理论、语言学等专业基础课程，同时还要为学生在高年级段的学年论文写作、实习实践和毕业论文设计提供必要的实践训练。因而对于中国语言文学专业的本科生而言，"比较文学"是一门学习起来有挑战度，但同时又对未来从事文学专业研究大有益处，兼具理论性与实践性的高阶性课程。

为了确定"比较文学"课程思政建设的方向，我们首先对标武汉大学的办学定位和中国语言文学专业的人才培养目标，以"培养什么人、怎样培养人、为谁培养人"为目标导向，致力于培养德才兼备的拔尖创新人才，服务于国家

的长远发展战略。党的二十大开启了我国全面建设社会主义现代化国家的新征程，深入实施科教兴国、人才强国战略，造就大批德才兼备的高素质人才，是国家和民族长远发展大计。作为全国首批双一流高校，武汉大学率先倡导以"成人"教育统领"成才"教育，坚持为党育人、为国育才，着力造就"厚基础、宽口径、高素质、创新型"的拔尖创新人才。武汉大学文学院的中国语言文学专业学脉深远、教泽广被，正以国家一流本科专业的博雅教育和强基计划的精深教育为特色，致力于培养卓越且有担当的具有国际视野的复合型创新性中文人才。因此，作为武汉大学中国语言文学专业核心课程的"比较文学"在传授比较文学批评理论与研究方法的同时，还肩负着引领学生坚定文化自信、坚守中华文化立场、推进文明交流互鉴的铸魂重任。

　　同时，为了清楚地知道学生在课程学习前的知识储备、能力水平以及思想状态，为随后开发教学内容和组织教学过程做好准备，我们在开课前设计了专门针对"比较文学"课程的课前学情调查问卷。问卷题目主要围绕着学生的人文素养、科研实践能力、人文学术意愿等多方面的情况展开。如问卷中设置题目"面对世界文学的经典作品或你有阅读兴趣的文学作品，你是否有胸有千言却无从下笔的感觉？A. 总是会有　B. 常常会有　C. 偶尔会有　D. 从来不会"，这是为了了解学生对自我文学批评能力的认知。还有"请列举出你所知道的三位重要的文学理论家或文学批评家，古今中外皆可"，这是为了预估学生对文学理论的关注程度和文化倾向。"如果请你推荐一本文学研究的著作，你会想到哪一本？"这是在测试学生课前理论学习的阅读程度及偏好。我们还想知道汉语言文学专业的学生对于未来从事人文学术研究的意愿和态度，如题目"本科毕业之后你是否有在文学专业继续深造的想法？""你如何理解人文学术的意义？"等。这份问卷通常是在"比较文学"的导论课上让学生现场扫码完成。通过对学生提交的问卷进行数据分析，我们发现近几届学生普遍存在着以下几个问题：他们有着敏锐的文本感知能力但缺乏科学的批评方法；有探索人文学术的热情但缺乏实践训练的机会；熟悉西方现代理论话语但传统文化的根基相对薄弱；关注个人功利，以人文研究回应时代之问、世界之问、中国之问的学术使命感较为淡薄。

　　由此，在综合把握国家、学校和专业人才培养方向与课前学情问卷反馈的具体学情之后，我们对"比较文学"课程"知、行、意"三位一体的教学目标进行了全方位的调整：在知识层面上，更加重视对文学研究方法论的学习；

在能力层面上，更加强调文学批评实践的训练；在价值目标上，更加凸显对中华优秀传统文化的创造性转化和创新性发展。具体而言，我们希望学生通过"比较文学"课程的学习，既能深入理解比较文学自近代以来不断超越与拓展的学科历史，系统掌握比较文学学术的基本原理，又能自如地运用比较文学的研究方法分析问题、解决问题；还可以树立平等多元的文化价值观和人类命运共同体理念，从而成为立足中国又面向世界，坚定文化自信又秉持文明互鉴，在多元文化对话中构建中国话语的德才兼备的新文科人才。

## 二、以学为体：依托学科挖掘思政资源

自《纲要》颁布以来，课程思政建设已经在全国所有高校、所有学科专业中全面推进，其本质就是要"寓价值观引导于知识传授和能力培养之中，帮助学生塑造正确的世界观、人生观、价值观"，指向的正是高校落实立德树人成效、全面提高人才培养能力的核心工作。这也对我们教师开展课程思政建设的教学能力提出了更高的要求，《纲要》指出："要深入梳理专业课教学内容，结合不同课程特点、思维方法和价值理念，深入挖掘课程思政元素，有机融入课程教学，达到润物无声的育人效果。"[3] 对于课程思政建设而言，教师必须要有重构课程知识体系与教育内容供给的能力。课程思政建设要求我们在价值塑造、知识传授和能力培养三位一体的育人目标的指导下，从课程的知识体系中深度提炼出蕴含其内的思想价值与精神内涵，重构知识与价值和谐并生的内容体系。

首先，我们以学科特性串联知识模块，构建知识与价值同体共生的内容体系。对于一门课程而言，课程思政建设所要挖掘的思想教育资源正是这门课程知识系本身所蕴含的价值理念。因而，课程思政建设在设计教学内容时的首要任务是要优化知识体系，将课程所要传授的知识内容按照合理的学科逻辑在系统的学理框架中被有序地重组。只要课程本身的知识体系在学理上能够成立，从各个知识点中提炼而出的价值元素就会自然有所关联，而不是一盘散沙、各自为政。早在 2010 年，我们教学团队在编写《比较文学教程》时就提出了"比较文学的学科特性在于主体间性"的新观点。[4] 此后，在历次的课程教学实践中，我们不断优化课程的知识体系，以主体间性为主线，搭建起以"事实材料间性关系研究""美学价值间性关系研究""文学与其他学科间

性关系研究"三大方法论为专题模块的课程知识体系，并分别从中挖掘出"文化自信与文明互鉴""和而不同与美美与共""学科融合与学术创新"这些内涵丰富、意义深远的思政元素。

其次，我们以学科脉络重组知识模板，构建传统与前沿并重的方法论体系。"比较文学"是文学学术研究的方法论课程，学生对比较文学方法论中蕴含的"文化自信与文明互鉴""和而不同与美美与共""学科融合与学术创新"这些理念的理解需要通过学术史的学习来强化。"事实材料间性关系研究""美学价值间性关系研究""文学与其他学科间性关系研究"这三大方法论在国内外很多教材中被冠以"影响研究""平行研究""跨学科研究"，并与特定的时代思潮和学术流派捆绑在一起，以至于将影响研究等同于法国学派，将平行研究等同于美国学派。为了避免对比较文学方法论简单化与刻板化的学习，我们根据比较文学自 19 世纪以来在全球发展的学科史，梳理出每一种方法论在国内外学界提出、构建和完善的历史线索，既引导学生关注比较文学研究方法在特定历史时期内的起源与传统，也为学生提供比较文学最新的前沿热点问题和学术发展动态。

在此基础上，我们以中国话语建设资源库，重估中国学派对比较文学学科理论的学术贡献。我们不仅在史料文献中发掘晚清、五四以来，中国学者对世界文学交流、中外文学比较、文学跨学科研究的真知灼见，而且整理了中国学者和海外华裔学者在近半个世纪以来为中国比较文学复兴所提出的新观点与新方法。在学习"事实材料间性关系研究"时，我们将梁启超、许地山、陈寅恪开辟的中印文学关系史研究和陈铨、范存忠的《中德文学研究》《中国文化在启蒙时期的英国》作为中外关系史实证研究的典范案例，以补充实证主义的国际文学关系史研究。我们还将章太炎、黄遵宪、苏曼殊、徐念慈、周桂笙、孙毓修等人在清末民初发表的中外文化比较之论添加到"美学价值间性关系研究"的理论案例库中，说明早在 20 世纪初中国的比较文学就已经呈现了鲜明的跨文化比较意识。正如乐黛云先生所言："它(比较文学)的产生标志着中国文学封闭状态的终结，意味着中国文学开始自觉地融入世界文学之中，与外国文学开始平等对话。看不到这一点，就看不到比较文学在中国兴起的重大意义与价值。"[5] 除此之外，20 世纪 60 年代台湾地区学者的阐发研究、70 年代美国华人学者叶维廉提出的"文化模子"论，以及 21 世纪以来中国学者提出的"译介学""变异学""文学人类学"等学术成果都被我们作为学术前沿热点纳入"比较文学"课程的案例资源库中。

## 三、以学促改：聚焦课堂创新教学模式

课程是人才培养的核心要素，直接决定着人才的培养质量，而课堂又是课程的直接载体，课程建设的育人目标最终要通过课堂的教学活动来实现。因而课堂教学是课程思政建设的重点，是全面推进课程思政建设的主渠道。《纲要》强调："要把课程思政融入课堂教学建设的全过程。""要坚持学生中心、产出导向、持续改进，不断提升学生的课程学习体验、学习效果，坚决防止'贴标签''两张皮'。"[6]这就要求我们在进行课程思政建设时要充分认识到课堂教学设计的重要性，通过开展以学生为中心的课堂教学方式和学业评价方式的改革与创新，让课程思政建设在课堂教学中真正落地落实。

我们将构成"比较文学"知识框架的"事实材料间性关系研究""美学价值间性关系研究""文学与其他学科间性关系研究"三大方法论作为"比较文学"课程的三个教学单元，每一个教学单元介绍一种比较文学的方法论。那么是否存在着一种教学模式能够适用于"比较文学"三种不同的方法论的学习呢？我们认为这样的教学模式首先应该以学习者的学习体验为中心，其次，应该适合于学习兼有原理与方法双重属性的方法论。而对于学习者而言，每一种方法论的学习必然都要经历从"信息接收"到"内化吸收"再到"实践运用"的过程。因此，我们以学生学习方法论的认知体验过程作为组织"比较文学"课程教学的基本程序，并在教学程序的每一个环节明确以学生学习为主、教学引导为辅的教学任务，采用线上线下相结合的教学方式，创造出一种师生共学、全程互动的教学氛围，实现知行意相融合的教学目标。

在实际教学过程中，我们将翻转课堂(Flipped Classroom)与PBL(Problem-Based Learning)这两种教学方法结合起来，对"比较文学"的教学模式进行整体性的设计。翻转课堂主要针对比较文学三大方法论的原理教学，由课前的自主式学习与课堂的研讨式学习组成。PBL则是针对比较文学方法论的实践教学，由课前的合作式学习和课堂的情境式学习组成。这样，每一个教学单元都有2次师生共同参与的线下课堂教学和2次学生自主式学习，并按照"个人自主学习(3学时)—原理研讨课(2学时)—团队自主学习(2学时)—实践展示课(3学时)"的流程进行。

在原理研讨课之前，学生通过教师在"智慧珞珈"上提供的慕课资源、文献资源和案例资源，理解每一种方法论的历史演进、理论内涵与运用要点。我们在2021年启动了"比较文学"慕课项目，主要采用讲授法和案例法，通过慕课清晰明确的讲解、短小精悍的形式、生动丰富的案例更好地实现比较文学课程在理论知识与价值观念上的融合。在线上自主学习环境中，学生可以充分发挥学习的主动性，自由安排学习的时间、环境和节奏。而我们则为不同能力层次的学生设计不同梯度的学习任务，引导学生认识自我并选择适合自己的学习内容：基础任务是观看"比较文学"慕课视频并完成测试题，进阶任务是用思维导图梳理慕课的知识结构，学有余力的学生还可以进一步学习慕课讲授中提及的理论原典和经典案例，并建立学习档案。教师则需要根据学生提交的学习档案整理学习难点，列出研讨清单供原理研讨课使用。

在完成线上自主学习任务之后，师生按约定的时间进入线下的翻转课堂。翻转课堂是在真实的教室中进行，不再是以教师传授知识为主、学生被动接受的传统课堂，而是以学生为中心、以问题为驱动、以研讨为形式的互动课堂。原理研讨课按照小组研讨、组间交流、教师点评三个环节进行，以生生对话和师生对话的形式开展同伴式学习和探究式学习，聚焦于研讨课前学生自主学习的难点，并进行深入的讨论和交流，教师要引导和协助学生通过讨论、思考和辨析解决课前存在的疑惑和问题。原理研讨课后，学生需要提交学习档案并评价自己和小组同伴的学习表现。

原理研讨课之后，我们还要继续为学生创造自主学习的环境，鼓励学生通过线上线下的团队合作运用"比较文学"的方法论开展自主选题和合作研究。这期间，学生需要以小组讨论的方式决定展示项目的选题、分工以及观点汇总，并在研讨课前三天将小组展示项目的PPT上传到学习通的讨论区。师生在团队自主学习之后的下一周再次回到线下课堂。这次的线下课堂模拟学术研讨会进行情境式教学。每个小组选出一名同学担任发言人，其他小组各选出一人担当评议人，由上一次展示课的最佳发言人担任主持人，其他同学扮演观众。课堂的组织顺序是先由展示小组汇报选题，其他小组给出建议与评价，教师在所有小组展示交流完成之后，引导学生结合实践展示的选题对本单元学习的方法论进行反思，启发学生尊重事实、灵活运用方法论介入文学批评。

我们对"比较文学"课程思政建设的探索归根结底就是相信学生可以在"问

中学"和"做中学"中获得成长，通过创造线上与线下多种自主式学习和探究式学习的教学环境，构建一种生生交流、师生共学的对话式教学氛围，使学生在精准掌握比较文学批评理论和有效提升文学批评能力的深度学习中，真切感受比较文学自诞生以来始终面向世界、回应时代、开拓创新的学科魅力。

◎ **参考文献**

[1]余文森，王晞．教育学[M]．北京：北京大学出版社，2009．

[2][3][6]中华人民共和国教育部．教育部关于印发《〈高等学校课程思政建设指导纲要〉的通知》[EB/OL]．http：//www.moe.gov.cn/srcsite/A08/s7056/20181017_351893.html，2018-10-17．

[4]《比较文学概论》编写组．比较文学概论[M]．北京：高等教育出版社，2018．

[5]乐黛云．比较文学发展的第三阶段[J]．社会科学，2005(09)：170-175．

# 从延安出发：高校艺术类课程思政教育的方法与路径探析

刘艺琴

（武汉大学　新闻与传播学院，湖北　武汉　430072）

**摘　要：** 高校艺术类课程融入思政协同育人，是培养青年一代人才的必要手段。本文针对高校艺术类课程思政教育中出现的一些困惑及难点，对接国家教育政策与要求，提出在艺术类课程中融入思政元素时，可以通过引导学生开展经典理论学习、文化融合与创新、立足新时代扎根生活实践等方式开展课堂内外的教学活动，将专业教育与思政教育有机融合，实现课程思政教育培养符合时代需求的、德才兼备的人才的育人目标。

**关键词：** 在延安文艺座谈会上的讲话；艺术类课程；教学；人才培养；思政建设

**作者简介：** 刘艺琴，博士，武汉大学新闻与传播学院教师，主要研究方向为广告与视觉传达设计，E-mail：tianxinc@163.com。

　　"培养什么人、怎样培养人、为谁培养人"始终是教育的根本问题。[1]课程思政并不是教育理念的创新，而是教育本质功能的回归，是为社会主义现代化建设夯实思想基础和人才基础。教育部于 2020 年印发《高等学校课程思政建设指导纲要》（以下简称《纲要》），强调"要寓价值观引导于知识传授和能力培养之中，帮助学生塑造正确的世界观、人生观、价值观"。[2]对此，《纲要》明确了艺术类专业课程推进课程思政建设的主导思想，即要在课程教学中教育引导学生立足时代、扎根人民、深入生活，树立正确的艺术观和创作观。要坚持以美育人、以美化人，积极弘扬中华美育精神，引导学生自觉传承和弘扬中华优秀传统文化，全面提高学生的审美和人文素养，增强文化自信。[3]

　　高校艺术类课程在高校的教育中占据着重要的位置。它们既可以作为专业学科进行独立教学，又可以交叉运用于多个学科进行辅助教学，还可以作为通识课程供全校学生选修，其在以美润心、以美育人等方面发挥着重要作用。因此，高校艺术类课程要紧跟国家发展趋势，对接国家教育政策，抓好课程思政建设，解决"培养什么人、怎样培养人、为谁培养人"的根本问题，培养真正对社会、对国家有用的艺术设计人才。

# 一、高校艺术类课程思政教育的现状及问题

近年来，一些高校的艺术专业紧跟我国教育发展趋势，在课程思政建设方面取得了不少成果，培养了一批德才兼备的艺术设计人才。但是，仍然有部分高校的艺术类课程思政教学中，艺术与思政"两张皮"的问题没有很好地解决。如何在艺术类课程中融入思政内容，提升学生的艺术素养和政治素养，是当前高校艺术类课程亟待解决的问题。结合国家的艺术类人才培养目标看，当前在艺术设计类课程中融入思政教育还存在不少难点和堵点，主要有以下几个方面。

## （一）教师在课程思政教育中缺乏能动性

目前部分艺术设计类专业教师侧重专业知识、专业技能和技法方面的传授，主要是围绕作品在视觉上的艺术呈现，即艺术设计作品如何构思、打磨、修改、加工及润色等进行教学，注重专业技法和审美能力的提高，对课程思政的重要性、必要性认识不足，思想上有抵触甚至是不满情绪，认为艺术与思政无关，在艺术课程中强行加入思政内容显得格格不入，白白浪费了宝贵的专业课程时间。因教师自身思想认识不够，对开展思政教育还心存犹疑，教师的教育主动性不够，积极性、创造性也不强。

## （二）西方审美价值观在艺术设计界仍有较大影响

我国高校艺术教育起步较晚，一些艺术设计理念相对滞后，在学习西方的艺术理念及设计方法的过程中产生了盲目崇拜的心理，导致对各种西方艺术思潮与观念不加区分地全盘接受，创作中的西化倾向突出，对国内的艺术教育产生了较大干扰。

（三）思政教育能力有限，教育资源匮乏，教学方式单一

一些教师由于自身的思想教育水平与能力有限，教学创新思路不开阔，教学效果不好，难以得到学生的认可。突出的表现是在教学中存在"两张皮"，专业课教师只会教专业知识，不知如何在专业教学中融入思政教育，导致专业课程与思政教育割裂，令思政教育显得生硬、机械、枯燥，吸引不了学生，难以产生"共情"。同时，许多艺术设计类课堂仍然沿用较为传统的教学方式，主要是在课堂中讲授理论、指导技法，教学形式单一，与社会生活实践联系不够紧密。这样的结果是课堂教学不生动、不鲜活，不仅不利于学生想象力、创造力的培养，还会使学生对火热的社会生活漠不关心，陷入为艺术而艺术或闭门造车的误区。

因此，将专业课程与思政教育深度融合，探索出适应新时代需求的课程思政之路是高校艺术教育的当务之急。在此，笔者结合经典文艺理论的学习，从艺术课程教学的视角，尝试探讨艺术课程"艺术+思政"的实践路径与方法，以提升艺术课程的育人质量，为培养符合时代需求的艺术人才提供思路。

## 二、"从延安出发"：补上不该缺失的第一课

高校艺术类课程实践性强，在专业训练中，学生更多注重专业知识和技能学习，他们想象力丰富、思维活跃，但是对思政课的学习不感兴趣，也不重视，这容易导致他们理想信念薄弱，政治素养不够过硬。传统艺术设计类课程的入学第一课，通常都是向学生讲述课程框架、内容纲要、概念、定义等专业知识。笔者以为，要将专业教学与思想政治理论课紧密结合，全面提升学生的政治理论素养，应从专业课的"绪论"开始，应始于让学生站在一个艺术"高点"，这个"高点"就是经典文艺理论。

（一）把握理论精髓，感受真理力量

1942年5月，毛泽东同志发表《在延安文艺座谈会上的讲话》（以下简称《讲话》），《讲话》"开启了社会主义文艺发展的新纪元，直接奠定了几十年来文艺工作的主基调"[4]。

《讲话》围绕"我们的文艺是为什么人的""如何去服务"两个问题展开，一

是解决文艺工作的对象，即文艺作品给谁看的问题；二是指出文艺为人民大众服务的正确途径，明确了文艺创作的出发点、落脚点和实现路径。《讲话》中指出："为什么人的问题，是一个根本的问题，原则的问题。""文学艺术中对于古人和外国人的毫无批判的硬搬和模仿，乃是最没有出息的最害人的文学教条主义和艺术教条主义。中国的革命的文学家艺术家，有出息的文学家艺术家，必须到群众中去，必须长期地无条件地全心全意地到工农兵群众中去，到火热的斗争中去，到唯一的最广大最丰富的源泉中去，观察、体验、研究、分析一切人，一切阶级，一切群众，一切生动的生活形式和斗争形式，一切文学和艺术的原始材料，然后才有可能进入创作过程。"《讲话》中的真知灼见犹如灯塔一般拨开思想迷雾，指出了中国文艺的发展道路与方向，"中国文艺发展的道路贯穿着一条为人民创作，以人民喜闻乐见的方式书写、记录人民生活和时代巨变的主线"[5]。

### （二）紧随真理步伐，赓续红色文化

八十多年过去了，作为指导文艺工作的纲领性文件，《讲话》依然闪耀着真理的光芒。习近平总书记曾有过不少关于文艺创作方面的表述，都是对《讲话》的继承与发展。他指出："坚持以人民为中心的创作导向。"[6]"一个民族的复兴需要强大的物质力量，也需要强大的精神力量。广大文艺工作者要从这样的高度认识文艺的地位和作用，认识自己所担负的历史使命和责任。文艺要反映好人民心声，就要坚持为人民服务、为社会主义服务这个根本方向。"[7]"一旦离开人民，文艺就会变成无根的浮萍、无病的呻吟、无魂的躯壳。"[8]"在新的起点上继续推动文化繁荣、建设文化强国、建设中华民族现代文明，是我们在新时代新的文化使命。"[9]

领袖们的讲话都道出了文艺的使命与发展方向，这也应该成为我们今天进行艺术教学的理论指导，"要坚持以习近平新时代中国特色社会主义思想为指导，继承和弘扬《讲话》精神，增强'四个意识'、坚定'四个自信'、做到'两个维护'，以强烈历史主动精神推进社会主义文化强国建设，为实现中华民族伟大复兴提供强大价值引导力、文化凝聚力、精神推动力"[10]。

### （三）筑牢思想之基，明晰思政之理

只有明确了立场、态度和方向，在艺术实践中才会有激情、有灵感、有

创造力。创作如此，育人亦如此。笔者在教学中，把研读、深读《讲话》作为艺术设计课程开课的第一课内容。通过引导学习，使学生明确创作宗旨与目的，这远比讲一些专业方面的概念、定义及课程内容框架更重要。因为知道为什么创作、为谁创作，关系到艺术创作的出发点和落脚点问题。开课第一讲，提醒学生时刻牢记艺术创作为人民大众服务的宗旨，"源于人民、为了人民、属于人民，是社会主义文艺的根本立场，也是社会主义文艺繁荣发展的动力所在"[11]。

在新时代，文艺工作者为人民提供健康、积极、先进的文化产品，满足人民日益增长的精神文化需求，让大众感受美、欣赏美、创造美，就是为人民服务。只有让学生深刻领会了《讲话》精神，才能明确创作的目的和对象，心中有人民，才能真正做到"以人民为中心"，创作出为中国人民所喜闻乐见的优秀作品；才能在民族文化与外国文化中找到有益的滋养，在不断拓宽艺术视野时充满文化自信，创作出更多反映民族复兴进程中积极向上、朝气蓬勃、努力奋进的作品，为国家的发展、民族的昌盛、人民的幸福加油鼓劲。这是思政教育的出发点与根本任务。

## 三、如何"从延安出发"：融合与创新，课程思政教育的实践方法

### (一) 解析"两个结合"，把握"融合"内涵

落实到具体的课程思政教学中该如何开展，《讲话》中的论述对我们也有指导作用："对于中国和外国过去时代所遗留下来的丰富的文学艺术遗产和优良的文学艺术传统，我们是要继承的，但是目的仍然是为了人民大众。对于过去时代的文艺形式，我们也并不拒绝利用，但这些旧形式到了我们手里，给了改造，加进了新内容，也就变成革命的为人民服务的东西了。"将马克思主义与中国的国情与历史相结合，就是"给了改造，加进了新内容"的具体做法。今天，习近平文化思想对这一理论有了继承和发展："在五千多年中华文明深厚基础上开辟和发展中国特色社会主义，把马克思主义基本原理同中国具体实际、同中华优秀传统文化相结合是必由之路。'两个结合'是我们取得成功的最大法宝。"[12]这段话启发我们在专业课的教学

中，只要用心去挖掘中华优秀传统文化中的丰富内涵，任何学科、任何知识点都可以有机融入思政内容。我们认为，在艺术设计类课程中融入思想教育尤其有其自身优势。因为艺术作品的直观性更强，作品本身就是作者情感的外化表达，更容易调动人的情感、引发共鸣与思考。这就要求教师要用心、用情去寻找中华优秀传统文化、红色文化等元素的融入点、结合点，并将其巧妙融入艺术教学内容中。

### （二）引导审美迁移，激发情感共鸣

发掘不同艺术门类之间的美学关联，进行迁移联想与再创作，是一种很好的创作方式，在借鉴—融合—创新中激发学生对传统文化的热爱之情，其效果往往事半功倍。如笔者在讲授色彩这一设计基础知识时，从学生们熟悉的春晚舞蹈《只此青绿》说起。这个舞蹈源自我国北宋画家王希孟创作的《千里江山图》。其色彩搭配及运用上别具一格，整幅画面以青、绿、黄等色彩为主，通过明艳有层次的色彩，描绘出绵延耸立的山峰、静静流淌的江水、宁静高远的天空，展现出作者眼中春天的绮丽与美好。启发学生体会"颜色本身只是一种物理现象，但是当观者看见艺术设计作品时，就会将作品中的颜色与自己的视觉心理相呼应，从而激发其对应的情绪、产生具有一定心理倾向的色彩情感。当色彩情感介入设计活动，就可以进阶地作用于人的精神本质和审美鉴赏"[13]。让学生感受到名画中的色彩情感与古典美学的对应关系，领略中华古典绘画的美学思想与传统文化的魅力。笔者在启发学生赏析作者独特的审美趣味及创作技法的同时，还提醒他们：现代人以《千里江山图》为摹本，创造了具有中式审美的舞蹈诗剧《只此青绿》，化物为人，转静为动，将二维平面上的山水静态之美转化为四维空间上的少女动态之美，不仅从跨界艺术门类中汲取创作灵感，还呈现出古典绘画中山水营造出的意境之美、自然之美，是现代舞蹈的创意，也不失为艺术题材创新的典范。

### （三）彰显文化之美，发掘育人元素

在指导学生进行具体的创作时，笔者也思考如何融入思政教学内容。如通过 2008 年北京奥运会海报、会徽设计案例，指导学生分析这些设计是如何巧妙地将中国独有的水墨艺术、书法艺术与体育特色相结合，呈现出作品主题。在让学生观察、感受设计的色调、气韵和意境的基础上，还有所拓

展——阐释了中国古典艺术的独特文化思想——倡导天人合一。中国水墨画、书法艺术呈现的不仅仅是视觉艺术之美，更是一种哲学思考。中国古代艺术家将人与自然万物看作一个和谐的整体，天、地、人是世界的组成部分，三者各司其职，各美其美，共同维持着世界的平衡。这种平衡，宁静、美好，令人向往。这就是和谐，人与自然的和谐！通过分析，启发学生更深入地理解当前我国倡导的人与自然和谐共生的发展理念，如绿色发展、生态文明建设等，都来自中华五千年文明的积淀，都是有优秀的历史文化基因的，让学生直观地感受中国传统艺术是中国艺术创作的根脉。之后笔者将"绿色发展""生态文明建设"等作为课程作业主题，要求用中国元素进行创作。经过教师的案例讲解，学生在搜集资料、构思与创作等过程中，对这些理念有了新的认知与感悟，提升了对传统文化的理解和兴趣，在创作中会更多地使用、善用中国元素，不仅进一步增强了民族自信与文化自信，还让东方美学在与世界接轨中焕发出新的生机。

在专业课程的教学中，选择学生熟悉、感兴趣的案例及典型主题设计，不仅能激发他们的学习兴趣，还能让他们深刻体会中华传统文化的博大精深。在教授专业技能，启发学生感叹古人卓越的艺术表现力的同时，引导其思考融合创新对艺术创作的重要性，以及传承、发展中华优秀传统文化的新路径。

# 四、践行"从延安出发"：立足新时代，课程思政教育的实践路径

在艺术课程的教学中，教师应将鲜明的育人导向贯穿教学的全过程。可以通过宣讲时政，引导学生把握时代脉搏，树立正确的国家观和社会观，增强对国家和文化的认同感。还可以打造移动课堂，将授课空间由教室拓展到社会，深入挖掘思政育人资源，以学科意识、人文情怀、职业导向、主流价值观为思政教育与专业教学的接入点，推动课程教学与思政教育同向同行，提升现代艺术课程的教学与育人质量。

## (一)紧扣时代主题，凸显育人导向

创作的主题不鲜明、题材单一，是艺术工作者常常为之苦恼的问题。对

此我们可以从《讲话》中找到破解方法："党的文艺工作，在党的整个革命工作中的位置，是确定了的，摆好了的；是服从党在一定革命时期内所规定的革命任务的。"这段论述指出，每个时代都有不同的重点工作，每个时代的人都有不同的职责使命，都应"服从党在一定革命时期内所规定的革命任务"，只有把握时代的要求，才能使艺术创作最终达到服务人民、服务社会的目的。"广大文艺工作者要紧跟时代步伐，从时代的脉搏中感悟艺术的脉动，把艺术创造向着亿万人民的伟大奋斗敞开，向着丰富多彩的社会生活敞开，从时代之变、中国之进、人民之呼中提炼主题、萃取题材，展现中华历史之美、山河之美、文化之美，抒写中国人民奋斗之志、创造之力、发展之果，全方位全景式展现新时代的精神气象。"[14] 教师在授课时通过引导学生学习领袖讲话，启发他们在加强思想理论与专业课学习的同时，还应关注现实、关心时事，围绕国家某一时期的中心工作，用自己的创作去宣传、贯彻党和政府的政策与号召，创作的激情与灵感就会不断涌现。

当前，大力弘扬爱国主义精神是新时代文化宣传的主旋律、主基调。"当代文艺更要把爱国主义作为文艺创作的主旋律，引导人民树立和坚持正确的历史观、民族观、国家观、文化观，增强做中国人的骨气和底气。"[15] 在艺术课程中开展爱国主义教育，南京艺术学院师生开展的"开山岛"主题实践活动就取得了良好的教学效果。开山岛是一座海防小岛，王继才夫妇守岛卫国 32 年的事迹感动了亿万国人，南京艺术学院师生多次登岛，开展现场学习教育活动，通过手绘开山岛绘本、制作开山岛模型、刊发《感悟开山岛》文集、开发开山岛文创产品等多种艺术形式，宣扬王继才夫妇守岛 32 年背后的坚定信仰和爱国奉献精神。师生们通过现场教学与课后创作，丰富了课程思政的开展形式与教学内容，做到了思政教育和专业能力培养的深度融合。

（二）升华实践感悟，丰富教学内容

艺术是面向大众的艺术，也是面向生活的艺术。创作没有素材、没有灵感，到哪里寻找能打动情感的爆发点和不期而遇又转瞬即逝的灵感？《讲话》给我们提供了方向："人民生活中本来存在着文学艺术原料的矿藏，这是自然形态的东西，是粗糙的东西，但也是最生动、最丰富、最基本的东西；在这点上说，它们使一切文学艺术相形见绌，它们是一切文学艺术的取之不尽、用之不竭的唯一的源泉。"习近平总书记在文艺座谈会上强调："关在象牙塔里不会有持久的文艺灵感和创作激情。"[16]"文艺创作方法有一百条、一千条，但最根本、最关键、最牢靠的办法是扎根人民、扎根生活。"[17]"不能以自己的个人感受代替人民的感受，而是要虚心向人民学习、向生活学习，从人民的伟大实践和丰富多彩的生活中汲取营养，不断进行生活和艺术的积累，不断进行美的发现和美的创造。"[18]笔者常在教学中强调，真善美无处不在，只是缺少发现它们的眼睛。学生应该放下身段，走向沸腾的生活，走到人民大众中，才能创造出更大的社会价值。"社会生活是文学艺术创作取之不尽、用之不竭的唯一源泉。因此，想要发展社会主义先进文化，就必须融入生活，从中选择最生动、最丰富的东西加以表达。文艺工作者要想创作出优秀的文艺作品，不仅要有丰富的知识储备和对艺术表现手法的精湛把握，而且还要具有对社会生活的洞察力以及对时代精神的感悟力。到人民群众中去感悟人生，才会文思泉涌，到生活的海洋中去披沙拣金，才会佳作迭出。"[19]

这些阐述对艺术思政教育有很大的启发。在新冠疫情期间，笔者让学生围绕"抗疫"这一主题，参与抗疫宣传的创作设计。他们深入社区、医院、快递站体验生活，通过亲身体验全国人民在抗疫斗争中的团结一致、英勇无畏，在"伟大的逆行者""平凡的志愿者"等众多事迹中深受感染，创作激情油然而生，灵感不断闪现。他们在用心构思、反复推敲、精雕细凿的创作中体会到"以人民为中心"的深刻内涵，以及对社会主义制度、中国共产党领导的进一步认同，更加坚定了制度自信、道路自信。这种启发教育是潜移默化的，取得的效果远胜于空洞的说教。

### (三)拓宽教学空间，延展思政内涵

"中国文化根脉在乡村，中国美学之根也在乡村，中国乡村有其独特的自然美、人文美、器用美和艺术美。"[20]将艺术教学从殿堂课堂走向乡土田间，面向更广阔的天地，帮助学生进一步打开艺术创作的思路，找到更多的灵感，是一些艺术高校的创新做法。如中央美术学院启动建设"社会美育工作站"，中国美术学院融艺术课程与社会工程为一体，构筑"以艺术点亮乡村、以美育润泽乡土"的社会大美育体系等。艺术类专业的师生深入乡村，发挥专业特色优势，围绕农业发展和乡村生活的现代化进行设计赋能，把艺术设计应用到乡村，让现代乡村建设更具审美韵味，既增强了乡村建设的社会效益和经济效益，又展现出艺术类课程思政独特的育人价值。这种教学方式不仅受到学

生的欢迎，取得了良好的教学效果，还获得了很好的社会反响。

在走向田野、走向农民的过程中，艺术类专业的师生既可以是美育工作的施教者，也可以成为美育工作的受益者：他们和农民可以同时具有教师和学生两种身份。《讲话》中就有精到的表述："一切革命的文学家艺术家只有联系群众，表现群众，把自己当作群众的忠实的代言人，他们的工作才有意义。只有代表群众才能教育群众，只有做群众的学生才能做群众的先生。"对此，湖北美术学院打造的"稻田计划"项目就有生动的阐释。师生一改往日在教室上课的模式，授课空间由教室转向湖北法泗村落，教师引导学生在田间地头、荷塘乡道中寻找和观察自然形态，并结合当地特有的人文自然景观资源，分析和挖掘当地典型的文化形态，探索创意空间形态的多重表达。同时，他们还聘请法泗村的村民来指导学生，利用当地的自然材料和传统工艺进行艺术创作。这些成功案例都是师生深入社会现场，扎根时代生活，在发现与创造劳动之美、人民之美的过程中，塑造了青年学子的美好心灵、提高了其创作能力，同时又满足了人民对美好生活的需要。

高校艺术类课程思政教育要求教师既要传授专业知识，又要进行价值引领，以此来更好地回应习近平总书记对艺术教育工作者的嘱托："做好美育工作，要坚持立德树人，扎根时代生活，遵循美育特点，弘扬中华美育精神，让祖国青年一代身心都健康成长。"[21] 故教师首先要引导学生加强经典理论学习，用理论去指导创作实践。在教学实践中，鼓励学生深入社会大课堂，把握时代脉搏，扎根生活，从生活实践中挖掘创作主题与素材；启发学生从中华优秀传统文化的土壤中发掘艺术滋养与美学元素，并不断进行融合创新；引导学生关注中国式现代化建设的社会现实，围绕国家发展战略目标，满足人民对美好生活的向往，把作品创作在祖国的大地上，用作品服务社会，成为弘扬、传承民族文化的代言人。

在课程思政教育中，教师应鼓励学生坚定信念，找到自己的创作根脉，"为青少年打好精神底色、夯实人生根基，助力其成长为担当民族复兴大任的时代新人"[22]，用自己的艺术才华为祖国的繁荣昌盛鼓与呼，为中华民族的伟大复兴作出自己应有的贡献。

## ◎ 参考文献

[1]中国政府网．习近平主持中央政治局第五次集体学习并发表重要讲话

［DB/OL］. https：//www. gov. cn/yaowen/liebiao/202305/content _6883632. htm？eqid＝be8ce80e00032eba000000056479b9e0，2022-05-13.

［2］［3］中国政府网. 教育部关于印发《高等学校课程思政建设指导纲要》的通知［DB/OL］. https：//www. gov. cn/zhengce/zhengceku/2020-06/06/content _5517606. htm，2020-05-08.

［4］人民网. 解读习近平出席文艺座谈会并讲话：超规格［DB/OL］. http：// politics. people. com. cn/n/2014/1016/c1001-25847616. html，2014-10-16.

［5］阎晶明.《从延安出发》：延安文艺的当代意义［N］. 光明日报，2022- 05-25.

［6］［7］［8］［15］［16］［17］［18］习近平. 在文艺工作座谈会上的讲话［N］. 人民日报，2015-10-15.

［9］［12］习近平. 在文化传承发展座谈会上的讲话［J］. 求是，2023（17）： 4-11.

［10］王沪宁. 纪念毛泽东同志《在延安文艺座谈会上的讲话》发表80周年座谈会在京举行 王沪宁出席并讲话［N］. 人民日报，2022-05-24.

［11］［14］习近平. 在中国文联十一大、中国作协十大开幕式上的讲话［N］. 人民日报，2021-12-15.

［13］田少煦，夏文英. 数字媒介环境下动画影像的色彩情感及色彩设计研究［J］. 现代传播，2023（03）：104-110.

［19］宋扬. 人民是文艺工作者的母亲——毛泽东《在延安文艺座谈会上的讲话》的核心理念［J］. 内蒙古民族大学学报（社会科学版），2013（01）： 62-65.

［20］方李莉，范晓颖. 中国艺术乡建的理论与实践［J］. 美术，2023（07）： 6-19.

［21］新华社. 习近平给中央美术学院老教授的回信［J］. 美术，2018（10）：6.

［22］吴丹，丁雅诵，闫伊乔. 不负重托办好学校思想政治理论课［N］. 人民日报，2024-03-18.

# 高校课程思政教学设计与教学方法研究

## ——以"当代中国经济改革与发展"课程为例

李雪松

（武汉大学　经济与管理学院，湖北　武汉　430072）

**摘　要：** 高校课程思政是实现立德树人育人目标的有效途径和重要渠道。以"当代中国经济改革与发展"课程思政建设为切入点，针对时代性体现不够、思政元素运用不够、跨学科融合不够、技术运用不够、实践教学开展不够等问题，构建以内容知识、方法手段和能力素养相结合的教学新模式，将课程核心内容归纳为制度、运行、发展和开放这四个有机统一的板块，开发使用时代案例法、体验探究法、多维比较法、主体交互法等教学方法，实行"课前—课中—课后—课（期）末"全流程质量管理，实现知识传授、能力培养、价值塑造和实践应用四维协同的育人效果，体现课程价值目标、知识目标、能力目标的统一。

**关键词：** 高校课程思政；教学设计；教学方法；当代中国经济改革与发展

**作者简介：** 李雪松（1974— ），男，湖北襄阳人，经济学博士，武汉大学经济与管理学院教授、博士生导师，研究方向为区域可持续发展，E-mail：4175933@ qq. com。

**基金项目：** 2023 年湖北本科高校省级教学改革研究项目"中国特色经济学拔尖创新人才培养中的实践教学改革与创新研究"、2021 年武汉大学示范课堂建设项目"当代中国经济改革与发展"、2023 年武汉大学 MOOC 课程项目"当代中国经济改革与发展"。

## 一、引言

在高等教育日益国际化和多元化的背景下，课程思政作为一种新型的教育理念，正逐渐受到广泛关注。课程思政强调在传授专业知识的同时，融入思想政治教育元素，以培养学生的社会责任感、历史使命感和创新精神。思想政治理论课的课堂教学是高校思想政治教育的主战场，也是实现立德树人育人目标的重要渠道。[1]这种教育模式的出现，不仅是对传统思政教育方式的创新，更是对高等教育质量的全面提升。[2]

然而，如何有效地将思政元素融入专业课程，实现知识传授与价值引领的有机结合，一直是高校课程思政面临的难题。[3]本文以武汉大学经济与管理学院的"当代中国经济改革与发展"课程为例，试图通过深入剖析该课程思政教学的设计与实施过程，探讨高校课程思政教学的有效路径和方法。

本文试图通过对"当代中国经济改革与发展"课程思政教学实践的梳理和总结，为高校课程思政教学的设计与实施提供有益的参考和借鉴。同时，也期望能够激发更多教育工作者对课程思政教学的思考和探索，共同推动高等教育事业的进步与发展。

## 二、高校课程思政教学设计与教学方法的基本要求和基本原则

### (一)高校课程思政教学设计与教学方法的基本要求

高校课程思政教学设计与教学方法的理念是以立德树人为根本任务，以培养学生的社会责任感、历史使命感和创新精神为核心目标，实现知识传授与价值引领的有机结合。[4]具体而言，应该坚持以下两个基本要求。

**1. 以人为本全面发展**

高校课程思政教学设计与教学方法应坚持以学生为中心，关注学生的全面发展。在教学过程中，要尊重学生的主体地位，充分发挥学生的主观能动性，激发学生的创新意识和创造能力。[5]同时，要注重培养学生的综合素质，包括思想政治素质、道德素质、科学文化素质等，使学生成为德智体美劳全面发展的社会主义建设者和接班人。

**2. 知识传授与价值引领相结合**

高校课程思政教学设计与教学方法与一般课程的不同，应将知识传授与价值引领有机结合起来。[6]在传授专业知识的同时，要注重挖掘课程中的思政

元素，引导学生树立正确的世界观、人生观和价值观。通过专业课程的教学，不仅要让学生掌握扎实的专业知识，更要让学生明确自身的社会责任和历史使命，成为有担当、有理想、有情怀的新时代青年。

### (二) 高校课程思政教学设计与教学方法遵循的基本原则

在高校课程思政教学设计与教学方法研究中，为了确保教学活动的有效性以及教学目标的实现，我们必须严格地遵循几个关键原则。这些原则对教学设计和教学方法起着至关重要的指导作用，它们各自独立，却又相互关联。

**1. 时代性原则**

坚持时代性是课程思政教学设计与教学方法的基础。高校课程的教学内容必须紧密跟上时代的步伐，及时反映社会的最新发展和思政理论的最新成果。通过将时事热点、社会现象等现实素材融入教学，引导学生深入思考和理解当代社会的各种问题，从而培养他们的时代责任感和使命感。这样，学生不仅能够掌握扎实的专业知识，还能够具备解决现实问题的能力。

**2. 系统性原则**

加强课程系统性要求教师在进行教学设计与教学方法研究时，必须构建一个完整、连贯、层次分明的教学体系。[7] 在这个体系中，各个教学环节应该相互衔接、协调一致，共同服务于整体的教学目标。教师需要对教学内容进行合理地选择和安排，确保每一部分都紧扣主题，既无冗余又无遗漏。同时，还要注重教学方法的多样性和灵活性，以适应不同学生的学习需求和特点。通过系统性的教学设计，确保思政教育的全面性和深度，帮助学生在知识、能力、情感等多个维度上实现均衡发展。

**3. 创新性原则**

创新也是提升课程思政教学质量的关键。随着科技的不断进步和教育理念的不断更新，授课教师需要不断探索和尝试新的教学手段和方法。例如，可以利用互联网、大数据等现代信息技术手段来丰富教学资源和形式，提高课堂的互动性和趣味性。同时，授课教师还应该鼓励学生积极参与思政教育活动，通过实践、讨论、研究等方式来培养他们的创新思维和实践能力。这样，学生不仅能够成为知识的接受者，还能够成为知识的传播者和创造者。

**4. 实效性原则**

能否对学生产生影响是检验课程思政教学设计与教学方法是否成功的重

要标准。无论我们的教学设计多么精美新颖，教学手段多么丰富多彩，如果最终不能落实到实际的教学效果上，那么一切都是徒劳的。因此，必须建立科学、合理的教学评价体系，及时收集并分析学生的反馈意见和学习成果，以便对教学设计进行针对性的调整和优化。同时，还应该关注思政教育的长远效果，努力将思政理念内化为学生的自觉行动和终身追求。这样，我们才能真正实现高校课程思政教学的根本目标——立德树人。

## 三、当前高校课程思政教学设计与教学方法应用中存在的问题

尽管当前高校课程思政教学已经取得了一定的成效，但在实际的教学设计与教学方法应用中，仍然存在一些亟待解决的问题。

### (一)时代性体现不够

随着我国经济的迅速发展，高校经济学专业课程内容对现实经济缺乏解释力，难以满足经济理论不断创新的需要，不能及时展示新时代中国特色社会主义发展新成果，与新思想、新理论、新政策结合不够。以"当代中国经济改革与发展"为例，该课程主要讲授当代中国经济改革与发展的基本理论，着力培养学生对中国特色社会主义政治经济学方法论、理论体系的理解和掌握，提高学生分析中国经济在改革和发展领域相关问题的能力，是一门以理论学习为主的经济学专业课。过往的教学理论性较强，缺乏科学的教学设计和方法运用，导致蕴含其中的思政元素无法得到有效利用，说教意味严重，学生反映课程枯燥无味，缺乏兴趣。

### (二)思政元素运用不够

教学设计中思政元素与专业内容融合不够自然、教学设计缺乏层次性和差异性、评价体系不完善等是高校课程普遍存在的问题。[8]一是在进行教学设计时，思政元素的融入显得生硬，与专业知识内容之间缺乏有机的联系，导致学生难以真正理解和接受思政信息。二是不同学科、不同专业的学生具有不同的认知特点和需求，但当前的教学设计往往缺乏层次性和差异性，没有充分考虑到学生的个性化需求，导致教学效果不佳。三是对于课程思政效果

的评价体系尚不完善。如何科学、客观地评价思政教学的效果，以及如何将评价结果有效反馈给教学设计，是当前需要解决的问题。

### （三）跨学科融合不够

教师存在固守传统的教学思维，跨学科融合的意识尚未确立的问题。[9]长期以来，受分科课程教学模式的影响，不同学科课程教学方式、学科思维相对独立。教师习惯于用固定的学科教学思维方式组织实施教学活动，而学生接触的教学方法、学习方式也比较单一。这导致不同学科课程的知识内容、学科思维、课程资源不能形成有效的互融互通，跨学科融合的教学观念没有真正确立。有些高校虽然强调课程的跨学科融合，但在实际操作中却存在形式化、表面化的问题。例如，教师可能只是在课程开头或结尾简单地提及其他学科的内容，而没有真正将其与思政理论相结合，进行深入的探讨和分析。这种浅尝辄止的跨学科融合方式，无法真正发挥跨学科教学的优势。

随着新文科建设的推进，课程内容封闭、教学方法单一，不能满足时代对人才培养的需要，课程对哲学、法学、社会学等其他人文社科领域的学科拓展不够，缺乏现代科学思维和方法培训。

### （四）现代技术开发运用不够

随着信息化、数字化和智能化技术的迅猛发展，当前高校课程教学面临的一个重大挑战就是课程的现代技术手段得不到充分应用，开发程度有限，现代技术与课程内容缺乏融合。

一方面，教学方法的单一性问题还普遍存在。在当今这个多元化、信息化的时代，仍有部分教师在课程教学中坚持使用传统的灌输式教学方法。[10]这种方式以教师为中心，学生往往处于被动接受的状态，师生间的互动极为有限。学生的主观能动性受到压制，创新思维和批判性思维难以得到培养，不仅难以激发学生的学习兴趣，更可能使学生对课程产生抵触情绪，从而影响课程的教学效果。

另一方面，教学的数字化程度不够也是高校课程思政面临的一个重大课题。随着科技的发展，现代信息技术如大数据、云计算、人工智能等已经在各行各业展现出强大的威力。在教育领域，这些技术同样具有巨大的应用潜力。但是，在课程思政教学中，部分教师对于现代信息技术的应用显然不足。[11]这可能是因为一些教师对这些技术不够熟悉，或者缺乏将其有效融入教学中的方法和策略。无论是哪种情况，这种现状都导致了一个问题：现代信息技术在提升教学效果方面的巨大作用没有得到充分发挥。这不仅是一种资源的浪费，也在一定程度上限制了课程思政教学质量的提升。

### （五）实践教学开展不够

实践教学同样也是课程思政教学的重要组成部分，它是学生将理论知识转化为实际行动的关键环节。然而，目前部分高校在实践教学环节上的投入显然不足。一方面，缺乏实践机会，学生难以在实践中深化对理论知识的理解；另一方面，有效的实践指导不足，学生在实践中遇到的问题难以得到及时解决。这两个问题的存在，导致学生难以通过实践教学环节真正提升自己的能力和素质，也使得课程思政的教学效果大打折扣。

## 四、"当代中国经济改革与发展"课程思政教学设计与教学方法实施

### （一）课程概述

"当代中国经济改革与发展"是国家级一流建设本科专业——经济学专业的基础必修课，源起 20 世纪 80 年代开设的"政治经济学"（社会主义部分）。经过几代人的努力，构建了涵盖理论知识、实践教学、科学研究、学生发展的"四位一体"课程体系，出版了《政治经济学（社会主义部分）》《中国经济改革与发展》等一批高水平教材，积累了丰富的案例、习题和课外资料等教学资源，形成了良好的教育教学传统。"当代中国经济改革与发展"自 2015 年开始成为经济学类本科生专业平台课。该课程不仅涉及中国特色社会主义政治经济学的核心理论，还紧密关注中国经济发展的最新动态和改革实践，具有鲜明的时代性和实践性特点；不仅有助于学生深入理解中国经济改革与发展的内在逻辑，还能够引导学生树立正确的世界观、人生观和价值观。

### （二）课程目标

结合武汉大学"建设中国特色世界一流大学"的办学定位，以新文科和中

国特色社会主义新时代背景下培养经济学拔尖创新人才为导向，落实立德树人根本任务，坚持价值塑造、知识传授、能力培养的有机融合。

**1. 价值目标**

培育具有社会主义核心价值观、人文情怀、科学精神、全球视野、社会责任感，满足社会发展需要和能够实现自我价值的拔尖创新人才。

**2. 知识目标**

掌握中国特色社会主义政治经济学中制度、运行、发展、开放四位一体理论体系，全面了解中国经济改革与发展的历史进程与实践创新。

**3. 能力目标**

学生能够对新时代中国与全球经济发展进行独立思考，具有运用马克思主义世界观和方法论以及现代经济学理论和方法分析、解决现实问题的能力。

## （三）教学设计思路

"当代中国经济改革与发展"课程坚持知识传授、能力培养和价值塑造的有机融合，着力培养学生对中国特色社会主义政治经济学方法论、理论体系的理解和掌握，提高学生分析中国经济在改革和发展领域相关问题的能力；同时以增强政治经济学理论素养的方式，提高学生的道路自信、理论自信、制度自信和文化自信。

**1. 思政元素融入教学设计**

针对传统课程时代性体现不够的问题，本课程着力将思政元素融入教学设计，将中国特色社会主义政治经济学的最新发展，尤其是习近平经济思想的最新成果有机结合到课程具体内容中。在经济制度维度，帮助学生理解混合所有制、有效市场和有为政府等重大理论问题；在经济运行维度，向学生解释现代化经济体系、区域协调发展、新型城镇化和乡村振兴等国家重大战略；在经济发展维度，与学生讨论立足新发展阶段、贯彻新发展理念和构建新发展格局；在经济开放维度，向学生阐述"一带一路"倡议、人类命运共同体等重要思想。

**2. 新文科建设思维融入教学设计**

针对传统课程跨学科融合不够的问题，本课程着力将新文科建设思维融入教学设计，在课程体系中重视学科交叉融合，强调学生辩证思维与创新能力的培养，通过加强对学生的社会科学方法训练，提升学生思维质量。并将历史学、政治学、法学、社会学和人文地理学的理论和文献资料引入课堂，拓展学生对中国经济改革与发展认识的广度与深度。

### 3. 现代技术手段融入教学设计

针对传统课程中现代技术开发运用不够的问题，本课程着力将现代技术手段融入教学设计。在课程体系中重视教材、文献、音视频和网络信息资源等教学载体的有机结合，利用网络教学平台进行教学流程的把控，实现师生多维互动，提升教师教学质量、学生学习质量，形成课程质量文化。探索用计算机软件进行虚拟仿真场景设计和理论建模，在人机交互中激发学生的学习动力和创新思维。

### (四) 教学实施

围绕"当代中国经济改革与发展"课程目标，创建以内容知识、方法手段和能力素养相结合的教学新模式。

### 1. 课程内容四位一体

"当代中国经济改革与发展"将课程核心内容中国特色社会主义政治经济学理论归纳为制度、运行、发展和开放四个有机统一的板块：制度是决定社会主义经济系统基本性质和规律的根本性因素；运行是制度在时间和空间演化中的具体化；发展是经济系统规律的演进和运行的变化；开放是中国经济系统对接和嵌入多元、复杂世界经济系统的过程。例如，围绕课程内容体系建设课程资源并加以应用，不但编写了完整的课程教案和PPT，录制了48学时的示范课程教学视频，还整理了45个教学案例和120多篇课外阅读资料。

### 2. 教学手段的四法结合

对应课程内容体系特点，"当代中国经济改革与发展"创造性地开发使用了时代案例法、体验探究法、多维比较法、主体交互法的教学方法。通过具体历史事件和典型案例，将抽象制度理论具象化；通过移动课堂与现场教学，帮助学生直观理解经济运行细节。同时，结合时空对比及理论与实践分析，揭示经济发展中的结构演变与系统差异。此外，利用线下互动式教学和线上平台，模拟全球化和国际贸易场景，从而引导学生深入认识中国开放的历程与意义。例如，本课程围绕数字经济、国企改革、乡村振兴等前沿专题安排6学时的业界专家进课堂和6学时的实践教学，组织学生深入农村、国企。

### 3. 教学过程的四课联通

本课程以学生为中心，实行"课前—课中—课后—课（期）末"全流程质量管理。课前，使用"学习通"推送资料、公告，进行学情分析；课中，采用多元化教学方法和手段授课，培养学生的思辨与创新能力；课后，以作业、文献阅读等形式复习巩固，拓展课程的深度和广度；期末，基于教学过程资料进行总结反思，调整改进，提升教学质量。例如，课程构建了在线教学资源库，通过"珞珈在线""微助教"组建师生互动平台，实现教材、课件、习题、案例、课外阅读材料等教学资源的共享和多元化展示以及师生线上线下互动，满足学生自主学习、个性化的学习需求。此外，课程考核和成绩评定注重学习过程、能力素质、目标达成的评价，采取期末考试、实践报告、小组讨论、案例分析、读书笔记等多元评价方式，并制定了相应评价标准，具体为期末考试55%、实践报告或案例分析25%、小组讨论10%、读书笔记10%。

通过课程内容的四位一体、教学手段的四法结合、教学过程的四课联通，实现知识传授、能力培养、价值塑造和实践应用四维协同的育人效果，体现课程价值目标、知识目标、能力目标的统一。

### （五）教学效果与评价

基于持续不断的教学改革，"当代中国经济改革与发展"课程教学效果优异，评教分数平均95分，屡获学院教学十佳，获得了校内外专家和学生的一致肯定，广受欢迎。学生通过课程学习提升了综合能力，以中国经济改革与发展相关主题的科研活动获得多个国家级、省级创新创业课题立项，并荣获全国"互联网+"大学生创新创业大赛等各级竞赛奖励。得益于课程的教学研究，团队成员主持参与教改项目15项，荣获第八届湖北省高等学校教学成果奖一等奖、第九届湖北省高等学校教学成果奖一等奖和二等奖、第六届刘诗白经济学奖，并入选湖北省楚天学者计划。

## 五、"当代中国经济改革与发展"课程思政建设的创新与启示

### (一)课程思政建设的创新特色

经过教学实践,"当代中国经济改革与发展"课程思政建设的目标是探索构建把马克思主义基本原理同中国经济改革与发展实际相结合、同中华优秀传统文化相结合的课程教学体系,着力打造理论结合实际、经典承托前沿、思政寓于专业、生动不失深刻、教学相长的一流课堂。本课程在以下三个方面教出特色、有所创新。

**1. 创建"四新融合"课程教学新模式**

将课程目标、知识内容、方法手段和能力素养相结合进行课程设计。以创新课程内容培养学生理论素养和人文精神,以创新教学方法训练和提升学生分析经济问题的能力,以拓展跨学科知识和互联网信息技术应用,激发学生学习兴趣和潜能,实现知识传授、能力培养、价值塑造和实践应用相协同的育人新效果。

**2. 构建"四位一体"课程内容新体系**

将中国特色社会主义政治经济学理论归纳为制度、运行、发展和开放四个有机联系的板块,融入新成果、新案例,增强课程内容逻辑性与历史性的统一,提升课程的高阶性和挑战度,提高学生理解复杂经济系统、分析复杂经济问题和解读国家经济政策的能力。

**3. 实施"四法结合"课程教学新方法**

对应不同课程内容板块分别运用时代案例法、体验探究法、多维比较法和主体交互法,实现教学方法与教学内容的紧密衔接和高度融合。帮助学生将抽象的理论具像化,更直观地观察经济运行细节,了解经济改革的发展变化,理解经济对外开放。

### (二)课程思政建设的启示

**1. 注重知识传授、能力培养和价值塑造的有机融合**

通过将思政元素有机融入课程教学内容,不仅有助于提升学生的思想政

治素养，还能增强学生对习近平新时代中国特色社会主义思想方法论和理论体系的理解和掌握。这种融合式的教学设计有助于打破传统思政课程与专业课程之间的壁垒，实现思政教育与专业教育的有效衔接。

**2. 注重传统与现代教学方法的融合并用**

注重采用启发式课堂讲授、探究式课堂讨论和拓展式课外延伸等多样化教学方法，强调教学手段的开发与创新，实现信息技术与课堂教学融合，以此激发学生的学习兴趣和主动性。课堂内可采用案例教学、小组讨论、角色扮演等形式。此外，还可开展移动课堂教学，让学生走出教室，深入农村、城市、企业进行社会调研，在广泛的调查研究中理解体会所学知识。这些教学方法的运用有助于培养学生的辩证思维和创新能力，提升学生的思维质量和综合素质，为课程思政教学注入新的活力和动力。

**3. 注重新文科思维与跨学科融合**

强调课程教学对跨学科知识背景和综合分析能力的要求，通过将历史学、政治学、法学、社会学和人文地理学的理论和文献资料引入课堂，拓展学生对中国经济改革与发展认识的广度与深度。这种跨学科融合的教学方式有助于推动课程与其他学科的深度融合，打破学科壁垒，形成更加开放、包容的教学氛围，培养学生的综合素养和跨学科思维能力，对于高校培养创新型人才具有重要意义。

# 六、结论与展望

## （一）研究结论

课程思政作为高校教育的重要组成部分，对培养学生的综合素质和核心价值观具有不可替代的作用。将思政元素融入专业课程教学中，可以实现知识传授与价值引领的有机结合，进一步提升高校育人的质量。本文通过对"当代中国经济改革与发展"课程的案例分析，探讨了高校课程思政教学设计与教学方法。研究表明，高校课程思政教学应注重知识传授与价值引领的有机结合，创新教学方式方法，加强跨学科融合，运用现代技术手段提升教学效果。

## （二）研究展望

创新是推动高校课程思政发展的关键。无论是在教学理念、教学方法还是在教学手段上，都需要不断创新，以适应时代发展的需要和学生学习的需求。一是进一步完善课程设计，将更多前沿的思政理念和成果融入课程教学，使课程内容更加丰富、更具时代性。二是加强跨学科融合，通过引入更多相关学科的理论和知识，帮助学生建立更加全面的知识体系，培养他们的综合素质和创新能力。三是在数字化背景下，充分利用现代技术手段，如人工智能、大数据等，对学生的学习情况进行分析和评估，为学生提供更加个性化的学习指导和帮助。

## ◎ 参考文献

[1]何红娟."思政课程"到"课程思政"发展的内在逻辑及建构策略[J].思想政治教育研究，2017，33(05)：60-64.

[2]王学俭，石岩.新时代课程思政的内涵、特点、难点及应对策略[J].新疆师范大学学报(哲学社会科学版)，2020，41(02)：50-58.

[3]高德毅，宗爱东.课程思政：有效发挥课堂育人主渠道作用的必然选择[J].思想理论教育导刊，2017(01)：31-34.

[4]刘鹤，石瑛，金祥雷.课程思政建设的理性内涵与实施路径[J].中国大学教学，2019(03)：59-62.

[5]董勇.论从思政课程到课程思政的价值内涵[J].思想政治教育研究，2018，34(05)：90-92.

[6]陆道坤.课程思政推行中若干核心问题及解决思路——基于专业课程思政的探讨[J].思想理论教育，2018(03)：64-69.

[7]叶澜.重建课堂教学过程观——"新基础教育"课堂教学改革的理论与实践探究之二[J].教育研究，2002(10)：24-30，50.

[8]高燕.课程思政建设的关键问题与解决路径[J].中国高等教育，2017(Z3)：11-14.

[9]方大春，张凡.高校经济管理专业跨学科融合的机遇与挑战[J].安庆师范大学学报(社会科学版)，2016，35(05)：151-154.

[10]田慧生.关于活动教学几个理论问题的认识[J].教育研究，1998(04)：46-53.

[11]冯晓英，王瑞雪，吴怡君.国内外混合式教学研究现状述评——基于混合式教学的分析框架[J].远程教育杂志，2018，36(03)：13-24.

# 中华优秀传统文化融入课程思政的路径思考

## ——以"中国法制史"的课程建设为例

钟　盛

（武汉大学　法学院，湖北　武汉　430072）

**摘　要**：在高校本科专业课程中融入中华优秀传统文化，是目前课程思政建设的一个重要任务。在法学各专业课程中，"中国法制史"包含了丰富的传统文化内涵，对于推动中华优秀传统文化的创造性转化和创新性发展，完善法科学生的素质教育能够起到重要作用。如何从课程思政建设的视域出发，将中华优秀传统文化有机融入"中国法制史"教学，则需要在课程定位、加强教师队伍建设、推进教材建设、培养学生课外阅读兴趣、创新教学方法等方面进行积极探索。

**关键词**：课程思政；中华优秀传统文化；中国法制史；课程建设

**作者简介**：钟盛（1978—　），男，四川省自贡市人，历史学博士，武汉大学法学院副教授、硕士生导师，研究方向为中国法律史、法律文化、魏晋南北朝史，E-mail：shengzhong@163.com。

课程思政是高校坚持以习近平新时代中国特色社会主义思想为指导，落实立德树人根本任务的重要教育创新。《高等学校课程思政建设指导纲要》（以下简称《纲要》）指出，要落实立德树人根本任务，"必须将价值塑造、知识传授和能力培养三者融为一体、不可割裂"，在全面推进课程思政建设方面，"使各类课程与思政课程同向同行，将显性教育和隐性教育相统一，形成协同效应，构建全员全程全方位育人大格局"，从而增强对学生的思想价值引领。课程思政建设的重要一环在于专业课程，专业课程是课程思政建设的基本载体，"要深入梳理专业课教学内容，结合不同课程特点、思维方法和价值理念，深入挖掘课程思政元素，有机融入课程教学，达到润物无声的育人效果",形成从思政课程到课程思政的"圈层效应",推动高校教育的科学发展。

正如习近平总书记所指示:"中华优秀传统文化是中华民族的精神命脉,是涵养社会主义核心价值观的重要源泉,也是我们在世界文化激荡中站稳脚跟的坚实根基。"[1]在高校本科专业课程中融入中华优秀传统文化,是目前课程思政建设的一个重要任务。就目前为法学本科生所开设的各门专业课程而言,"中国法制史"包含了极为丰富的传统法文化资源,因此,在课程思政视域下如何科学认识该门课程所蕴含的中华优秀传统文化,以及如何通过课程思政建设将其有机融入教学,自然也就成为一个值得探讨的重要议题。笔者因为长期从事"中国法制史"的教学科研工作,故拟就此谈一点自己的浅见。

## 一、"中国法制史"是法学专业课程思政建设的重要组成部分

根据《纲要》的目标,文学、历史学、哲学类专业课程教师承担着对优秀传统文化的重要讲授任务。就学科分类角度而言,这些课程主要集中在文史哲等专业,而"中国法制史"既是法学的基础学科,也是历史学研究的重要领域,具有典型交叉性、综合性的学科特征。它同样也蕴含了极为丰富的中华优秀传统文化,应当被视为法学专业学生接受优秀传统文化教育中不应忽视的一环,我们有必要从构建"大思政"格局的角度来进行科学认识。

### (一)"中国法制史"是中华优秀传统文化的重要载体

"中国法制史"在法学本科教育中占据关键地位,它既是法学核心主干课程,也是法学专业学生必须完成的十门专业必修课程之一。"中国法制史"讲授中国历史上法律制度发生、发展、变革及其规律,为部门法研究提供必要的知识背景和理论常识。该门课程立足于整合本土法制资源,体现中国国情,其所蕴含的思想智慧和文化内涵,可以为社会主义法治文明建设提供智识支持和经验指引。

回溯历史,中国古代的政治家、思想家在国家治理的探索过程中,进行了深入的思辨和丰富的实践活动,并围绕德治、法治等治国方略,提出了各自不同的解决之道,对后世产生了深刻影响。以儒家为代表的先秦思想家们,

很早就认识到国家治理不能一味依赖严刑酷法，而应当重视精神文明建设，尤其重视道德教化，以德治国。孔子就讲："道之以德，齐之以礼，有耻且格。"（《论语·为政》）指出道德对于社会治理所起的引导作用，这也为中国古代法律重视伦理道德奠定了基础。中国古代法律也包含平等与法治的观念，战国法家主张"不别亲疏，不殊贵贱，一断于法"（《史记·太史公自序》），其所塑造的规则意识和法治观念对后世国家治理产生了深刻影响。此外，中国古代法制建设还具有积极拓新的一面，在战国时期的变法改革实践中，法家提出"治世不一道，便国不法古"（《史记·商君列传》），"法与时转则治，治与世宜则有功"（《韩非子·心度》），强调应顺应历史发展趋势，根据实际情况因时制宜，反对故步自封、拘泥于古法旧制，反映了中华文化勇于变革创新的精神底蕴。

凡此种种，皆表明中国古代法律制度背后，包含了丰富的传统文化内容，积累了丰富的法律智慧，蕴含了中华民族的文化认同和深层的精神追求，契合了"讲仁爱、重民本、守诚信、崇正义、尚和合、求大同"的时代价值理念，是全面推进课程思政建设取之不尽、用之不竭的源头活水。因此，如何在"中国法制史"的课程建设中，整合当代法律知识结构与传统法律知识结构，挖掘优秀传统文化基因，发掘其时代价值，形成具有中国特色、符合历史发展规律的新型理论法学体系，推动中华优秀传统文化创造性转化和创新性发展，是当下高校法学课程思政建设的重要课题。

### （二）"中国法制史"是树立文化自信的具体体现

"中国法制史"对于帮助法科学生坚定中国特色社会主义道路自信、理论自信、制度自信、文化自信具有重要意义。中华法治文明是中华文明的重要组成部分，曾经创制出辉煌的法典、丰富的判例，以及完善的司法运作体系。虽然近代以来西风东渐，传统法律在制度层面上已基本消亡，但传统法文化仍然沉淀下来，甚至在潜意识层面对当下的法律活动产生指令作用。放眼当今全球化的时代，本民族的法传统、法文化日益受到重视，正如陈晓枫教授所指出："西方国家在输出强大的法律框架、结构、运行机制、原则规则知识之同时，也在梳理和发掘自己的法律历史。"[2]中国要立足于世界民族之林，构建自己的话语体系，就决不能丢掉自己的民族文化传统。以近年来法学界所关注的《民法典》编纂为例，在《关于〈中华人民共和国民法总则（草案）〉的说明》中就强调了重视传统法律文化的指导思想和基本原则，指出："中华优秀传统文化的思想精华……与民法的理念和原则是相通的。制定民法总则，必须坚定文化自信，深入挖掘和传承包括中华法律文化在内的中华优秀传统文化的时代价值，让我们的民法总则体现鲜明的民族性。"这表明，在中国综合国力不断增强、倡导树立文化自信的新形势下，要挖掘传统法文化的优秀资源，更离不开中国法制史的研究与教学。总之，"中国法制史"在整个法学课程体系中，肩负着传承中国传统法律文化的重要功能，对于激发中华优秀传统文化的创新活力，增强文化自觉，坚定文化自信是极为重要的。

（三）"中国法制史"对于法学人才培养具有重要作用

"中国法制史"兼具法学专业性和人文性的特点，它立足于历史与现实的结合，中华文明源远流长的制度、思想、文化为其筑基，历史、政治、哲学、文化等诸多学科的知识体系与之交融。学习"中国法制史"，不仅有助于培养法科学生的专业素质，提高学生的专业能力，而且还能帮助学生夯实人文底蕴，完善知识结构，实现法学理论和历史知识的融会贯通，从而全面提高人才层次，更好适应新形势下法科教育的人才培养需要，最终推动法学教育的内涵式发展。

此外，学习"中国法制史"亦有助于法科学生的人格培养。法学教育并不等同于法律人的谋生手段训练课，它还应当肩负起健全法律人格、培养社会责任感的重任。学习"中国法制史"还有助于法科学生在掌握基础法学知识的同时，锻炼作为一个法律人所必需的法律理性思维，培养诚实守信、恪守公平、坚持正义、温良醇厚的优良道德品质，内化于心、外化于行，实现学识与人格素养的共同进步，从而完成立德树人根本任务。

## 二、中华优秀传统文化融入"中国法制史"课程建设的路径

在课程思政进入全面落实的大背景下，法学教育应重视中国法传统的呼声日渐高涨，对"中国法制史"的课程建设就显得尤为必要和迫切。"中国法制史"课程建设的一个重要目标，就是通过教与学的不断探索与革命，寻找将中华优秀传统文化融入"中国法制史"教学的合理路径，具体阐述如下。

（一）重新定位"中国法制史"，加强师资队伍建设

"中国法制史"虽然是法学本科的主干课程，但长期以来，受各方面因素

影响，其在课程设置上一直受到忽视和缩减，在整个中国法学体系中处于边缘化趋势，这既表现在课程设置上，也表现在师资队伍建设上。

从课程设置来看，"中国法制史"虽然是法学核心课程，不过部分法学院校对其学科特点与地位认识不足，认为这门课程是"教历史"，甚至在课程设置上压缩学时，造成授课时很多重要内容没法展开来讲，教学质量自然也就难免会受到影响。对于"中国法制史"课程的认识误区，也普遍存在于法学专业的学生之中，在他们看来，"中国法制史"是一门拿到学分即可的普通课程，与部门法课程相比应用性较弱，在将来的学习工作中很难用得上，难免就会缺乏学习动力。

要解决以上问题，首先，需要对"中国法制史"课程进行重新定位，将其放在课程思政建设重要组成部分的高度来认识，予以足够的重视。从思想层面认识到该门课程对于弘扬优秀传统文化所发挥的重要作用，理解其所承担的传承文化、赓续文明的历史重任，帮助学生培养学习兴趣，增强文化自觉，坚定文化自信。其次，应加大教育资源投入，适当增加经费支持，确保充足的课时量，建立全面的、完善的、长效的课程改革机制，将其打造为法学专业的精品课程。最后，加强与其他相关课程之间的联动。中华优秀传统文化思想深邃，内容广博，对于法科学生而言，学习中国法制史这一门课程，也只能算是初窥门径，要更深入了解中国法制史中蕴含的传统文化，还有必要配套选修中国法律思想史、法律文化学、中国文化史等课程，这就需要进一步完善选课机制，为相关课程的开设及选修提供更为便利的平台。

在师资队伍建设上，中国法制史的专业教师队伍规模偏小，不少学校存在师资不足的情况。据笔者了解，甚至还有一些学校的中国法制史课程讲授由其他专业老师兼任，这也难免会影响教学质量，无法让学生从课堂上真正领略到中华优秀传统文化的独特魅力。因此，要弘扬中国法制史中的优秀传统文化，就必须在师资队伍和教学资源上加大投入，打造一支德才兼备、兼具政治素质、专业能力和文化素养的教师队伍。

**(二)推进教材建设，在中国法制史教材中融入更多优秀传统文化因素**

教材建设是学科发展的重要推动力，也是法学教育的基础所在。翻检目前已经出版的各类中国法制史教材，从课程思政视域来审视，其对于中华优秀传统文化的挖掘尚存不足。以目前作为高校主流使用的马工程教材为例，在编排体例上基本以朝代顺序为主线，同时又"统一以近代法律框架为依据，并结合中国法律发展历史的特点，分别从刑法、民法、行政法、经济法、诉讼法等领域展开"[3]。此类中国法制史教材虽对传统文化尤其是法律思想、法律文化有所涉及，但无论是内容的丰富程度，抑或是理论的深度来说，都属于泛泛而谈，并没有真正实现法制史知识与传统文化之间的有机融合，亦未展现出传统文化在法律制度创生、演化、变迁过程中所起到的重要指引作用。

在笔者看来，中国法制史教材建设之关键，应在教材内容和体例上进行新的探索，力求实现优秀传统文化与法制史知识的有机融合。首先，在梳理介绍古代法律制度时，不能停留在制度规范层面，而应当从法律制度入手，重点挖掘制度构建及演化的内在逻辑，揭示中国历史上法律制度构建、运行实践与法律文化之间的内在关联性，展现出从制度到文化的认知过程。其次，在体例上设置专题性单元。陈晓枫教授主编的《中国法制史新编》对中国法制史教材体例所进行的创新值得借鉴。该教材分上下两编，上编部分按照朝代顺序讲述了法律制度的沿革变迁，下编部分则在结构方法方面，按照现行法律的部门法框架，通过专题形式来编写古代的各类法律制度。参照这一成功经验，在编写"中国法制史"教材时，可以尝试采用专题形式来编写传统法文化，以法文化变迁为主线，运用文化学研究的理论框架，诠释古代法律制度、法律思想的内在文化底蕴，挖掘法律制度与文化之间的互动关系，即法律制度是如何在文化的指引下构建起来的，同时法律制度在实践及演化过程中又是如何反馈于文化的，从而帮助学生对传统文化形成系统性的认识，更深入地理解中华法系所蕴含的丰富文化内涵。最后，除了授课教材的改革创新之外，编写教辅材料也要秉承课程思政教育的总体方针，而且要契合法学学科的专业特点，充分利用案例材料，注意典型案例与教材知识点的相互呼应，深入挖掘案例所蕴含的文化内涵，引导学生更容易学习、理解中国法制史所蕴含的文化精髓。

## (三)培养学生的课外阅读兴趣

仅仅依靠教材学习，并不足以让学生完全体会到中华优秀传统文化的独特魅力，因此，引导学生参加中华文化经典书籍的阅读活动，组织学生开展读书会，培养学生课外阅读兴趣，也是非常有必要的。在2019年颁布的《关于深化新时代学校思想政治理论课改革创新的若干意见》中，提出开列中华优秀传统文化典籍书单。在中国传统经史子集等各类典籍中，记载了大量先贤在法律构建、实践、探索过程中积累的智慧结晶，古代法律的思维方式、逻辑结构、话语表达、价值理念等无不书写于此。要让学生真正领略原汁原味的文化精髓，有必要开列以古代法治文化为主题的书单。考虑到学生的阅读精力有限，书单应注重经典性、通俗性和多样性兼顾。既要有基本古籍选读，也应有当代法制史代表性著作，同时要注意其与课程思政建设之间的协同关系。对于阅读门槛较高的古典文献，可以节选经典篇目，并编写导读和注释，以降低阅读难度。

（四）积极探索教学方法的创新

课堂授课是高校教育的重中之重，要让学生在有限的上课时间内，从"中国法制史"的学习中真正领略到优秀传统文化的独特魅力，讲什么内容，采取什么方式去讲，都是非常重要的。这就需要在课堂教学中拓展思路，在教学方法上有所创新。

从目前教学课程的内容上来看，存在一些问题需要纠正：一是讲授的内容过于深奥，不接地气，导致很多知识晦涩难懂，不易理解，无法培养学生的学习兴趣；二是教学方式死板陈旧，照本宣科，泛泛而谈，对于所讲授内容缺乏系统化和整体化的总结归纳，抓不住要点，无法满足学生的求知欲，难以激发其对知识的思考和探索；三是为吸引学生兴趣而刻意采用过度娱乐化、戏说化的方式来授课，不尊重历史事实，对严肃的历史进行主观解构，不讲知识讲段子，制造噱头。这样的结果就是历史的真实被文本的"真实"所取代，历史的深刻内涵被解构得碎片化、平面化，沦为肤浅的"符号"和"文本"，致使学生对于中华优秀传统文化产生错误认识。

在笔者看来，对传统法律文化的讲授固无一定之规，然究其关键，并非仅仅是将历史上出现的法律文化成果按部就班讲解清楚就算完事，这样只能让学生知其然，获得表层化的知识，更为重要的是让学生知其所以然，理解法律现象背后的规则逻辑和文化原理。要讲好法制史中的传统文化，就不能仅止于文化的表层或中层结构，而应当深入挖掘文化的深层结构，包括文化心理、价值观念、思维方式等诸多方面，要将法律制度、法律运行、法律事件背后发挥支配性作用的文化因素讲透，让学生在课堂学习中真正理解优秀传统文化在法制建设中的存在及作用。在讲授过程中，要处理好历史叙事与理论阐释之间的平衡，史料解读与法学分析之间的平衡，制度梳理与文化解析之间的平衡，通俗易懂与准确深刻之间的平衡。至于传统文化中的糟粕或不适合当代价值观的内容，则注意在讲解时应予辨识和扬弃。

将法制史教学与法制文物鉴赏相结合，是创新教学方法的一个重要方向。"纸上得来终觉浅"，"中国法制史"的学习内容虽然来自已经逝去的历史，但它也应当是鲜活的，是可以被体验、感知、触碰的，是可以与保存至今的法律文物相互呼应的。中华文明源远流长，保留了极为丰富的古代法制文物遗存，放眼全球也称得上是极为罕见的。然而，传统的法制史教学偏重讲授古代法典和刑制演变，是书本上的知识，与现实存在距离感。但法制史的内容其实并不局限于此，历史上出现过的度量衡、印章、钱币、契约、水利、公文等，都是古代法律研究的重要内容；青铜器、竹简、碑刻、文书等器物，都是法律制度、法律文化的承载物。这些丰富多彩的法律文物，皆可被视为是构建制度自信、文化自信的重要来源。

以法律文物为依托来讲授"中国法制史"的知识，可以将枯燥的概念具象化，陌生的制度实物化。例如，在讲秦王朝"法令由一统"的制度建设时，就可以结合"秦七刻石"来展开。秦始皇先后五次巡游东方，留下了七方刻石。其上铭文如"平一宇内，德惠修长""始定刑名，显陈旧章。初平法式，审别职任，以立恒常""器械一量，同书文字""端平法度，万物之纪""除疑定法，咸知所辟""诛乱除害，兴利致福。节事以时，诸产繁殖。黔首安宁，不用兵革。六亲相保，终无寇贼。欢欣奉教，尽知法式"等，都能反映秦朝在国家治理中所秉持的基本理念。通过对这些刻石的讲解，可以帮助学生了解两千多年前秦始皇在统一天下之后，是如何将大一统、秩序稳定、统一法制等观念以纪念碑的方式展示出来，在价值理念层面构筑起中华文化的共识。因此，可以考虑根据"中国法制史"的知识体系来设计不同的学习主题，并通过实地走访、田野考察、参观博物馆等方式，让学生直接或间接接触到法制文物，在感知、体验文物的过程中，自然而然拉近与历史的距离，体会传统文化的博大精深，在润物细无声中树立起文化自信。

此外，在数字技术日新月异的今天，授课方式也在不断发生革新，法制史课程讲授的内容虽然来自历史，但我们决不应当故步自封，排斥最新技术的运用。尤其是随着高校教学条件的不断改善，多媒体技术在课堂教学中得到普遍运用，它融合了文字、图片、视频、动画等多种元素，在很大程度上改变了传统的教学模式。就"中国法制史"这门课而言，多媒体教学具有广阔的运用空间，因为法制史所讲授的内容除了来自书本外，还可以来自青铜器、简牍、文书、碑刻、印章、壁画，等等。当不具备实地考察或现场观摩的条件时，可在课堂上借助大量实物图片、视频来进行更为形象的展示，使历史中的法律得以"复活"，让学生自然而然地融入历史场景，获得更为直观的体验。总之，运用多媒体教学，有助于展现法制史物态文化的魅力，使法制史教学跳出书本，让学生真正获得学习的乐趣。

从法学教育的发展方向来看，将大数据、人工智能和虚拟仿真等信息技术与法学专业教育深度融合是未来的重要发展趋势。尤其是虚拟现实课堂教学具有较大的发展空间，笔者所在的法学院就建设有专门的虚拟现实教室，在新文科背景下法学虚拟仿真一流课程建设方面已取得不少成功经验，对于实验教学改革也起到了显著的促进作用。同样，"中国法制史"也可以借助这项技术来丰富教学手段，以虚补实、以虚促实，通过场景重现的方式，推动学生对传统法律文化形成更为直观的认知，亦能满足其多元化的求知需求。当然，就目前软件开发的进度而言，虚拟仿真技术尚未成熟，要将其真正运用于一线教学，还有待技术的持续进步。

总而言之，"中国法制史"的课程建设是一个系统性工程，在当前高校推进课程思政建设的背景下，寻找如何将中华优秀传统文化融入"中国法制史"教学的合理路径，还有很长的路要走。从实施效果而言，有的融入路径已得到学生的充分肯定，而有的尚需在具体实践中不断发展完善，需要从事"中国法制史"教学的各位同仁集思广益、凝聚共识、积极探索、不断努力。

## ◎ 参考文献

[1]习近平. 在文艺工作座谈会上的讲话[M]. 北京：人民出版社，2015.

[2]陈晓枫. 中国法制史新编[M]. 武汉：武汉大学出版社，2011.

[3]朱勇. 马工程教材中国法制史：2版[M]. 北京：高等教育出版社，2019.

# "植物发育生物学"课程思政建设的探索研究

袁婷婷　张雅䛟

(武汉大学　生命科学学院，湖北　武汉　430072)

**摘　要**：党的十八大以来，习近平总书记把思想政治工作提升至前所未有的战略高度，提出"思想政治工作是学校各项工作的生命线"这一重大论断。"植物发育生物学"是一门重要的自然科学课程，蕴含了大量与生态文明、人文精神相关的课程内容以及可以进一步挖掘的思政内容。本文首先分析"植物发育生物学"课程的思政建设目标，进而提出三个可以在"植物发育生物学"课程中融入的思政教育案例，深入讨论了"植物发育生物学"课程的思政建设方法与意义，为思政教育融入生命科学相关的课程提供一定的参考价值。

**关键词**：生物学；植物学；植物发育生物学；课程思政

**作者简介**：袁婷婷(1987— )，女，汉族，湖北武汉人，博士研究生，武汉大学生命科学学院副教授，研究方向为植物发育生物学，E-mail：yuantingting@whu.edu.cn。

张雅䛟(2000— )，女，汉族，河北张家口人，武汉大学生命科学学院发育生物学硕士研究生。

## 一、"植物发育生物学"课程简介

"植物发育生物学"是利用现代生物学方法研究植物个体生长、生殖、发育及其遗传调控机制的学科，是生物学分支下重要的基础学科，与生物学分支下其他学科(如分子生物学、细胞生物学、遗传学等)关系紧密、相互渗透。随着多种模式植物全基因组测序的完成，利用生物科学中其他学科的理论基础和先进的分子生物学技术，植物发育生物学研究领域取得了许多举世瞩目的进展，为人类如何有效控制植物生长发育、提高作物产量和品质提供了新思路和新技术。植物发育生物学学科内容中蕴含了大量的与思政教育相关的教育元素，天然承载着"国计民生、科学精神、生态文明"等与社会主义核心价值观契合的课程思政元素，是思政内容融入教育的良好载体。

## 二、"植物发育生物学"专业课程的思政建设目标

### （一）价值观塑造方面

植物生命科学研究是现代农业创新的基础，是维护国家粮食安全的基石。"植物发育生物学"课程通过揭示植物发育生物学知识对粮食安全、生态变迁、国家发展的意义，构建"价值引领、能力培养、知识传授"三位一体的教育模式，使思想道德教育与科学素质培养形成协同效应，培养德才兼备的高科技复合型人才。

### （二）知识获得方面

"植物发育生物学"是武汉大学的传统优势学科，珞珈山是我国现代植物科学的发祥地之一，也是培养植物学家的摇篮。"植物发育生物学"课程将秉承武汉大学发育生物学科的优良传统，追求前沿理论创新，将学科最新进展和教师科研成果融入课堂教学，带领学生掌握植物个体生长发育过程的基本规律，熟悉发育过程中所发生的生化反应及其分子调控机理，了解植物发育与环境的互作机制，深入理解植物发育生物学研究成果对有效控制植物生长发育、作物品种改良的重大意义。

### （三）能力培养方面

通过采用启发式、讨论式、理论阐述和实验设计相结合的教学方法，将科学问题贯穿于课堂教学过程中，培养学生独立思考和创新思维能力，引导学生聚焦学术前沿、开阔学术视野，全面提升学生科学素养，为培养有科研抱负、科研能力强的新一代科研工作者奠定基础。

## 三、思政教育融入"植物发育生物学"的教学案例

（一）国家粮食安全社会热点问题——"小麦青贮"案例的分析与融入

青贮是一种储存鲜棵饲料的贮存技术，鲜棵植物被压实封闭后，在与外部氧气隔绝的情况下厌氧发酵后生成的有机酸可增加饲料的保存时间，减少饲料中的养分损失。小麦是我国主要的粮食作物之一，在全国的粮食生产与供给中占有重要地位。小麦青贮即是在小麦未完全成熟时将其收割作为饲料。2022 年 5 月，小麦主产区收割了大量还处在灌浆期的小麦用作牛羊饲料，严重破坏了小麦的正常生长和发育过程，导致了当年小麦产量的下降，很大程度上给国家的粮食安全造成了冲击，影响了粮食的正常供给与市场稳定，也引起了社会各界的广泛关注。[1]一时间"浪费粮食，糟蹋庄稼，这简直是短视，会危害我国粮食安全……"诸如此类的批评铺天盖地。实际上，一株小麦是选择青贮还是适时收获，植物自身会给我们答案。

"植物发育生物学"课程中重点介绍了包括小麦在内的被子植物的生长发育过程。被子植物的生活史，是从种子开始，经历种子萌发、幼苗生长、植株发育、开花、传粉、受精，形成新一代种子。可以简单地概括为"从种子到种子"的历程。其中，开花是植物由营养生长转入生殖生长的标志。进入生殖生长阶段，植物体会将叶片光合作用产生的能量转移至茎顶端分生组织，以支撑花的结构性发育，并最终通过果实和种子的成熟来实现能量的调动、贮藏和传递。在自然的进化过程中，植物遵循"能量守恒"的规律，通过能量的转化和传递实现了物种的延续和多样性；同时也哺育着包括人在内的异养生物，维持了生态自然平衡发展。因此，为了蝇头小利，在小麦未成熟时期大量"割青毁粮"无疑是违背自然规律的行为。

与此同时，我们也需要深入分析这件看似不合理的事件产生的背后原因。实际上，青贮饲料作为优良动物饲料的来源有较长的历史。现阶段，我国常用的青贮作物已发展到玉米、苜蓿、狼尾草、黑麦之类。然而，2021 年秋季雨涝灾害导致玉米等青贮原料短缺，且受国际市场环境等外部因素影响，国际粮价上涨，直接带动了玉米和大豆价格攀升，推高了进口饲料的价格，这

才使得畜牧从业者盯上了 2022 年春天的头茬"青贮小麦"。在人民生活水平不断提高的今天，消费者的饮食消费从最初的粗粮消费占主导转型为肉禽蛋奶多元素的饮食结构消费，而青贮小麦事件的发生，背后恰恰反映了伴随经济的发展和国际环境的动荡，我国农业生产中将会面临"人畜争粮"这一粮食安全隐患。我们必须认识到，所谓"粮食安全"不应只是口粮安全，传统粮食观应逐步实现从"粮食"到"食物"再到"大食物观"的转变。在确保口粮充足的前提下，顺应城乡居民食品消费结构的变化趋势，不仅要确保肉禽蛋奶的供给，还要保障饲料粮的供应，这就需要我们在确保作物增产的同时，加快发展草牧业，支持青贮玉米和苜蓿等饲料种植，开展粮改饲和种养结合模式试点，促进粮食、经济作物、饲草料三元种植结构发展。[2]

在课堂教学中，我们通过将"小麦青贮"这一热点事件融入"植物发育生物学"课程思政内容中，不仅可以引导学生们在学习的同时积极关注国家、社会的热点问题，还可以借此事件引入专业课程内容，深入讲述事件背后蕴含的生物学原理，进而探讨当前生物技术手段在农业生产中的实际应用，让同学们看到所学知识如何实际运用于小麦等多种粮食作物的培育中，进一步了解科学种植的重要性，激发学生对于植物发育生物学领域的兴趣。这不仅有利于丰富教学内容，更能培养学生的综合素质与创新思维，引导同学们心系国家粮食安全问题，学有所成后能积极投身于国家基础农业事业中，保障粮食质量与产量，维护国家粮食的安全稳定，为国家农业经济的未来发展培育高水平的优秀人才奠定坚实的基础。

## （二）生态文明社会形态的分析与融入——以南方干旱为例

干旱是指长期的无雨或少雨使土壤水分不足，作物水分平衡遭到破坏而减产的一种气象灾害，是当前人类面临的主要自然灾害之一。[3] 近年来，人类社会经济的发展与人口的逐渐膨胀，以及水资源短缺的现象日益严重，都直接导致了全球干旱区域范围的扩大以及干旱程度的剧烈加重。[4] 在我国南部地区，干旱问题也日益加剧。2023 年，干旱灾害造成我国 2097.4 万人次不同程度受灾，农作物受灾面积 3803.7 千公顷，直接经济损失 206 亿元。严峻的干旱问题迫切需要全社会的关注与行动。

由于固着的生长方式，植物正常的生长发育常常受到外界不良环境的影响。干旱会严重限制植物的正常生长发育过程，植物自身有多种途径响应干旱胁迫，从而适应环境并生存和繁衍。植物对土壤水分的获取主要取决于植物根系的结构，干旱条件下植物通过增加侧根的数目，调节根系的向水性生长，帮助植物更好吸收土壤中的水分。植物通过土壤吸收的水分大部分都是通过蒸腾作用散发到大气中，[5]因此，在干旱条件下，通过降低气孔开度来减少水分的排出，是植物应对干旱的重要策略之一。[6]在细胞水平上，干旱胁迫会促进脯氨酸等代谢产物的产生，激发植物自身的抗氧化系统以维持植物的氧化还原稳态，防止细胞损伤以及膜透性的破坏。[7]在分子层面，植物中存在复杂的调控网络和一系列基因共同控制对干旱胁迫的抗性。[8]系统研究农作物响应干旱胁迫的分子遗传机制，挖掘其中的关键遗传变异，将为创制抗旱新种质提供重要的理论基础和基因资源。目前，我国科学家通过收集水稻种质资源，已在我国建成水稻功能基因资源库，建立节水抗旱稻理论与育种体系[9]，克隆水稻基因 Osringzf1，该基因通过减少细胞上的水分通道蛋白来减少细胞失水，提高植株在干旱条件下的保水能力。[10]随着植物发育分子生物学的快速发展，已有数百个水稻耐干旱基因被陆续研究发现，目前，通过基因工程、基因编辑、杂交育种等技术已经培育出耐旱的优质水稻品种，一定程度上缓解了干旱导致的水稻产量减少问题。[11]

转基因技术与基因编辑技术均为植物发育生物学课程的重要组成部分，人类通过发育生物学的技术手段帮助植物适应如高温、干旱等胁迫条件，植物自身的生长发育过程得到保障后，反过来也将有利于保持社会的生态环境平衡，其中蕴含了人与自然和谐共处、相互促进的生态文明理念。将与生态文明相关的南方持续干旱等社会现状融入植物发育生物学课堂中，既能体现植物发育生物学研究的前沿进展内容，又自然融入了思政元素，思政内容与课程相关知识的有机结合，也有助于引导学生形成积极的世界观、人生观与价值观，积极关注我国生态文明问题，培育具有社会责任感的新时代人才。

（三）爱国奉献精神与家国情怀的分析与融入

我国生物学当今的发展日新月异，纵观我国生物学的发展史，有老一辈科学家克服重重困难攻克技术难关的事例，也有年轻科研工作者赓续奋斗，解决"卡脖子"问题。中国小麦远缘杂交之父李振声，毕生致力于小麦远缘杂交遗传与育种研究，始终心系"三农"问题，心中时时刻刻装着国家的"粮袋子"，克服远缘杂交难题，历经半个世纪的不懈探索，最终育成多个优质小麦品种与新类型杂交小麦品种。"杂交水稻之父"袁隆平是中国杂交水稻事业的开创者与领导者，一生致力于杂交水稻技术的研究、应用与推广，发明"三系法"籼型杂交水稻，研究出"两系法"杂交水稻，创建超级杂交稻技术体系，几十年如一日地在农业科研第一线深耕奉献，保障了中国人民的温饱，为国家粮食安全做出了巨大的贡献。武汉大学生命科学学院的朱英国院士，是中国杂交水稻研究的先驱者与重要奠基人之一，朱英国院士克隆了红莲型不育基因，毕生奉献于红莲型水稻、马协型水稻和两系杂交稻的研究与推广，大大提高了优质水稻的总产量，是武汉大学生物学专业同学身边的科学家榜样。

培养学生的爱国奉献精神与家国情怀是教育工作者的使命之一，"植物发育生物学"的内容与生命科学、农业发展息息相关，我国植物发育生物学的飞速发展也离不开无数科研工作者的共同奋斗。将科研工作者的奋斗故事与科研精神融入"植物发育生物学"的课堂，有利于激发学生的爱国奉献精神，可以极大程度增强学生的民族自信心，让同学们意识到民族的复兴与发展和个人的奋斗息息相关，从而提高学生的报国责任心与使命感，引导学生锐意进取、科研报国。

### （四）"植物发育生物学"课程融入思政教育的意义

"植物发育生物学"课程作为一门重要的自然科学课程，是生命科学专业的必修课之一。在"植物发育生物学"的教学过程中，结合课程内容，融入与国家粮食安全、我国生态文明建设以及爱国主义精神相关的思政教育内容，是一种培养学生思想道德和学科素养双向全面发展的有效途径，不仅能够激发学生对于课程内容的兴趣，提高学生对于专业知识的理解，更能够引导学生树立正确的人生观、价值观，唤起同学们心系国家时事热点、积极担当责任、奉献社会和科研报国的意识，为培养全面发展的社会主义建设者和接班人奠定坚实基础。

### （五）总结

教育、科技与人才是全面建设社会主义现代化国家的基础保障与根本支撑，高校是培育新一代人才的重要阵地，学生思政工作更是人才培育工作中的重中之重。发育生物学课程中具备丰富的课程思政元素与内涵，在发育生物学课程的讲授过程中，需要任课老师采取恰当的教学方法，自然融入教学思政的相关内容，引领同学们在了解植物个体成长发育、进化并适应自然规律的基础上，感受生命的伟大，树立敬畏自然、尊重生命的理念，理解马克思主义唯物史观，将辩证统一的思想与科学严谨的态度运用到科学研究中；了解我国当前植物发育生物学的前沿进展，以及我国发育生物学科学家的杰出贡献，增加对祖国的热爱、民族自豪感与自信心，认同当今中国的发展道路；深入理解人与自然和谐统一的理念，树立正确的价值观，为培养新一代技术型人才奠定基础，为我国生态文明建设添砖加瓦。

## ◎ 参考文献

[1]李磊.饲料"青贮小麦"有关违法行为法律适用的思考分析[J].农业开发与装备，2023(12)：115-117.

[2]中共中央、国务院关于加大改革创新力度加快农业现代化建设的若干意见[J].中国农民合作社，2015(03)：8-14.

[3]王莺，张强，王劲松，等.21世纪以来干旱研究的若干新进展与展望[J].干旱气象，2022，40(04)：549-566.

[4]李磊，贾志清，朱雅娟，等.我国干旱区植物抗旱机理研究进展[J].中国沙漠，2010，30(05)：1053-1059.

[5]庞志强，余迪求.干旱胁迫下的植物根系-微生物互作体系及其应用[J].植物生理学报，2020，56(02)：109-126.

[6]Williams, A., de Vries FT. Plant root exudation under drought: implications for ecosystem functioning[J]. New Phytol, 2020(03), 225(5): 1899-1905.

[7]Fang, Y., Xiong, L. General mechanisms of drought response and their application in drought resistance improvement in plants[J]. Cell Mol Life Sci, 2015(02), 72(4): 673-689.

[8]杨翠苹，段俊枝，燕照玲，等.植物抗旱功能基因研究进展[J].现代农业科技，2024(06)：157-161，172.

[9]杜娟，钟巧芳，殷富有，等.水稻抗旱性鉴定研究进展及其展望[J].江西农业学报，2023，35(03)：25-29，36.

[10]Chen, S., Xu, K., Kong, D., et al. Ubiquitin ligase OsRINGzf1 regulates drought resistance by controlling the turnover of OsPIP2；1 [J]. Plant

Biotechnol J，2022（09），20（9）：1743-1755.

［11］Gupta，A.，Rico-Medina A，Caño-Delgado AI. The physiology of plant responses to drought［J］. Science，2020（04），368（6488）：266-269.

# 水利工程测量课程思政实践途径分析

金银龙　严　鹏　刘　全　吴云芳

（武汉大学　水利水电学院，湖北　武汉　430072）

**摘　要：** 人才培养质量与推动创新驱动发展战略及"双一流"建设目标密切相关。思政教育是全面落实立德树人人才培养目标的重要途径和措施。本文从水利专业基础课程水利工程测量的课程特点出发，在探讨思政教学总体思路的基础上，设计了体现立德树人内涵的专思融合知识点，并围绕课程思政教学目标从专思内容重构、教学资源整合、教学方法提升以及教学效果评价等方面分析了实践途径，以实现思政教学闭环和专思教育的融合，促进思政教育进脑入心。

**关键词：** 水利工程测量；人才培养；课程思政；思政元素；实践途径

**作者简介：** 金银龙（1980— ），男，汉族，湖北武汉人，博士研究生，武汉大学水利水电学院副教授，主要从事水利工程测量教学与研究，E-mail：wrhjinyl@ whu. edu. cn。

严鹏（1981— ），男，湖北天门人，博士研究生，武汉大学水利水电学院副院长、教授，水工岩石力学教育部重点实验室副主任，主要从事水利工程施工方面的教学与科研工作，E-mail：pyanwhu@ whu.edu.cn。

刘全（1976— ），男，武汉大学副教授，主要从事水电工程施工管理信息化、智能化研究工作，E-mail：hapland@ whu.edu.cn。

吴云芳（1974— ），女，博士研究生，武汉大学水利水电学院教学办主任，研究方向为大坝安全监测，E-mail：1270954527@ qq.com。

**基金项目：** 武汉大学本科教育质量建设综合改革项目、2023年武汉大学研究生导师育人方式创新项目。

党的十八大以来，习近平总书记将科技创新提升为全面创新的核心，将科教兴国提升到创新驱动发展战略的强国理念。[1-3]习近平总书记在党的二十大报告中进一步指出，"教育、科技、人才是全面建设社会主义现代化国家的基础性、战略性支撑"，教育应"坚持为党育人、为国育才，全面提高人才自主培养质量"的原则和途径，实现德才兼备的人才培养目标。武汉大学为贯彻落实创新驱动发展国家战略，实现人才强国梦，制定"双一流"建设战略目标，持续推进新工科建设。"卓越工程师班""碳中和班""智慧水利"专业建设是武汉大学水利水电学院水利类"新工科"建设的逐步推进和不断升级。[4]2018 年 9月，习近平总书记在全国教育大会上提出，要培养德智体美劳全面发展的社会主义建设者和接班人，为"五育并举"这一具有中国特色的传统教育理念注入新时代的含义。据此为基，我国高等教育界提出了在学科教育、学术教育、专业化教育、通识教育、文理融合及成功教育的基础上，提出创造、创新与创业教育理念和坚持"三全育人"的高校教育工作的基本原则。[5]

在我校"双一流"建设战略和目标指引下，本文依据水利新工科专业人才培养目标和要求，结合水利工程测量课程的学科现状和课程特点，深入分析和理解"五育并举以德为先"和"一切以学生发展为中心"的教育理念，依照"三全育人"的基本流程，充分挖掘和合理设计课程专业知识与课程思政元素的融合点，探索与分析思政教育实践途径，充分整合教学资源和合理利用教学手段，以"盐溶于水"的方式实现立德树人、润物无声的教学目标和效果。[6]

## 一、课程特点

"水利工程测量学"是水利类专业传统的专业基础课程，是一门实践性与应用性很强的专业课程。这门课程对学生的基础要求较高，不仅要具备高等数学、概率论、矩阵论等前导课程理论基础，还需要具有计算机辅助设计和程序语言设计等相关课程知识。该课程以测量学科空间基准及坐标变换理论为基础，以"会测、会算、会绘"为教学目标，旨在培养学生利用测量设备和手段进行多种应用场景下的控制测量、地形测量和施工放样，并具备利用相关理论进行水利工程生产实践的能力。教学内容在较长的时间内保持相对稳定，测量学课程教学内容分为三个模块：课堂理论教学（48 学时）、仪器操作及观测方法实验教学（32 学时）和数字化测图综合实习（2 周约 16 学时）。水利水电学院在 2018 年按照水利新工科大类培养方案的要求更新了本科专业培养方案，将测量学实验和实习内容压缩合并为测量学实验，学时数为 36 学时，培养方案同时强调了"水利工程测量学"在水利新工科人才培养中的重要地位，该课程是多门专业课程的前导课。[7]

## （一）教学内容设置

"水利工程测量学"教学内容如表 1 所示。该课程主要包括了 8 个方面的知识内容。

表 1  水利工程测量学教学内容设置

| 序号 | 教学章节 | 教 学 内 容 |
|------|----------|-------------|
| 1 | 绪论 | 地球形状大小、地图投影基本理论、坐标基准、地面点的确定、地球曲率的影响、教学内容与测绘学科发展简介 |
| 2 | 水准测量 | 水准测量原理、仪器操作使用、一般水准测量方法、水准测量内业计算、水准仪的检验与校正、水准测量误差及削减、精密水准仪和电子水准仪介绍 |
| 3 | 角度测量 | 角度测量原理、全站仪角度观测、水平角观测、竖直角观测、经纬仪的检验与校正、角度测量误差及削减 |
| 4 | 距离测量 直线定向 | 钢尺量距、视距测量、电磁波测距、全站仪测距、方位角定义和转换计算、磁方位角观测(罗盘仪) |
| 5 | 测量误差 基本知识 | 误差概念、偶然误差、评定精度标准、误差传播定律 |
| 6 | 控制测量 | 国家控制网、导线测量、三等水准控制测量、四等水准控制测量 |
| 7 | 地形图 测绘 | 全站仪数字测图方法、RTK 和 GPS 测图、GPS 控制+全站仪 |
| 8 | 工程测量 应用 | 地形图基本应用、施工测量、渠道测量、隧洞施工测量、线路工程测量等 |

## （二）课程特点分析

近年来，测绘行业以其内在发展的特性与通信、导航、遥感及微电子传感器技术深度融合，促进了无人机测绘及三维激光扫描技术蓬勃发展，低空倾斜摄影测量和空间精细结构信息采集更加高效便捷，测绘技术进入以"4S（GNSS、GIS、RS、Scan）"技术为代表的智能测绘新时代。我国空间信息技术及其基础设施的建设和发展，极大提升了水利行业空间信息获取的能力，形成了"天—空—地—洞"的立体格局，水利工程信息获取呈现出实时化、泛在化和智能化的新特征。培养智慧水利人才，使之了解空间信息数据智能化获取的基本原理，掌握一定的空间信息处理和应用技能，增强学科交叉和融合的意识。

水利新工科专业人才培养方案逐渐纳入数字孪生流域、智慧灌区、水工程智能建造、智慧水文、智慧水务、智慧水生态等智慧水利元素，逐步形成目前水利类新工科专业的格局。水利水电学院水利类新工科专业8门专业核心课程中有4门课程与水利空间信息的获取、处理、管理和应用高度相关，需要以测量学课程作为前导课程，提供测绘学科空间基准、投影变换、坐标转换、空间数据管理及格式转换、空间分析等有关的基本理论、概念和方法，并通过实践教学环节培养学生的实际操作技能，加强学生对基本概念理解的同时提高与智慧水利专业相融合的意识和能力。仔细分析，在促进水利行业转型和全面升级的过程中，现代测绘技术发挥了重要作用，同时水利工程测量学作为培养智慧水利专业人才了解和掌握空间信息获取手段的基础主干课程，纳入了智慧水利专业培养课程体系，更深入地推进学科交叉融合，促进智慧水利类新工科的发展。

从水利工程测量的应用领域，该课程内容设置以及在人才培养方案中的地位而言，水利工程测量课程主要有以下三个特点：[8]

### 1. 知识容量大、学科交叉性强

由课程内容设置可知，水利工程测量涵盖测量学基础理论知识、仪器原理和操作、控制测量、地形测量和施工测量，构成了完整的测量工作流程。其中控制测量、地形和施工测量部分又包含多种测量方式，例如导线测量、三角锁测量和GNSS等控制测量形式，全站仪和RTK的地形测量和施工放样方法，同时穿插数据处理和误差分析内容，知识点众多，知识容量大。教学内容前导知识涉及高等数学、线性代数、概率论、电磁波和微波通讯、计算机程序设计和辅助设计等多学科知识，体现出较强的前沿学科交叉特点。

### 2. 技术实践性强

水利工程测量是一门理论与实践并重的课程，需要设立有针对性的实践教学环节。一方面提高学生在仪器操作方面的动手能力和外业工作环境下的适应能力，另一方面合理设计测量数据处理和误差分析的作业环节，鼓励学生开发计算程序，提高学生动手实践与解决问题的能力，将专业知识转换为实践技能。

**3. 工程应用场景复杂多变**

这一特点源自水利工程自身的特性，从工程的空间分布来讲，既有地表工程又有地下隐蔽工程；从工程建设程序来讲，可行性研究、初步设计、详细设计、施工和运维等若干过程，每个阶段工程测量服务的对象和内容都在发生变化，需要在测量方法选择和精度控制方面制订相应的计划和方案。

# 二、思政目标与实践思路

目前正处于以人工智能发展浪潮以及未来智能机器人为主导的科技革命背景下，在水利类新工科研究与应用领域培养具有"视野宽、基础厚、能力强、素质优、重创新"，具备浓厚爱国主义情怀、大国工匠情怀、高专业技能素养、强科研创新能力、工程伦理和法治意识的全方位人才。水利工程测量课程作为专业主干课程，应从大思政的角度考虑在课程内容重构、教学资源整合、教学手段创新和效果评价等方面采取相关改革创新举措，落实思政教育目标。

从高等学校思政教育要求和内涵以及水利工程测量课程的内容与特点出发，将水利工程测量课程思政的达成目标归纳如下。

## (一)培养国家意识，树立社会责任感

作为一门理论和应用并重的工程学科，测量技术广泛应用于人类生活与工业生产中，尤其是在水利工程领域，对提升我国经济水平和保障国家能源安全具有重要意义。测量学作为基础前沿技术，是目前国内外科研人员的研究热点，其中大量中国科研工作者在其中做出了世界级的贡献，取得了丰硕成果。在课程内容中组织相关材料，建立榜样精神，让学生了解现状、认知国情、认同国家发展，激发学生爱国主义情怀和为国奉献的精神。同时，在课程中也应该客观地介绍在水利工程测量领域尚待研究的问题以及与国外存在的现状，引发学生深入思考水利工程测量技术对提升我国新质生产力水平，提高我国国际地位，改变我国政治环境的影响，树立学生以扎实的专业知识

与技能实现产业报国的理想信念，以及为祖国发展和人民生活质量提升服务奉献的社会责任感。

### (二)提高专业素养，塑造大国工匠情怀

在课程教学过程中，阐述水利工程测量技术与水利行业融合发展的不同阶段的成果，重点引入在国内重大水利工程建设中，科研学者以及相关建设者在不同阶段通过团队合作以及应用最新相关理论研究成果不断提升水利工程勘察设计、建设质量、管理水平等方面的研究思路和不懈追求的精神，提升学生针对科学和工程问题的分析与思考能力。在传授专业知识的同时，引导学生能够将知识转换为能力，持续发现问题并解决问题，通过科研与应用实践不断推进技术的提升与深化发展，提高专业素养。潜移默化地引导学生建立大国工匠情怀，具备持续改进、坚持创新、追求卓越的创造精神和精益求精的品质精神，培养学生对职业的专注、认真与负责。

### (三)激发科创精神，增强工程伦理意识

发挥水利工程测量具有交叉性的特点，通过我国空间信息基础建设的巨大成就和全自主的北斗导航系统中表现出来的"自主创新、开放融合、万众一心、追求卓越"的北斗精神以及以国为重的核心价值观，激发学生的科研创新以及团队合作意识。另外，通过构建人水和谐的水利工程建设发展思路，阐述工程伦理在水利工程领域内的重要意义。通过引述水利工程测量在工程移民调查中的精度要求来树立工程建设的法律精神，引导学生在勇走科创之路的同时严守工程伦理道德和法律精神。

从课程思政定义和人才培养目标来看，课程思政是指将高校思想政治教育融入课程教学和改革的各个环节，实现立德树人、润物无声。其主要实施手段是通过专思融合，需要以专业知识为基础，以"思政"为着力点，在知识传授、技能培养的过程中潜移默化地融合思政元素，通过学科渗透的方式，帮助学生树立正确的社会主义核心价值观、正确的价值理想信念，培养良好的行为规范和道德品质。立足于水利类人才培养方案和水利工程测量的课程特点，将课程思政教育实施思路进行总结，如图1所示。

坚持"知识传授—能力提升—价值塑造"人才培养主线，从历史探源、忆苦思甜和时代见证三个方面组织课程思政元素，实现课程内容重构，以专思融合教学方法，以"盐溶于水"的方式在潜移默化中实现价值塑造。

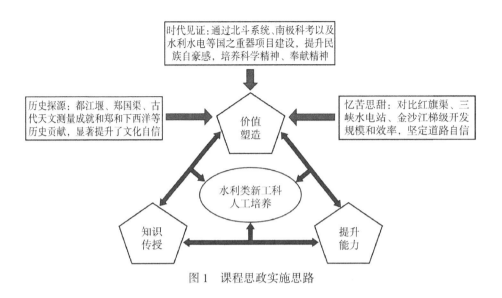

图 1　课程思政实施思路

# 三、课程思政实践途径

在全员育人、全程育人、全方位育人的要求下，依照课程思政教学总体思路，深入分析和梳理了思政教育实践途径，从课程思政内容挖掘、思政教学开展和课程效果评价三个实践途径提出了具体方案。

## （一）课程思政内容挖掘途径

### 1. 专思融合挖掘原则

思政教育具有完整的知识内容和价值体系，一方面，需要从立德树人的高度出发，将自身的价值导向与核心内容融入专业课程内容，发挥其对专业课程教学的价值引领功能。另一方面，专业课程需要从自身的基本特质出发，在思想政治教育系统中选取与自身相契合、相匹配的知识点和价值坐标，深度挖掘自身所蕴含的思想政治教育元素和资源，确立其开展课程思政教学的重要支点和关键抓手，从而实现二者的向心聚合与浸润融合。

### 2. 专思融合点挖掘

根据"水利工程测量学"课程教学与思政教学目标，按照思政教学总体思路和专思融合特性，从课程自身特点出发，将重要知识点及其对应的思政元素进行一一梳理和重点筛选后，将课程专业知识点、思政元素融合点和思政目标之间的对应关系列出，如表2所示。

表2　　　　　　　　　　　　水利工程测量课程思政融合点

| 专业知识点 | 思政融合点 | 思政目标 |
|---|---|---|
| 绪论及测绘基础理论模块 | 分组学习并强调组内成员的动手能力、独立思考能力和团结协作的能力。在测绘学科分类时回顾中国古代在天文测量、历法制定、航海图绘制等方面的成绩和贡献。深刻领会习近平总书记的论述，真正的大国重器，一定要掌握在自己手里；核心技术、关键技术，化缘是化不来的，要靠自己拼搏 | 1. 培养学生的爱国意识，认知国情、认同国家发展<br>2. 培养学生的社会责任感，建立科技报国、科教兴国的信念<br>3. 激发学生的科创精神，敢于探索、勇于创新、团结合作 |
| 传统测量方法及设备操作模块 | 以三峡大坝、红旗渠的建设为背景，展示当时条件下施工测量使用的设备和人民群众的土制工具，可以帮助学生理解仪器构造原理和了解常规测量国产化的艰难过程。同时也展现国家在基础设施建设中的实力与技术进步，科技工作者和建设者的奉献精神 | 1. 激发学生的科创精神，敢于探索、勇于创新、团结合作<br>2. 提高学生的专业素养，培养学生的匠心精神，拥有持续改进、坚持创新、追求卓越的创造精神和精益求精的品质 |
| 测量误差基本概念模块 | 基础理论的突破对科技创新和行业发展的重要作用。针对目前我国科技领域"卡脖子"问题，我国为促进和提高基础学科发展的重要举措，突出面对重大困难时的国家力量和我国科技工作者的无惧无畏精神 | 1. 激发学生的科创精神，严谨求实、批判求真、勇于创新、团结合作<br>2. 培养学生的爱国意识，认知国情、认同国家发展<br>3. 培养学生的社会责任感，树立科技报国、科教兴国的信念 |
| 智能测量模块 | 以我国北斗导航定位系统建设过程为背景，介绍 GNSS 导航定位原理，比较国内外全球定位系统建设的成就以及其为各自国家带来的影响，同时可以联系我国对极高极寒之地的科学考察成就，树立民族自信心和自豪感 | 1. 激发学生的科创精神，严谨求实、勇于创新、团结合作<br>2. 提高学生的专业素养，拥有持续改进、坚持创新的专业精神 |

## （二）思政教学开展途径

在实际的思政教学过程中，专思融合课程内容重构仅具备了思政教育的基础，其实施效果必然隐含在教学的过程中。思政教学的开展是尤为重要的实践环节，下面围绕专业教师思政教育胜任力、教学方法和教学条件三方面进行讨论，积极采取切实的措施，建立思政教学的闭环，探索课程思政教学新模式，推动和引领大思政教育的高质量发展。[9]

**1. 主导教师能力提升**

思政教学是一种创造性的实践活动，要根据不同的教学内容和学习对象有针对性地采取差异化的教学形式和适应性的教学手段，在教学过程中进行多样化探索，以更好地吸引学生的注意力，进而提高课堂教学效率和思政教学质量。同时，教学是一门艺术。教学方案的设计、教学内容的处理、教学方法的选择、教学过程的组织，都需要主导教师不断创新，使教学呈现出巧妙的智慧，增进课堂教学中师生之间的思维共振和情感共鸣。思政教育实施需要从以下三个方面进行思政教学主导能力提升和思政教学经验积累。

(1)具备深厚专业素养的同时提升思政教育的理论深度和学识广度。

水利工程测量课程主讲教师具有较深厚的专业理论知识和丰富的讲授经验，但课程思政教学工作还要求主讲教师具备广博的知识储备，通过对其他相关学科的交叉学习完善知识体系，广泛涉猎其他哲学社会科学以及自然科学的知识。同时，主讲教师还要关注时代、关注社会、关注现实，以宽广的知识视野、国际视野、历史视野观察世界、分析形势、探寻答案。有专业知识的深度和相关学科的广度，才能在课堂上旗帜鲜明又灵活生动地回应大学生的各类思想困惑，才能对尖锐敏感问题、深层次理论和实践问题彻底地进行释疑解惑，真正引发学生的思考、触动学生的心灵。

(2)掌握精湛的思政教学技巧的同时更要对教学艺术有不懈追求。

主导教师娴熟地运用各种教学方法仅是前提，更要遵循并把握教育规律，进行创造性的教学实践活动。从方法到技巧再到艺术的不懈追求，也是持续提升教师的教学能力的过程。在教学实践中，思政课教师要抵御因依赖轻松且熟悉的教学方法而产生的懈怠，不断突破自我，既不能照搬他人经验和既有模式，也不能固守自己的经验和既定做法，而要常教常新，因时而变，与时偕行。以春雨润无声的方式开展思政教学，方可对学生产生深刻而持久的教育影响，潜移默化中实现价值塑造。

(3)科教融合不断提升科研成果转化为教学内容和教学方法的能力。

主导教师要以教学的重难点和学生的困惑点为科研导向，在选定的研究领域中精耕细作，不断加强科研能力，形成高质量、高水平的科研成果，成为专业领域内的专家学者。同时，也要以科研成果促进教学水平的全面提升，使教学科研协调发展，努力成为学者型教学能手，使思政课具有学术深度和学理支撑。科教融合，不仅可使教学内容常教常新，因时而变，而且对学生起到身教重于言传的示范作用，表明老师具有敬岗爱业的职业精神和不断科研创新的专业素养，更易让学生群体产生思维共振和情感共鸣。

### 2. 教学过程强化

（1）合理设计教学目标。

在我校"双一流"建设战略目标和人才培养质量需求下，针对学生情况合理设计教学目标。水利工程测量课程在现有的专业知识技能目标基础上，还需要深入整合思政元素，形成知识技能目标、思维能力目标以及价值体系目标等三个层次的目标。[10]

知识技能目标是水利工程测量课程教学的基础目标，要求学生掌握课程内容相关的知识点与基本的工程实践能力。专业技能培养是新工科培养的首要目标，通过知识技能的学习、实践教学中的合作与探索，建立师生对话交流渠道。思维能力目标要求引导学生分析问题、解决问题，培养学生的主动思维能力，通过思维层次的交流为价值体系的构建奠定良好基础。价值体系目标是专业课程思政教育的核心目标，在水利工程测量课程中，以专思融合方式合理引入思政要素，引导学生在专业学习中领悟社会主义核心价值观，达到专业课程立德树人的目的。

（2）优化教学手段与方法。

为了达到课程思政教学目标，充分发挥教学资源能效，在教学手段与方法方面需要设计具体思政教学环节，灵活应用问题引导、案例牵引、对照比喻、课堂讨论、对比分析、情境推演、课程实践等多种方式，并根据学生反馈进行按需调整，以达到良好的教学效果。

在概论阶段，采用工程问题引导和应用案例牵引的方式，让学生整体认识水利工程测量研究的成就与应用成果，激发爱国情怀，培育工匠精神，引发学生的学习兴趣和对课程重要性的自主思考。在控制测量、误差分析等重难点知识的学习阶段，对具有一定难度的理论，在公式推导的过程中，将复杂公式或复杂环节进行分步拆解，以问题引导的方式逐步逐层次的深入，采用类比方法形象地解释每个环节所需要完成的目的，并结合课堂作业以及分组课堂讨论的方式进行及时巩固，引导学生建立严谨求实的专业学习和科研态度。

### 3. 教学条件优化

目前说教式教学已无法适应人才培养的需求，在教学资源和教学环境构成的教学条件方面，要以课程内容专思融合点为依据，深度挖掘并整理思政教学案例，同时优化教学条件，丰富思政教学资源，营造良好的思政教学环境。

在准备教学资源的过程中，要从视觉、听觉、触觉等多个维度对思政教学相关的资源进行整理与梳理。对应每个思政教学案例，要充分利用海量的网络文化资源，如新闻报道、技术演示、公众号、博客、短视频、前沿热点讲解等，并按照由浅入深、由整体到局部、由过去到现在、由科技到工程的方式进行梳理、收集，形成多类型思政教学资源。同时利用相关共建实验室、虚拟仿真平台等优质教学条件增强学生的学习体验，让学生能够更深刻地理解课程专业知识与思政元素，有效提升思政学习的效率与效果。

### (三) 思政教学效果评价途径

水利工程测量学课程思政以专思重构为基础，强化专思融合教学设计与资源整合，力求在潜移默化中以润物无声的方式实现课程思政教学效果，同时对思政教学效果的考核与评价也要融入专业知识进行考核。通过对教学过程中的课题讨论表现、实践课程报告、专思知识掌握以及综合应用等多个方面进行整体考核，注重考核环节和内容的科学设计以及持续跟踪。

### 1. 科学设置考核环节

将思政元素融入各教学环节，以潜移默化的方式熏陶和塑造学生正确的价值取向和家国情怀。参照表 2 中的思政元素融合点，将整理的思政教学内容渗透到教学的各个环节，并在教学过程中观察、考核和评估学生接受和掌握的程度和层次。主要关注和记录学生在涉及课程思政内容的课堂讨论、课程实践报告、专业知识的掌握以及综合应用能力等重要学习环节的表现。重点在面向综合应用的案例分析中，适当提升对国情认知、国家贡献、国家安全、持续创新等思政指标关联的案例阐述与分值比重，引导学生提高对水利工程测量思政教学的关注度与重视程度，并逐步实现思政教学目标。

### 2. 采取丰富的考核形式

课程思政元素的素材是多种形式的，包括视频、图像、报告和文献等多种类别。依托水利工程测量课程多个教学环节，将课程思政教学效果的评价融入考核环节，采取形式丰富且不着痕迹的课程思政教学效果评价，实现于无声处听惊雷的评价结果。其中主要的考核形式有两种，一是采用在线学习软件持续跟踪课程思政元素学习情况，并进行统计，分析学习效果；二是有针对性地优化课程结课考试试题结构和内容，通过增加考试题型设计，将思政元素作为多种题型的题干或综合应用分析题型的工程背景，考查学生对工程价值、家国情怀、科技创新、工程伦理等课程思政目标的掌握与理解。此外，依据水利工程测量学课程特点，以开放的形式考查课程思政教学效果。

## 四、结束语

水利工程测量工作贯穿水利工程的全生命周期，在可行性研究、规划设计、建设运维等阶段都具有不可替代的作用，同时水利工程测量课程是支撑水利学科创新人才交叉融合发展的重要专业基础课程，覆盖水利类所有专业。从水利类人才培养和学校"双一流"建设目标出发，在立德树人内涵指导和"三全"教育要求下，以课程思政为着力点，本文探索并设计了水利工程测量思政教学总体思路，梳理了专思融合方式和实践途径，具体从思政内容挖掘、思政教学开展和课程效果评价三个方面给出了实践参考。通过思政教学实践，将学生专业素质和技能的培养与科技报国及爱国敬业的社会主义核心价值观塑造进行深度融合，为实现培养德才兼备的水利类新工科人才目标提供了有效的实践途径。

◎ **参考文献**

[1]钟登华.新工科建设的内涵与行动[J].高等工程教育研究，2017(03)：1-6.

[2]黄泽文."新工科"课程思政的时代蕴涵与发展路径[J].西南大学学报(社会科学版)，2021，47(03)：162-168.

[3]闫利，李建成.测绘类专业的"新工科"建设思考[J].测绘通报，2020(12)：148-154.

[4]严晓秋.课程思政视域下大学生社会实践成果"回归"理论课堂的实践创新研究[J].湖北经济学院学报(人文社会科学版),2020,17(05):140-142.

[5]高德毅,宗爱东.从思政课程到课程思政:从战略高度构建高校思想政治教育课程体系[J].中国高等教育,2017(01):43-46.

[6]李清富,刘晨辉,张华.论课程思政与新工科人才培养的有效融合[J].时代报告,2021(02):122-123.

[7]金银龙,严鹏,吴云芳,等.面向智慧水利专业的测量学课程改革探讨——以武汉大学智慧水利拔尖人才培养为例[J].中国农村水利水电,2023(11):238-243.

[8]邓念武,金银龙,刘玉新,等.新工科背景下的"测量学"教学改革研究[J].教育教学论坛,2021(05):53-56.

[9]卢瑾,曹威伟.课程思政建设的实践路径[N].光明日报,2023.

[10]刘任莉,邓念武,张晓春,等.基于专业认证标准的测量学课程教学研究[J].教育教学论坛,2019(42):167-168.

# 课程思政视域下"护理学导论"课程
# 教学设计与效果研究

欧阳艳琼

（武汉大学　护理学院，湖北　武汉　430071）

**摘　要**：探讨基于课程思政的"护理学导论"课程教学的效果。以"护理学导论"课程为依托，融入课程思政元素，比较课程思政教学前后护生职业认同感、职业价值观和教育环境感知力的变化。课程教学结束后，护生职业认同感较授课前无明显改变（$P$ 均>0.05）；护生的职业价值观各维度及总分均有显著性差异（$P$ 均≤0.05）；护生对教育环境感知力显著优于授课前（$P$ 均<0.05）。在"护理学导论"课程中融入课程思政元素有助于培养护生的职业认同感和提高护生的教育环境感知力，有助于提高护理专业课程的教学效果。

**关键词**：护理学导论；课程思政；职业认同感；职业价值观；教育环境感知力

**作者简介**：欧阳艳琼，武汉大学副教授、硕士生导师，JÖnkÖping University 博士生导师，华中科技大学妇产科学博士，武汉大学中南医院客座教授，国际认证哺乳顾问（International Board Certified Lactation Consultants，IBCLC），国家高级心理咨询师，Gillings School of Global Public Health of University of North Carolina at Chapel Hill 访问学者。研究方向为妇儿健康、母乳喂养促进策略、护理教育。

**基金项目**：中华医学会医学教育分会：后疫情时期"护理学导论"课程思政建设（2020B-N08329）。

护理是科学、艺术和人道主义的结合，护理人员不仅要具备扎实的理论知识和熟练的操作技能，更需要具备人道主义的职业精神，树立崇高的职业理想。习近平总书记在党的二十大报告中指出，"教育、科技、人才是全面建设社会主义现代化国家的基础性、战略性支撑",思政教育是实施党的教育方针、执行立德树人根本任务的核心环节；高校是推动思政教育高质量发展的重要阵地。[1]除高校开设的思想政治理论课外，公共必修课、专业必修课和选修课中应加入"课程思政"。[2]研究表明，护生在人文关怀意识和能力、专业认同与职业自我概念较低，职业价值观存在进一步提高的空间；专业课程思政融入较少，课程思政建设尚不足。[3-4]"护理学导论"作为护理专业的入门基础课程，对护生形成专业认知、产生职业认同、形成职业责任感和使命感等方面有着不可或缺的作用。如何让学生真正将自己的专业情感融入理论知识，如何将对生命的那份责任纳入自己的内心世界，最终成为一个对生命负责、具备良好专业素养的护理人？挖掘"护理学导论"中蕴含的思政元素，并探索其专业知识和思政元素融入的方式，对护生提高职业认同感、职业价值观，提高教育环境感知力进而投入并适应专业学习具有重要意义。

## 一、授课对象

以"护理学导论"课程为依托，采取方便抽样，选取我校全日制本科护理专业大一学生 56 人为研究对象，其中男生 18 人、女生 38 人，均为高考明确填报了护理专业作为志愿的学生。社会人口学特征，详见表1。

表1　　　　　　　　　　　　一般人口学资料( n = 56)

| 社会人口学资料 | | 频数 | 百分比( % ) |
|---|---|---|---|
| 性别 | 男 | 18 | 32 |
| | 女 | 38 | 68 |
| 民族 | 汉族 | 50 | 89 |
| | 少数民族 | 6 | 11 |
| 政治面貌 | 群众 | 8 | 14 |
| | 共青团员 | 48 | 86 |
| 家庭居住地 | 城镇 | 26 | 46 |
| | 城市 | 11 | 20 |
| | 农村 | 19 | 34 |

| 社会人口学资料 | | 频数 | 百分比(%) |
|---|---|---|---|
| 班干部 | 是 | 50 | 89 |
| | 否 | 6 | 11 |
| 兼职经验 | 有 | 16 | 29 |
| | 无 | 40 | 71 |
| 社会实践 | 有 | 45 | 80 |
| | 无 | 11 | 20 |
| 社会实践与自己的专业有关 | 是 | 5 | 9 |
| | 否 | 51 | 91 |
| 参加学校社团 | 是 | 33 | 59 |
| | 否 | 23 | 41 |
| 组织过学校或学院的各类活动 | 是 | 36 | 64 |
| | 否 | 20 | 36 |

## 二、课程思政教学设计

### (一)课程目标

"护理学导论"课程目标在原有知识目标和技能目标基础上增加"同向同行"目标、融入思政元素，将思政教育引领贯穿课程教学的全过程和各环节。

**1. 知识目标**

理解护理学基本概念、理论框架及其发展历程，包括护理学发展史、护理理论基础和护理职业未来趋势。掌握护理职业道德原则、职业行为准则以及与护理实践相关的法律法规、护理职业责任与义务。认识有效沟通在护理工作中的重要性、护理职业中的人际关系管理和沟通技巧。

**2. 技能目标**

熟悉护理专业的工作方法，即护理程序(评估、诊断、计划、实施及评价)，培养学生运用批判性思维能力和护理实践中的技能(例如沟通技能)，提高临床判断和决策能力。训练学生适应不同护理环境和情境的能力，提高其在多变的临床环境中灵活应对和处理问题的技能。

**3. "同向同行"目标**

在知识传授中强调价值观的同频共振，通过专业课程与思政元素的融合，将课程蕴含的医德精神升华为学生的内在素质，打造有温度、有深度、有广度的专业课堂，引导学生开展对生命意义的思考、对责任意识的审视，达到对敬畏生命、感恩回报、无私奉献等价值观的共鸣，增强专业认同、提升职业价值观和教育环境感知力，为承载起"健康所系，性命相托"医学誓言的践行者打下坚实基础。

## （二）教学内容

**1. "护理学导论"课程思政教学设计方案**

将课程内容划分为 7 个模块：护理学发展史、护理程序、职业价值和职业道德、职业能力和职业素养、护患关系、护理伦理与法律、护理展望。依据 7 个教学模块，挖掘"护理学导论"课程专业知识中的思政元素，构筑以立德树人为核心的教育模式。思想政治教育内容与专业学科知识有机融合，通过"润物细无声"的方式，在教学活动中隐性地实现渗透和影响。[5] 通过征求思想政治教育专家的意见，共同探讨，将本课程思政元素分七大类：爱国情怀、科学精神、医者精神、辩证思维、职业道德、法律意识和民族精神，如图 1 所示。

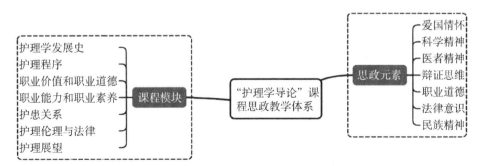

图 1 "护理学导论"课程思政教学方案设计思路

**2. "护理学导论"课程思政内容安排**

具体课程内容安排和思政元素，见表 2。

表2 　　　　　　　　　　**"护理学导论"课程思政改革教学内容安排**

| 课程内容 | 拓展思政材料 | 思政元素 |
|---|---|---|
| 护理学<br>发展史 | 1. 名人故事：以梦为马，不负韶华（南丁格尔）；战场的天使（巴顿）<br>2. 其他：从克里米亚战争到世界上第一所护士学校的建立、从"以疾病为中心"的护理阶段到"以健康为中心"的护理阶段 | 1. 形成正确的职业认知，明确初心和职业使命<br>2. 树立职业榜样，培养为护理专业发展不懈努力的职业理想 |
| 护理程序 | 1. 案例讨论：急性哮喘发作，如何快速缓解哮喘症状<br>2. 其他：护理工作模式历经从经验护理到循证护理，形成科学的护理工作方法 | 1. 坚持科学发展观、传承精华、守正创新<br>2. 培养批判性思维、弘扬人文关怀精神 |
| 职业价值和<br>职业道德 | 1. 典型事迹：抗击新冠疫情——以自己微薄之力，保山河无恙，保家国平安<br>2. 名人故事："非典"白衣天使（江云霞、叶欣）<br>3. 案例讨论：护士在社交媒体上分享了一个有趣的患者故事，但未直接提及患者姓名，这种行为是否侵犯了患者隐私权，违反了职业道德。患者因个人信仰拒绝接受生命救治手术，护士应如何尊重患者的自主权，同时向患者和家属提供专业的医疗建议 | 1. 形成正确的专业认知，提高学科兴趣和职业认同度，重塑职业自信<br>2. 引导形成以人的生命安全和健康为首位的职业责任感和使命感<br>3. 培养爱岗敬业、救死扶伤、甘于奉献、无惧艰难、大爱无疆的医者精神<br>4. 培育专业意志 |
| 职业能力和<br>职业素养 | 1. 开展辩论：如何建立有效的沟通渠道和团队合作、用患者教育策略来帮助其提升自我管理能力和改善健康状态<br>2. 角色扮演：模拟抢救情景、模拟探讨替代治疗方案和护理支持方案 | 1. 培养沟通能力和人文修养，启发辩证思维，启迪科学逻辑<br>2. 培养评判性思维能力和解决问题能力，内化慎独诚信、勇于创新的职业素养，提升依法应对重大突发公共卫生事件的能力 |
| 护患关系 | 1. 主题讨论：护患沟通原则和技巧、患者隐私保护<br>2. 角色扮演：应对护患冲突<br>3. 冰心语录：爱在左，情在右，走在生命的两旁，随时撒种，随时开花，将这一径长途点缀得香花弥漫，使穿枝拂叶的行人踏着荆棘，不觉得痛苦，有泪可落，却不是悲凉 | 1. 强调人文关怀精神，体现人文主义精神和社会主义核心价值观中的"仁爱"<br>2. 培养职业道德，如诚实、正直、守信和公正，以及对患者负责的职业责任感<br>3. 强调尊重每一位患者的生命价值和个人选择<br>4. 培养综合护理能力和人际交往技巧，强化服务意识和奉献精神 |

| 课程内容 | 拓展思政材料 | 思政元素 |
|---|---|---|
| 护理伦理与法律 | 1. 主题讨论：医疗费用争议、对医疗操作的误解或不信任<br>2. 典型案例：给药错误、诊疗记录管理失误 | 1. 树立法治观念，明确护理相关法律法规，培育法律意识<br>2. 运用法治思维和法治方式维护自身权利、维护护理服务对象权利、提高化解矛盾纠纷的意识和能力 |
| 护理展望 | 1. 现场观摩：医院临床部门、社区卫生服务中心、护理研究机构<br>2. 专家学者访谈：专业发展与职业规划、护理实践中的技术革新 | 1. 加强初心教育，了解世情、国情、民情，弘扬以爱国主义为核心的民族精神和以改革创新为核心的时代精神<br>2. 培育职业情怀和家国情怀 |

（三）教学方法

**1. 理论教学**

课程开始前，教师明确每个教学单元的目标和预期成果，让学生了解学习的方向和重点。教师介绍护理学的基础理论、知识和技能，包括护理学发展史、基本护理操作、护理程序、护理伦理和法律等方面。以教材为基础，结合最新的护理理论和研究成果，讲解护理学的基本原理和知识体系。鼓励学生提问和讨论，利用问题激发学生的思考和兴趣，增强理解和记忆。使用PPT、视频、动画等多媒体教学工具，使抽象的理论知识形象化、直观化。通过中期和期末考试等形式来评价学生的学习效果，考试通常包括选择题、填空题、简答题等，以检测学生对理论知识的掌握程度。

**2. 案例教学**

挑选与课程内容高度相关的临床护理案例进行分组讨论或全班讨论，教师介绍案例背景信息，包括病人健康状况、病史、护理需求等。明确案例中需要解决的问题或决策点，引导学生思考案例的复杂性和实际护理过程中遇到的挑战。将学生分成小组，讨论案例中的问题，鼓励学生共享知识、交流观点、协作寻找解决方案。在一些案例教学中，采用角色扮演形式，让学生扮演护士、病人或其他相关角色，增加学习互动性和实践感。每个小组向全班展示讨论结果，包括对问题的分析、提出的解决方案和预期结果。教师对各组的分析和解决方案进行点评，强调重要的护理原则和操作技巧，指出改进方向。将案例讨论内容与护理学理论相结合，帮助学生理解理论知识在实际护理工作中的应用。鼓励学生反思案例讨论过程中的学习体验，包括自己的思考过程、团队合作经验和收获的知识。教师总结案例教学的关键点和学习要点，确保学生理解和掌握核心内容。

**3. 实践教学**

将课堂教学与社会实践活动进行有机整合，有效地弘扬新时代的社会主义核心价值观，不断加强当代大学生高尚的理想信念的形成及专业情怀的培养，最终使课程思政教育融入日常教学、实践甚至生活。[6]如形式多样的志愿服务、益德益智的科研发明、力所能及的爱心活动等，让课堂知识与社会实践密切相连，让素质教育内化于心、外化于行。

**（四）效果评价**

在课程开课前和课程结束后即刻测量护生职业认同感、职业价值观以及教育环境感知力，并比较课程思政实施前后这些变量的差异。

**1. 职业认同感**

在开课前后采用中文版护生职业认同量表[7]测量护生的职业认同感，该量表包括3个维度：个人维度、社会历史维度、人际维度，共17个条目。量表采用5点李克特量表评分，从"很不符合"到"很符合"依次赋1~5分。综合分数为17~85分，分数越高表示护生职业认同感越高。该量表信效度良好，本研究中量表Cronbach's α为0.920。

**2. 教育环境评定**

在开课前后采用教育环境测量表（DREEM）评估护生学习投入度和感知力，该量表由Roff等人在1997年编制，[8]旨在全面评估医学院或相关健康专业教育机构的学习环境。该量表包括5个维度：学生对教师的知觉、学生对学习的知觉、学生对学术的自我知觉、学生对社交的自我知觉、学生对环境的知觉，共50个条目。量表采用5点李克特量表评分，从"非常不赞同"到"非常赞同"依次赋1~5分。综合分数从50~250分，分数越高表示学生所处教育环境越好。DREEM量表经过翻译，已涵盖六种语言，并在全球12个国家的医学教育机构中得到广泛应用和推广。本研究中量表Cronbach's α为0.921。

**3. 职业价值观**

在开课前后采用中文版护士职业价值观量表修订版（NPVS-R-CV）测量护

生的职业价值观，NPVS 量表由 Darlene 和 Jane 在 2000 年开发，[9] 2009 年 Darlene 和 Jane 对该表进行修订。我国台湾学者 Lin 等对 NPVS-R 进行翻译和文化适应。[10]该量表包括 3 个维度：专业精神、关怀和行动主义，共 26 个条目。量表使用 5 点李克特式量表评分，从"不重要"到"最重要"依次赋 1~5 分。综合分数范围从 26~130，分数越高表示与专业价值观的一致性越高。在这项研究中，量表 Cronbach's α 值为 0.976。

（五）统计学方法

统计学方法采用 SPSS26.0 软件进行 t 检验，检验水准 α=0.05。

# 三、结果

（一）教学前后护生职业认同感各维度评分比较，见表 3。

表 3　　教学前后护生职业认同感各维度评分比较（n=56, $\bar{x}\pm s$）

| 评价项目 | 干预前 | 干预后 | t 值 | P 值 |
|---|---|---|---|---|
| 职业自我概念 | 3.36±0.82 | 3.33±0.83 | 0.204 | 0.839 |
| 留职获益与离职风险 | 3.04±0.8 | 3.15±0.85 | −0.721 | 0.474 |
| 社会比较与自我反思 | 3.99±0.7 | 3.85±0.62 | 1.168 | 0.248 |
| 职业选择的自主性 | 3.20±0.73 | 3.32±0.69 | 1.158 | 0.252 |
| 社会说服 | 3.88±0.81 | 3.72±0.86 | 0.967 | 0.338 |
| 总体得分 | 58.48±10.58 | 58.21±11.6 | 0.416 | 0.90 |

（二）教学前后教育环境感知力各维度评分比较，见表 4。

表 4　　教学前后教育环境感知力各维度评分比较（n=56, $\bar{x}\pm s$）

| 评价项目 | 授课前 | 授课后 | t 值 | P 值 |
|---|---|---|---|---|
| 学习知觉 | 2.14±0.53 | 2.38±0.55 | −2.045 | 0.046 |
| 教师知觉 | 1.68±0.53 | 1.93±0.53 | −2.301 | 0.025 |
| 学术自我知觉 | 2.54±0.55 | 2.67±0.65 | −1.035 | 0.305 |

续表

| 评价项目 | 授课前 | 授课后 | t 值 | P 值 |
|---|---|---|---|---|
| 环境知觉 | 2.13±0.56 | 2.3±0.58 | −1.484 | 0.143 |
| 社交自我知觉 | 2.36±0.57 | 2.57±0.61 | −1.801 | 0.077 |
| 总体得分 | 106.38±24.45 | 116.71±25.66 | −1.929 | 0.059 |

（三）教学前后护生职业价值观各维度评分比较，见表 5。

表 5 　　　　　教学前后护生职业价值观各维度评分比较（n=56，$\bar{x}$±s）

| 评价项目 | 干预前 | 干预后 | t 值 | P 值 |
|---|---|---|---|---|
| 照顾提供 | 3.95±1.00 | 4.49±0.58 | 3.395 | 0.001 |
| 行动主义 | 3.88±0.99 | 4.37±0.59 | 3.079 | 0.003 |
| 责任、自由、安全 | 3.94±1.01 | 4.49±0.53 | 3.505 | 0.001 |
| 信任 | 4.01±1.02 | 4.59±0.54 | 3.54 | 0.001 |
| 总体得分 | 102.2±25.88 | 116.11±14.32 | 3.391 | 0.001 |

## 四、讨论

（一）在"护理学导论"课程中融入思政元素有助于提高护生的职业价值观

作为一门护理专业的入门基础课程，"护理学导论"课程对护生在认识护理、了解职业价值和适应专业学习方面具有重要的作用。本研究通过情境教学、名人故事和实践教学等方式在课堂中融入思政教育。研究结果显示，课程教学后，护生职业价值观总体得分显著高于教学前（$P<0.01$），提示"护理学导论"课程中融入思政元素能更好地帮助学生形成正确的职业价值观，明确初心和职业使命。既往研究表明，在"护理学导论"课程中融入思政元素对护生形成职业价值观起到积极的正向引导作用。[11] 不仅帮助护生正确认识护理专业，提高护生学习兴趣，还增强护生对学科和专业的信心。

"责任、自由、安全"维度的显著提高（$P<0.01$）反映学生对于护理职业的

责任认同感增强。未来护生在提供高质量护理服务时，能主动认领并承担责任。安全感的提高可能与护生对于护理环境中风险管理和病患安全认识增强有关。而"信任"维度的增长（P<0.01）则表明护生可能对于未来的同事、病患以及整个医疗系统的信任感得到了加强。

（二）在"护理学导论"课程中融入思政元素有助于提高护生的教育环境感知力

在"护理学导论"课程中融入思政元素对护生的教育环境感知力有部分提升，主要是学习知觉（P=0.046）和教师知觉（P=0.025<0.05）这两个关键维度。学习知觉维度的提升显示学生感知到的教学环境在质量方面的改善。这可能与思政教育增强学生的职业责任感和对学习的积极投入有关。同时，教师知觉维度的提升反映出学生对教师角色和教学效能的更高评价，这可能是因为教师在课堂中融入思政元素，更注重与学生的沟通和互动，包括鼓励学生提问、表达观点和参与讨论。这种互动有助于学生感受到自己的声音被听见和尊重，从而提升对教师的积极评价。教师在思政教育中的作用不再局限于信息的传递者，而是成为价值观的塑造者和道德的指导者。当学生观察到教师在培养道德和价值观方面的不同角色时，会对教师的专业性和责任感有更深的认同。

尽管在学术自我知觉、环境知觉和社交自我知觉等维度上得分有所提高，但提高并不显著，可能是这些维度更多地与学生的个人因素和课程内容的非思政方面相关。此外，虽然总体得分有所提升，但并不显著（P=0.059>0.05），这意味着总体效应接近显著性边界，这提示可能需要一个更大的样本量来更精确地评估这种融合教育策略的影响。

这些结果也强调了护理教育中思政教育的重要性，并建议教学策略应更多地关注如何提升教学环境的质量和学生的教师知觉。应考虑未来的研究采用更大的样本量，以提高研究结果的稳定性和可靠性，同时也应探索不同类型的思政教学方法如何影响学生的学习体验和职业发展。

# 五、小结

基于课程思政融入的"护理学导论"教学显示，该教学方法有利于增强护生的职业价值观并提高了护生的教育环境感知力。本研究样本量只有 56 人，在未来研究中，应考虑使用更大的样本群，以增强结果的可靠性和适用性。此外，需进一步探索不同的思政教育内容和方法对护生职业价值观和教育环境感知力的长期影响，以及这种教学方法如何在不同教育背景和护理教育阶段中得以最佳实施。

## ◎ 参考文献

[1] 许涛. 以高质量高校思政教育助力教育强国建设 [N]. 光明日报，2023-06-16.

[2] 高德毅，宗爱东. 课程思政：有效发挥课堂育人主渠道作用的必然选择 [J]. 思想理论教育导刊，2017(01)：31-34.

[3] 丁亚萍，许勤，林炜等. 护理专业课程融入社会主义核心价值观的创新实践探索 [J]. 南京医科大学学报（社会科学版），2019，19(06)：487-489.

[4] 孙茜，刘艳霞. 融合多种教学模式开展"护理学导论"课程教学的初步探讨 [J]. 教育现代化，2019，6(91)：232-234.

[5] 彭爱霞，罗秋婷，陈映云. 护理学导论课程思政教学设计与实施 [J]. 中国当代医药，2023，30(09)：156-160.

[6] 杨金铎. 中国高等院校"课程思政"建设研究 [D]. 吉林大学，2021.

[7] 郝玉芳. 提升护生职业认同、职业自我效能的自我教育模式研究 [D]. 第二军医大学，2011.

[8] Roff S, McAleer S, Harden R M, et al. Development and validation of the Dundee ready education environment measure (DREEM) [J]. Medical Teacher, 1997, 19(4)：295-299.

[9] Weis D, Schank MJ. An instrument to measure professional nursing values [J]. J Nurs Scholarsh, 2000, 32(2)：201-204.

[10] Lin YH, Wang LS. A Chinese version of the revised nurses professional values scale：reliability and validity assessment [J]. Nurse Educ Today, 2010, 30 (6)：492-498.

[11] 张艳亭，范秀珍. 基于期望-价值理论的"护理学导论"研讨课教学设计 [J]. 解放军护理杂志，2018，35(06)：75-76.

# 课程思政在"护理学导论"课程中的应用研究

张　青　邹智杰

（武汉大学　护理学院，湖北　武汉　430071）

**摘　要：**构建"护理学导论"课程思政教学方案，对某高校护理本科2021级和2022级学生实施教学实践，采用职业使命感量表、学业投入量表和职业自我效能量表，对护理本科生进行问卷调查，探讨课程思政在"护理学导论"课程中的应用研究效果。在"护理学导论"教学中加强思政教育，有利于提高护生的职业使命感，促进学生学业投入、提高职业自我效能感。

**关键词：**本科；护生；课程思政；护理学导论

**作者简介：**张青，女（1968—　　），副主任护师，主要从事护理教育和老年护理研究。

邹智杰，女（1982—　　），博士研究生，讲师，主要从事护理教育和母婴护理研究。

**基金项目：**武汉大学就业研究项目（编号：202301）。

在教育部印发的《高等学校课程思政建设指导纲要》中，强调"把思想政治教育贯穿人才培养体系，发挥好每门课程的育人作用，提高高校人才培养质量"。[1]本科护理专业课程中将课程思政有机融入，为国家培养德才兼备的护理工作者已成为新时代的要求，是课程改革的重中之重。[2]"护理学导论"是护理专业的启蒙和主干课程之一，重在引导学生系统、全面了解护理专业学科体系的形成与发展，帮助学生树立正确的专业思想和以服务对象为中心的护理理念，塑造良好的职业素养。本研究根据护理学专业本科新生特点，构建"护理学导论"课程思政教学方案，对护理专业本科2021级和2022级学生实施教学实践，采用职业使命感量表、学业投入量表、职业自我效能量表，对护理专业本科生进行问卷调查，探讨课程思政在"护理学导论"课程中的应用效果。

# 一、对象与方法

## （一）研究对象

本研究于 2021 年 9 月至 2022 年 12 月采用整群抽样的方法，抽取某高校 2021 级护理专业本科学生 35 人，2022 级护理专业本科学生 54 人为研究对象。纳入标准：①自愿参与；②全日制护理学本科学生。排除标准：①护理学专科生，护理学专升本学生；②在校期间请假超过 1 个月；③中途退学或转专业者。

## （二）研究方法

### 1. 干预方法

本课程采用线上线下结合的混合式教学模式，从教材的每章内容中提取思政元素，准备资源，拟订教学方案，将思政素材资源上传至网络学习平台，布置任务让护生在课外自主观看学习，组织护生就社会热点时事讨论，开展书评、影评活动，阅读科研文献等。在常规教学的基础上，通过案例分析、小组讨论、观看视频、情景模拟、启发式教学等方式进行授课。思政素材能够让护生生动地感受到榜样的力量，培养勤勉敬业、无私奉献的品德，增强"健康所系、性命相托"的职业责任感，强化护生对社会主义核心价值观的认知，增强职业使命感，实现价值引领作用。[3] "护理学导论"课程思政教学方案见表 1。

表 1            "护理学导论"课程思政教学方案

| 教学内容 | 思政素材 | 教学方法 | 思政教学目标 |
| --- | --- | --- | --- |
| 护理学的发展及基本概念 | 南丁格尔事迹 | 案例教学、讨论 | 提高专业认同感，树立正确的职业价值观 |
| 健康与疾病 | 在医疗卫生体系中融入中国医疗卫生方针及发展战略 | 启发式教学 | 树立实现"健康中国 2030"战略目标的职业精神 |
| 需要与关怀 | 临床癌症患者的案例 | 案例教学 | 培养关爱患者，尊重生命的价值观 |

续表

| 教学内容 | 思政素材 | 教学方法 | 思政教学目标 |
|---|---|---|---|
| 文化与护理 | 欣赏名画中体现的护理职业精神 | 小组讨论 | 赏析医学题材名画,培养文化自信、职业自信 |
| 护患关系与人际沟通 | 电视剧《急诊科医生》视频 | 情景模拟 | 构建和谐友善的护患关系 |
| 生命历程中的身心发展 | 生命的意义 | 小组讨论 | 做生命周期的健康促进者 |
| 护理理论及模式 | 观看南丁格尔奖获奖者的相关视频 | 案例教学 | 培养理论自信 |
| 护理程序 | 阅读护理相关书籍 | 读书分享会 | 树立严谨、慎独的职业精神 |
| 护理科学思维方法与决策 | 护士科研发明创新案例 | 小组讨论 | 培养创新思维、评判性思维能力 |
| 健康教育 | "感动中国"人物事迹 | 案例教学 | 提升职业素养 |
| 临终关怀 | 观看纪录片《人间世》 | 小组讨论 | 了解生命的意义,敬畏生命 |
| 护理伦理 | 廉洁行医案例 | 案例教学、讨论 | 强化职业道德 |
| 护理专业中的法律问题 | 临床护理差错案例 | 案例教学、讨论 | 提升法治意识,树立自律的职业精神 |
| 护生职业生涯规划 | 我国专科护士的培养与发展 | 启发式教学 | 制订适合自身特点的职业发展规划 |

#### 2. 调查工具

(1)一般资料调查表:采用自行编制的一般资料调查表,包括性别、年龄、专业意愿、专业选择原因、专业喜好程度等。

(2)学业投入量表:包括活力、奉献、专注3大维度17个条目,采用李克特7级评分法,从"从来没有"到"总是如此"分别计1~7分,总分17~119分,得分越高,学业投入程度越高。本研究中量表Cronbach's α系数为0.980。

(3)职业自我效能量表:共6大维度27个条目,包含职业态度及信念、解决问题的能力、收集职业信息和职业规划能力、职业认知、职业价值、职业选择。采用李克特7级计分法进行赋分,总得分越高,表明护生职业自我效能越好。该问卷 Cronbach's α 系数为 0.841。[4]

（4）期末总成绩评定方法：本门课程总成绩按平时成绩（40%）、期末考试成绩（60%）进行核算。平时成绩由考勤（20%）、作业（20%）、课堂表现（10%）、讨论（10%）、视频作业（10%）、线上学习成绩（30%）构成。课程结束后，统一组织试验组与对照组班级进行"护理学导论"理论考试。

**3. 调查方法**

通过问卷星平台发布调查问卷，问卷中简要说明此次调查的目的、方法和意义。在对本研究知情同意的情况下采用匿名方式，回收有效问卷 89 份，有效率为 100%。

**4. 统计学方法**

采用 SPSS 26.0 软件进行数据录入和统计分析。符合正态分布的计量资料用均数±标准差表示，计数资料用构成比表示；计数资料的组间比较采用卡方检验；计量资料的组间比较采用 $t$ 检验。本研究以 P<0.05 为差异有统计学意义。

## 二、结果

两组学生职业使命感、学业投入和职业自我效能的比较，见表 2。

表 2　　　　两组学生职业使命感、学业投入和职业自我效能的比较

| 维度变量 | 试验组（35） | 对照组（54） | t/z | P |
|---|---|---|---|---|
| 职业使命感 | 3.80±0.60 | 3.75±0.56 | 0.419 | 0.676 |
| 利他贡献 | 3.98±0.72 | 3.98±0.58 | 0.064 | 0.949 |
| 导向力 | 3.32±0.87 | 3.24±0.90 | 0.455 | 0.651 |
| 意义与价值 | 4.21±0.69 | 4.11±0.63 | 0.710 | 0.480 |
| 学业投入 | 5.36±0.93 | 4.74±1.00 | 2.931 | 0.004 |
| 活力 | 5.38±0.98 | 4.82±1.09 | 2.399 | 0.019 |
| 奉献 | 5.31±0.92 | 4.57±1.09 | 3.399 | 0.001 |
| 专注 | 5.39±1.03 | 4.79±1.05 | 2.636 | 0.01 |
| 职业自我效能 | 3.62±0.62 | 3.33±0.50 | 2.394 | 0.019 |

| 维度变量 | 试验组<br>（35） | 对照组<br>（54） | t/z | P |
|---|---|---|---|---|
| 职业态度及信念 | 3.69±0.59 | 3.39±0.55 | 2.372 | 0.020 |
| 解决问题的能力 | 3.60±0.67 | 3.31±0.55 | 2.238 | 0.028 |
| 收集信息和职业规划 | 3.45±0.65 | 3.27±0.50 | 1.472 | 0.145 |
| 职业认知 | 3.76±0.73 | 3.35±0.65 | 2.741 | 0.007 |
| 职业价值 | 3.70±0.75 | 3.39±0.59 | 2.091 | 0.039 |
| 职业选择 | 3.59±0.87 | 3.22±0.72 | 2.125 | 0.036 |

注：$P<0.05$

表2结果显示，试验组护生学业投入评分和职业自我效能评分显著高于对照组，学业投入水平和职业自我效能差异有统计学意义（均 $P<0.05$）。

# 三、讨论

## （一）课程思政教学提升了护生的职业使命感

本研究显示，课程思政教学提升了护生的职业使命感，但试验组和对照组两组差异无统计学意义（ $P>0.05$ ）。"护理学导论"课程安排学生早期接触临床和赴老人院、社区参加志愿服务活动实践教学，加深了护生的职业认同感，强化了护生的正向认知，帮助其树立正确积极的就业观、择业观。[5]在课程思政教学过程中注重培养护生的社会服务意识、奉献精神，到社区、养老机构担任志愿者，并在这些有参与感、体验感和历练感的实践活动中，得到大众的赞赏与认可，从而推动校内理论学习与校外实践的相辅相成，增强职业的荣誉感、责任感与使命感。[6]

## （二）课程思政教学促进了护生的学业投入

学业投入影响着护生将来的学业成就和社会发展，包括活力、奉献和专注三个维度。本研究结果显示，试验组通过思政课程教改干预后学业投入显著增强（ $P<0.05$ ）。因此，要提高护生的学业投入水平，首先应从行为上引

导，关注护生课堂内外的学习情况，通过思政教育激发护生学习潜能；其次对心理进行干预，结合课程生涯规划章节开展生涯团体心理辅导让护生热爱学习；再次要从认知方面进行干预，邀请专家学者进行学术讲座，培养护生的正能量，提高护生学习投入水平。[7]"护理学导论"课程思政正是从这些方面促进了护生的学业投入。

### （三）课程思政教学有助于提高护生的职业自我效能

职业自我效能是指个体对选择将要从事某职业的信念，反映个体对所选职业胜任的信心，职业选择很大程度上受职业自我效能感的影响。[8]本研究结果显示，对试验组采用课程思政教改后护生的职业自我效能评分显著提升，6大维度除了职业选择这一项外均具有显著性差异（$P<0.05$）。在护生接触课程早期采用赏析名画、观影活动、情景模拟等方式逐渐将思政元素融入其中，使之发挥潜移默化的作用，使护生领悟护理职业精神，坚定其职业态度，提高护生的职业使命感，热爱护理事业。[9]安排护生早期接触临床，与临床护理人员沟通交流，加强护生职业生涯规划教育等，使护生更深入地了解护理职业，从而提高职业自我效能。[10]

## 四、小结

"护理学导论"课程是学生学习护理相关专业课程的基础，进行思政教改后，学生在掌握护理学的相关知识和技能的同时，又为一定的人文社会知识所滋养，[11]从而具备知识素养和职业操守。本研究将"护理学导论"与课程思政相融合，探究其在本科护生中的应用效果，取得了较满意的教学效果，在以后教学中将继续加强课程思政教改活动，进一步推动思政育人与专业建设有机融合。

### ◎ 参考文献

[1]中华人民共和国教育部．教育部关于印发《高等学校课程思政建设指导纲要》的通知［EB/OL］．http：//www. moe. gov. cn/srcsite/A08/s7056/202006/t20200603_462437. html，2020-06-03.

［2］吴俊晓．协同育人理念下护理专业课程思政建设的探索与实践［J］．卫生职业教育，2020，38（01）：86-88.

［3］李现红，周启迪，陈嘉，等．"叩问初心"启发式教学在护理学导论课程中的设计与实施［J］．中华护理教育，2021，18（11）：983-988.

［4］郝玉芳．提升护生职业认同、职业自我效能的自我教育模式研究［D］．第二军医大学，2011：112-113.

［5］王亚南，朱琳，颜萍．基于生涯自我效能理论的干预策略对一年级护理专业学生职业认同和职业自我效能的影响［J］．中国社会医学杂志，2021，38（04）：388-391.

［6］何秀芳，葛莉，郑丽维，等．五维融通课程思政在护理学基础教学中的应用［J］．护理学杂志，2023，38（13）：61-64.

［7］程美琦，郭瑞欣，安海妍，等．本科护生学业自我效能感与学习投入相关分析［J］．卫生职业教育，2019，37（11）：137-139.

［8］周群，杨翔宇，王艳，等．四川高校"95后"本科男护理学生职业认同感与生涯自我效能的相关性研究［J］．全科护理，2020，18（20）：2593-2596.

［9］王磊，常晓未，吕亚茹，等．护理学导论浸润式课程思政教学方案的构建与实践［J］．护理学杂志，2023，38（04）：1-4.

［10］刘智群，周金艳，刘艳辉，等．本科护生职业自我效能与护理软技能现状及相关性研究［J］．上海护理，2023，23（04）：66-69.

［11］王淑荣，余进，周雪明．高等医学院校"护理学导论"课程沉浸式"思政＋智慧"教学模式的构建与应用研究［J］．黑龙江高教研究，2023，41（08）：148-152.

# 思政教育融入"急诊医学"教学的探索与实践

甘佼弘　金晓晴

（武汉大学　中南医院急救中心，湖北　武汉　430071）

**摘　要：**探索思政教育融入"急诊医学"教学的有效性，明确"课程思政"理念运用在"急诊医学"课程教学中的价值。采用问卷星的方式了解学生对"急诊医学"课程加入思政教育的认可度。"急诊医学"课程思政元素充足，思政教育融入"急诊医学"教学有利于提升教学效果和学生的综合素养。

**关键词：**思政教育；课程思政；"急诊医学"

**作者简介：**甘佼弘(1993— )，女，湖北黄冈人，硕士研究生，武汉大学中南医院急救中心主治医师，研究方向为急危重症救治及本科生教学管理，E-mail：ganjiaohong@whu.edu.cn。

金晓晴(1978— )，女，湖北十堰人，博士研究生，武汉大学中南医院急救中心副主任医师，研究方向为急危重症救治、急性心脑血管急症、模拟教学及课程建设，E-mail：redjin@whu.edu.cn。

2016 年 12 月，在全国高校思想政治工作会议上，习近平总书记提出"思想政治理论课要坚持在改进中加强，提升思想政治教育亲和力和针对性，满足学生成长发展需求和期待"[1]。2018 年 9 月，在全国教育大会上的重要讲话中，习近平总书记再次强调，"坚持把立德树人作为根本任务""要把立德树人融入思想道德教育、文化知识教育、社会实践教育各环节"。[2] 课程思政建设是落实立德树人根本任务的关键措施，本质上是将思政教育融入理论知识和实践技能中。[3]"急诊医学"是临床医学的重要核心课程之一，涉及面广，综合性强，与临床各学科关系密切，为学生从事急诊和其他学科临床工作奠定基础。[4] 将"课程思政"理念融入教学工作中，有利于提升教学效果和学生的综合素质，传递给学生正确的世界观、人生观、价值观。[5] 如何将思政教育融入

"急诊医学"课程仍在探索之中，本教研室通过完善教学内容、改进教学方法，充分挖掘"急诊医学"课程中的思政元素，致力于培养一批献身于医学事业的专业队伍。

# 一、资料与方法

## （一）研究对象

选取武汉大学第二临床学院2022年9月至11月2019级临床五年制、5+3及八年制临床医学本科生共161名为研究对象。

## （二）研究方法

### 1. 课前备课

所有授课教师在新学期"急诊医学"开课前进行集体备课，研读教学大纲和教材、分析学情，明确重难点，讨论课程中的思政元素，将"甘于奉献、珍爱生命、敬畏生命、医学责任感"等思政理念融入课程中，建设课程思政案例库，撰写好教案。具体详见表1。

表1            课程思政案例库建设

| 章节 | 教学内容 | 思政元素设计 | 思政目标 |
|---|---|---|---|
| 第四章 | 呼吸困难 | 新冠重症患者往往存在呼吸困难<br>1. 结合新冠疫情讲述"逆行者"的感人事迹<br>2. 指出我国取得抗疫胜利得益于中国共产党的领导，将人民利益放在首位，大家团结一心 | 1. 甘于奉献，大爱无疆<br>2. 民族自豪感、爱国情怀 |
| 第六章<br>第二节 | 急性胸痛 | 1. 建立"绿色通道"，先救治，后付费<br>2. 时间节点表，时间的重要性 | 1. 生命无价，珍爱生命<br>2. 时间就是生命 |
| 第七章<br>第二节 | 消化道出血 | 引导医学生号召更多健康适龄群众参加无偿献血 | 培养医学生社会责任意识 |
| 第十一章 | 淹溺及中暑 | 许多淹溺及中暑病人都是由路边陌生人送至医院 | 见义勇为，珍爱生命 |

续表

| 章节 | 教学内容 | 思政元素设计 | 思政目标 |
|------|---------|------------|---------|
| 第十六章 | 心肺复苏理论 | 无论何时何地都给予及时救治 | 1. "敬畏生命、救死扶伤"的医者责任感<br>2. 时间就是生命 |
| 第二十章 | 灾难现场救援 | 1. 汶川地震等灾害事件发生时，全国各地纷纷前往救援<br>2. 坚持搜救，不放弃任何一个可能存活的生命 | 1. 甘于奉献，大爱无疆<br>2. 生命无价，珍爱生命 |

**2. 课中引导**

采用常规教学、讨论式教学、案例式教学等多种方法授课，通过讲述实际临床案例和身边真实事件引入思政元素。

**（三）评价方法**

学生通过微信扫描二维码填写思政教育融入"急诊医学"课程教学的效果评价表，采用不记名问卷调查，以了解学生对"急诊医学"课程加入思政教育理念的认可度。

**（四）统计学方法**

采用填写问卷星的方式进行调查，调查问卷内容包括被调查者的基本信息，对本课程教学中所开展的课程思政教育的效果进行评价。计数资料用（n，%）的形式表示。

# 二、结果

调查问卷共 161 份，回收 148 份，回收率 91.9%。通过问卷调查，90% 以上的学生认为"急诊医学"课程融入思政元素，有助于激发学习兴趣及提高学习主动性，增强对理论知识的理解和记忆，有助于将理论与实践相结合，增强了团结协作能力及职业道德修养。具体详见表 2。

表 2　　　　思政教育融入"急诊医学"课程教学的效果评价表

| 评 价 内 容 | 赞 同 率 | |
|---|---|---|
| | 赞同 | 不赞同 |
| 有助于激发学习兴趣，提高学习主动性 | 139(93.9%) | 9(6.1%) |
| 有助于理解记忆 | 134(90.5%) | 14(9.5%) |
| 有助于将理论与实践相结合 | 138(93.2%) | 10(6.8%) |
| 有助于增强团队协作能力 | 138(93.2%) | 10(6.8%) |
| 有助于增强职业道德修养 | 145(98.0%) | 3(2.0%) |

# 三、讨论

## (一)"急诊医学"课程思政探索与实践的必要性

急诊科病种多且杂，涵盖的知识范围十分广泛，与专科思维方式不同，始终把抢救患者的生命放在第一位，要求学生掌握临床思维过程和急危重症救治流程。[6-7]医患沟通等问题引发的医闹事件在急诊科尤为常见，因此除了传授理论知识与实践技能外，更需加强医学生的思想政治教育，将其培养成为有爱心、有担当的社会主义建设者和接班人。如何将"课程思政"理念准确融入急诊医学教学中一直是个难点，因此本教研室深入剖析授课内容，寻求课程中的思政元素，深化教育改革，优化教学方法，以教研室为单位，对思政教育融入"急诊医学"课程中的教学效果进行了初步探索，做好课程思政案例库建设。

## (二)"急诊医学"课程实施课程思政教学效果

通过调查问卷发现，90%以上的学生认为在"急诊医学"课程中引入相关的思政元素，有助于理论知识的学习及职业道德的培养。"急诊医学"课程中，在"呼吸困难"章节中讲到新冠重症患者往往会出现 ARDS 导致呼吸困难，尽管全球疫情形势严峻，但我国最终取得了抗疫的胜利，这得益于中国共产党的领导，将人民利益放在首位，大家团结一心，众志成城，有助于培养学生的民族自豪感和爱国主义精神。在"急性胸痛"章节中强调建立胸痛中心，开辟"绿色通道"，让患者快速得到有效救治，时间就是心肌，时间就是生命，让学生切身感受"生命无价、珍爱生命"的理念。在"心肺复苏理论"章节中引入医学生在公交上抢救一名突发呼吸心跳骤停的男青年的事迹，培养医学生"敬畏生命、救死扶伤"的医者责任感。在"灾难现场救援"章节中讲述在汶川地震、十堰燃气爆炸等灾难事件中医生纷纷请愿支援，不畏危险，诠释医务人员的"甘于奉献、大爱无疆"精神。让学生通过实际临床案例和身边真人真事的学习，明白作为医学生需具备的职业道德修养。

综上所述，通过构建课程思政案例库，将思政教育有效融入"急诊医学"教学中，一方面有利于教师更好地开展教学工作，不仅传授专业知识，培养大临床思维和综合诊疗能力，更重要的是培养和塑造学生的人生观和价值观，达到"思政育人"的目的；另一方面有利于提高学生对专业知识的兴趣和学习能力，将理论与实践相结合。但随着急诊医学学科的快速发展，对于"急诊医学"课程思政还需不断地探索，努力打造一批爱岗敬业、甘于奉献、富有社会责任感的高素质医学人才。

## ◎ 参考文献

[1] 习近平. 把思想政治工作贯穿教育教学全过程 开创我国高等教育事业发展新局面[N]. 人民日报，2016-12-09.

[2] 人民网. 习近平在全国教育大会上强调：坚持中国特色社会主义教育发展道路培养德智体美劳全面发展的社会主义建设者和接班人[EB/OL]. http://edu.people.com.cn/n1 /2018/0911/c1053-30286253.html，2018-09-11.

[3] 叶紫，张宁霞，刘婵娟. 生命教育视域下医学院校"课程思政"教学效果提升策略[J]. 医学争鸣，2018，9(02)：72-75.

[4] 黄清玉，欧阳国，林龚斌，等. 思政教育在《急诊与灾难医学》翻转课堂模式下的应用研究[J]. 高教学刊，2020(35)：172-175.

[5] 唐亚慧，戴珊珊，王逸平，等. 急诊医学课程思政教学改革的探索与实践[J]. 中国高等医学教育，2022(05)：54-55.

[6] 郝信磊，郭飞，于德娇，等. "课程思政"理念融入急诊医学教学改革初探[J]. 中国继续医学教育，2021，13(22)：1-4.

[7]高明."课程思政"理念在急诊医学专业教学中的应用研究[J].办公室业务,2019(04):92-92.

[8]王亮,魏文霞.基于病例的教学法结合床边教学的教学模式对"急诊医学"教学效果的影响[J].中国医药科学,2022,12(10):69-71.

[9]张璐,曾媛,刘毅,等.课程思政与自主教学模式在急诊医学课程中的应用研究[J].中国继续医学教育,2021,13(14):8-12.

# 思政元素融入"口腔生物学"教学的探索与实践

傅夏洲

（武汉大学 口腔医学院，湖北 武汉 430072）

**摘 要：** "口腔生物学"是集口腔医学、基础医学、材料学以及生命科学于一体的交叉学科，是基础医学与口腔临床医学的桥梁课程。本文通过对"口腔生物学"课程教学中所蕴含的思政元素进行梳理和分析，以期通过深入挖掘思政元素和专业知识的结合点，优化"口腔生物学"课程的思政教学体系，创新教学方法，丰富教学内容。在教学过程中，将职业素养、爱国情怀、医学人文、法治意识和创新精神等思政元素有效地渗透到每个章节的知识点当中，使医学本科生能够实现专业知识、道德品行与自身综合素质的有机统一，培养优秀的社会主义创新应用型口腔医学人才。

**关键词：** 课程思政；口腔生物学；教学模式；教学评价

**作者简介：** 傅夏洲(1984— )，男，重庆人，博士研究生，武汉大学口腔医学院助理研究员，主要研究口腔遗传疾病的分子致病机制，E-mail：fuxiazhou@ whu. edu. cn。

习近平总书记在全国高校思想政治工作会议上指出，"要坚持把立德树人作为中心环节，把思想政治工作贯穿教育教学全过程，实现全程育人、全方位育人"。教育是国之大计、党之大计，承担着立德树人的根本任务；而思政工作是立德树人的重要环节。[1-2] 在高等医学教育过程中，怎么将思政教育与专业课学习环节相融合，怎么深刻理解培养什么人、怎么样培养人、为谁培养人这个根本内容，是医学本科教学过程中亟待解决的问题。因此，课程思政建设是新时代全面提高医学人才培养能力的重要载体。[3-4] 目前思政课程缺乏对专业课，尤其是口腔医学专业课的设计和建设，[5] 而专业课需要遵循"三全育人"理念，依据不同学科的专业特色和优势，深度挖掘和提炼专业知识体系中所蕴含的思想价值和精神内涵，实现与思政课程同向同行、协同育人。[6-7]根据中共中央办公厅、国务院办公厅发布的《关于深化新时代学校思想政治理论课改革创新的若干意见》的指导原则，引导学生立德成人、立志成才，树立正确世界观、人生观、价值观，坚定对马克思主义的信仰，坚定对社会主义和共产主义的信念，增强中国特色社会主义道路自信、理论自信、制度自信、文化自信。本文从口腔生物学教研室承担的"口腔生物学"课程教学入手，深挖该课程的思政教学内容，探索如何将思想政治教育潜移默化地融入专业课程教学过程中，建立"口腔生物学"课程思政教学体系，以提高医学本科生对专业基本理论的理解与运用能力，培养"悬壶济世、仁德仁术"的口腔医学人才。

# 一、"口腔生物学"的课程内容及学科特点

"口腔生物学"是口腔医学的基础学科，它是医学基础课与口腔专业课之间的桥梁，是从生物学角度解析口腔医学中科学问题的学科。[8]

"口腔生物学"课程内容包括基础理论课和实验教学课程。其中基础理论课主要包括口腔微生物学、口腔生物化学、口腔疾病分子生物学、口腔免疫学、牙周骨组织生物学和口腔细胞培养及其应用。实验教学课程主要包括菌斑采集及变异链球菌的分离及生化鉴定、碱性磷酸酶活性的测定、唾液中钙离子含量的测定、荧光定量 PCR 技术检测 DNA 相对含量、细胞培养及 MTT 法检测细胞活性、破骨细胞的分离与鉴定以及流式细胞技术分析细胞表面标志物。口腔生物学实验教学课程是针对口腔生物学理论课设计的实验指导内容。其教学目的是让学生通过实验，掌握基本的口腔生物学研究技术和方法，加深对理论课所学知识的理解，培养学生对口腔医学基础研究的兴趣，了解基本的科研设计思路，启发学生的科研思维。

"口腔生物学"的课程注重运用基础医学理论知识来阐述口腔组织和器官功能特点，及常见口腔疾病的病因、发病机制。作为基础医学与口腔临床医学的桥梁课程，"口腔生物学"课程是口腔医学专业本科生必须掌握的知识。通过对"口腔生物学"的学习，学生可以对口腔疾病的生物学基础有深入的认识，从而产生认识上的飞跃，有利于学生在以后的临床医学实践过程中从生

物学的角度进行思考和理解，为他们将来从事医疗、教学和研究打下坚实的基础。[9] 作为一门较年轻的学科，其内涵较宽广，是多门生物医学基础学科的集锦，无明确或公认的学科边界。与临床医学一样，口腔医学也是以生物学、基础医学、材料学等基础学科发展为基础，内涵不断扩展。[10]

基于"口腔生物学"显著的学科特征，我们需要发掘教学内容中所蕴含的哲学思想与思政元素，培养学生严谨务实的科学精神、开拓进取的创新意识、严于律己的学术诚信，对医学伦理的敬畏和尊重，以及作为医学生的道德敏感性和同理心。

## 二、"口腔生物学"课程思政教学中存在的不足

### (一) 缺乏教学内容上的针对性

本科阶段是学生道德素质形成的重要阶段，最有利于塑造学生的核心价值观。本科课程思政的设计要针对这一阶段学生的思想认知状况，有的放矢。[11] "口腔生物学"课程的专业性和思政内容在某些方面存在关联，但这并不能保证思政内容能顺利融入专业课教学。[12] 目前的"口腔生物学"教学缺乏教学内容上的针对性。这需要任课教师具有深厚的新时代中国特色社会主义理论基础，针对学生迷茫和困惑的敏感点，以理论结合实际，引导学生树立正确的人生观和价值观，避免漠视道德、愤世嫉俗、崇洋媚外等不良品行的蔓延和发展。否则，会导致学生走上医生职业岗位以后职业荣誉感和职业良知的缺失。[13-14]

### (二) 缺乏教学方法上的创新性

"口腔生物学"教学中"课程思政"的内容呈现，在于引导学生精神和思想的构筑，这种引导不能急功近利，需要"润物细无声"。在课程教学过程中，教师应该对课程结构精心设计，在特定的教学场景中演绎和展现思政元素，避免对思政内容照本宣科，以免学生认为课程内容单调枯燥。需要教师调动学生的主观能动性，积极开展师生之间关于理想、人生、家国、社会以及职业发展的交流对话。

在教学方法上，可以运用多媒体数字技术，以知识拓展阅读、视频、动

画、图片和画廊等辅助教学，与专业教学内容紧密配合，以图文并茂的形式生动形象地把较为复杂的思政内容清楚地展示出来，深入浅出，有利于学生理解和学习，有利于激发学生对专业课程和思政内容的学习兴趣。

（三）缺乏思政教学评价体系

目前，"口腔生物学"教学并未将思政元素（如医风医德、科学的研究精神等）作为考核指标之一，也没有记录学生在各个学习阶段的课堂表现以及道德修养体现方面的学习情况。应在思政教学评价中，多进行量化评价，将理论考核和实践考核相结合，引导学生将正向情感的价值体系应用于生活和工作实践中。

# 三、在"口腔生物学"课程中多角度融入课程思政元素

医学专业课程的思政设计必须立足于医学专业的特点，注重培养学生的创新精神和学术诚信，加强学术职业道德和医德医风的引导，融入中华民族传统美德的传承与创新。在课程设计时，我们期望在教学过程中将爱国情怀、职业素养、创新精神、医学人文和法治意识等思政元素有效地渗透到每个知识点当中。在制订教案时，依据教育部等十部门关于印发《全面推进"大思政课"建设的工作方案》，充分挖掘地方红色文化、校史资源，将伟大建党精神、抗疫精神、科学家精神、载人航天精神等融入"口腔生物学"课程中，着重考量"知识传授、能力提升和价值引领"同步提升的实现度；努力挖掘蕴含在课程中的德育元素。在教学过程中，需要教师根据需求整合思政内容，在传道授业的过程中引起学生情感上的共鸣，展现思想和文化的力量，避免照本宣科。"口腔生物学"课程主要从六方面融入思政元素。

（一）"口腔生物学"发展历史中蕴含的思政元素

作为一门创新性的交叉学科，口腔生物学课程以第五版《口腔生物学》教材为学习指导，在保证教材三基（基础理论、基本知识、基本教材）、五性（思想性、科学性、先进性、启发性、通用性）的基础上，具有鲜明的思政特色。历史视野可以很好地为高校的思政教学提供广阔的理论视野和方法指南。[15-16]在讲述"口腔生物学"概论时，可以让学生了解中国古代牙科的伟大成就，如

《史记·扁鹊仓公列传》中记载西汉医学家淳于意采用灸法和含漱法，治愈了齐中大夫的龋病；以及《金匮要略》中记载张仲景用雄黄（硫化砷）治疗龋齿的方法，这是世界历史上最早的相关记录。在介绍"口腔生物学"学科的发展历史时，积极引导学生认识历史发展的必然性和规律性，讲述口腔生物学领域的重要奠基人与知名专家的先进事迹，弘扬老一辈口腔人严谨勤奋、献身医学的伟大精神。通过讲述口腔生物学领域近年来在国际合作中取得的突出进展，诸多国外知名科学家参与培养国内科研人才以及在学术交流中激发的创新性学术思维，弘扬民族自豪感和爱国主义精神。此外，在授课过程中可以引导学生重视国内学术科研环境，鼓励学生"将论文发表在祖国大地上"。

## （二）依托学科特点，在各章节多角度融入思政元素

在课堂教学中，可以通过基于问题的分析以及临床案例分析等方法将思政元素与"口腔生物学"课程有机结合，参见表1。

如"口腔微生物学"这一章节阐述了口腔微生物在口腔中以牙菌斑生物膜的形式在口腔疾病的发生和发展过程中的作用。在讲述这一章节的学习内容时，可以结合龋病的致病机制和我国近年来通过第四次中国口腔健康流行病学调查数据得出的结论（即我国居民缺乏口腔保健意识及防治口腔相关疾病的专业知识，导致我国各个年龄段和阶层的民众口腔健康状况普遍较差[17]），突出口腔疾病与全身系统性疾病的重要关联，让学生认识到我们国家花费大量人力、物力和时间成本进行的全国范围口腔流行病学调查具有的重要价值。第四次流行病学调查获得的大数据有助于未来国家对口腔疾病防治的政策性引导，让学生从这一行为中体会到国家高度重视人民健康的生命关怀这一价值观。

在"口腔疾病分子生物学"这一章节，可以唇腭裂这一常见的先天遗传疾病为例，用我院学者数十年对这一疾病致病机制孜孜不倦的科研探索为例，激发学生作为医生和科研工作者的使命感；以我校本科生自发创建的 Smile 服务团队对唇腭裂患者的关爱为例，鼓励学生多参与力所能及的慈善活动。Smile 团队从 2013 年建立至今，有数百位志愿者参与了对唇腭裂患者的呵护与关爱，团队成员以"漫微笑、乐微笑、志微笑"三者结合，在医院给予专业治疗的同时，为唇腭裂孩子们带去医学生的人文关怀，成为孩子们的心灵抚慰剂。将这一优秀事例融入教学内容中，可以让医学生在成长的过程中学

会感恩、学会关爱、学会回报社会，提升了他们的情感共鸣能力。

在"口腔免疫学"这一章节，可以以分子测序技术在肿瘤临床诊断中的应用为例，突出精准医疗在肿瘤患者用药方面的指导性作用。[18]癌症免疫疗法的出现，已经给越来越多的晚期患者带来了重生的希望，体现我国在医学技术的发展上取得的长足进步；此外，国家多次对医药进行集中采集，从根源上消除医药销售过程中的弊端，规范各个医院的药品采购工作，减少医疗费用支出总额，降低我国人民的医疗成本，也体现了共同富裕这一核心价值观的具体应用。[19]

在"口腔生物学实验"这一章节的教学过程中，以科研设备的国产替代为例，用以前的科研环境和现在进行对比。以前大型科研设备的零部件都需要进口，耗时长、花费高，维修非常困难，工程师需要从欧洲飞来施工；现在国产仪器设备完全可以满足科研需求，强调国富则民强以及科技是第一生产力这一思政元素。

表 1 　　　　　　"口腔生物学"各章节教学思政元素统计表

| 章节 | 学科主要知识点 | 延伸素材 | 思政内容 |
| --- | --- | --- | --- |
| 第一章 | 口腔微生物学 | 第四次全国口腔流行病学调查 | ①生命关怀<br>②以人为本<br>③高度重视人民健康 |
| 第二章 | 口腔生物化学 | 唾液中的硝酸盐对于机体的重要保护作用 | ①国内重大原创性科研成果<br>②坚持不懈 |
| 第三章 | 口腔疾病分子生物学 | ①对唇腭裂患者的关爱<br>②Smile 团队案例 | ①对遗传疾病数十年的研究体现医学使命感<br>②对患者群体的人文关怀<br>③鼓励本科生多参与慈善活动 |
| 第四章 | 口腔免疫学 | 分子测序技术在肿瘤临床诊断中的应用 | ①精准医疗体现我国医学技术的长足进步<br>②共同富裕 |
| 第五章 | 口腔骨组织生物学 | 新材料在口腔诊疗中的应用 | 中国口腔医学崛起的民族自豪感 |
| 第六章 | 口腔细胞培养及其应用 | 洁牙的重要保护性作用 | 防微杜渐 |
| 第七章 | 口腔生物学实验 | 科研设备的国产替代 | ①国富则民强<br>②科技是第一生产力 |

（三）临床结合科研，突出我国学者原创性成果

本课程具有较多的实验内容，聚焦当代口腔生物学领域学术研究的前沿问题。在授课过程中，注重讲述我国科学家完成的重要科学成果和取得的突破性科学进展。以优秀的口腔生物学专家的事迹为切入点，通过讲述他们的励志故事，将医学人文精神、科学精神贯穿整个课程中。例如，以重点篇幅阐述了中国科学家在口腔生物学领域的重要原创性研究，关于唾液硝酸盐对于机体的重要保护作用的革命性研究成果，首次在教材中明确了唾液硝酸盐对于全身健康，如血压调节及胃肠具有重要的保护功能。这是我国科学工作者通过数十年艰苦卓绝的努力工作积累，最终取得的成绩，能够提高学生的民族自豪感和坚持不懈的科学精神。我国学者在先进材料口腔再生医学应用方面取得的研究进展，用于口腔种植、正畸以及修复等领域，在一定程度上解决了我国居民"看牙难、看牙贵"的问题，也是"实践是检验真理的唯一标准"的真实写照。

（四）在授课过程中，不断强调科研诚信的重要性，从早期开始培养学生的科学素养

科研诚信问题在医学研究中越来越被重视，"口腔生物学"课程收集国内外近年来真实发生的事例，编制成文本、图片、视频等素材，在教学过程中多次运用，并鼓励学生参与讨论。在涉及口腔生物学基础研究的教学内容时，从正反两面向学生展现正确的科学研究价值观：以国家自然基金委通报的学术不端案例为例，用时政素材引发学生的思考，突出科研诚信的必要性，鼓励学生脚踏实地地开展科学研究，反对弄虚作假、好高骛远、走捷径等不良学术行为；以我院科研工作者的科研经历为例，用"身边人的故事"给学生树立优秀的榜样，培养学生严谨勤奋、厚积薄发、十年磨一剑的匠人精神。

（五）"口腔生物学"思政教学在医德医风方面的理念设计

作为与基础医学和生物学具有广泛联系的交叉学科，口腔生物学致力于培养同时具有医生和科学家这两种属性的复合型人才，这就要求他们不仅要具备广博的专业知识、精湛的操作技能，而且应同时具备高尚的职业道德。医务人员的职业素养对医疗行为影响重大，树立高尚的职业道德有利于其为

患者和社会提供更高质量的医疗服务。因此，思政教育需要不断地进行探索和总结，在实践中不断地加以改进和完善。在思政内容设计上，尤其需要注重对学生医德医风的培养和正确学术价值观的引导。本课程在授课过程中通过讲述现实医务工作中的具体事例，加强医德医风教育，着力培养学生"敬佑生命、救死扶伤、甘于奉献、大爱无疆"的医者精神。[20]帮助学生形成正确的世界观、人生观、价值观，拥有医者仁心的高尚品格，始终把人民群众的生命安全和身体健康放在首位。例如，在口腔微生物学教学过程中，强调在医疗和科研过程中防止病原微生物污染和扩散的必要性。教师可以通过身边具体的事例来阐述细菌在自然界的广泛分布，使学生意识到在临床工作中无菌操作和预防感染的重要性，严格执行无菌操作，提升学生为社会服务的责任感和使命感。[21]此外，以我国突发的大规模流行疾病为切入点，讲述我国医护人员在面对疫情时的义无反顾，讲述"吹哨人"和"最美逆行者"的先进事迹，激发学生作为医生的自我价值认同。

(六)创新考核评价标准，在综合考评中加入对思想政治内容的评价

在以后的教学工作中，本研究计划运用《人文关怀能力评价样表》《批判性思维能力量表》等评价工具对思政教学效果进行量化评价。同时，在口腔生物学平时成绩考核中，加入适量的思政问题(如医风医德、科学的研究精神等)作为考核指标。通过记录学生在各个学习阶段的课堂表现以及道德修养体现方面的信息，在阶段性考核中以积分形式加入生物学科评价中。也就是将生物学科的成绩与思想政治素养水平挂钩，让学生深刻地意识到自身素质培养的重要性，在积极面对口腔生物学学习的基础上注重提升自身修养和综合素质。

## 四、展望

随着社会经济的发展，人们对于口腔健康的要求越来越高，因此对口腔专业人才的培养也提出了更高的目标和要求。口腔生物学在医学本科教学中，虽然是一门新兴的学科，但其知识点多，涉及多学科交叉，对学生来说具有一定的挑战。因此，"口腔生物学"课程要以更加科学、辩证的方式来教授，帮助学生构建知识体系。[22-23]也正是因为多学科交叉这一特点，"口腔生物学"

这门课程非常有利于思政元素的融入，有利于以此为基础，激发学生的爱国热情，培养学生的科研素养和创新精神，树立良好的医德医风。在授课过程中，注重发挥学生主观能动性，运用多种教学手段，开展小组讨论、情景展示、主题研讨、课堂辩论等多样化教学实践。教学的过程不仅仅是知识的讲授，更是历史、人文、哲学和社会学等相关理念的潜移默化，在课程设计过程中要不断增强思想性、理论性和亲和力、针对性。课程思政建设是高等教育工作的责任与使命，我们要"以人为本"，促进思政元素和口腔生物学专业课知识相互融合，形成合力，让思政元素润物无声，努力培养建设中国特色社会主义需要的复合型口腔专业人才。

## ◎ 参考文献

[1] 中共中央办公厅 国务院办公厅印发《关于深化新时代学校思想政治理论课改革创新的若干意见》中华人民共和国国务院公报[J]．2019(24)：9-15.

[2] 孙秀丽，周铉博，左雪松．高校课程思政元素"四有"建设研究[J]．教育评论，2023(02)：77-84.

[3] 张大良．课程思政：新时期立德树人的根本遵循[J]．中国高教研究，2021(01)：5-9.

[4] 吴岩．一流本科 一流专业 一流人才[J]．中国大学教学，2017(11)：4-12，7.

[5] 陈美兰，金婉霞．大中小学思政课协同育人行动重构[J]．思想政治课研究，2021(05)：134-146.

[6] 陈慧女．高校思政课程与课程思政教学资源双向供给的现实需求和机制构建[J]．学校党建与思想教育，2023(21)：29-32，60.

[7] 王怀民，梅珂英．内容、价值、人格：课程思政的三重意蕴[J]．教学研究，2023，46(05)：62-67.

[8] 刘姗姗，张凯，张容秀，等．课程思政融入"口腔生物学"课堂教学的探索[J]．中国继续医学教育，2021，13(12)：21-25.

[9] 李华垚，蒋琳，江峰．口腔医学技术专业本科生专业认同现状及分析[J]．卫生职业教育，2021，39(23)：43-45.

[10] 陈荣荣，董昶，陈凤贞，等．融"思政元素"于口腔材料学课程的教学探

索[J]．教育教学论坛，2020(07)：198-200.

[11]韦涛．基于问题导向的思想政治理论课专题化教学改革研究[J]．教育观察，2021，10(06)：116-118.

[12]赵玥，李美娜，左源，等．口腔医学专业优化"课程思政"呈现形式，提高立德树人效能问题探析[J]．佳木斯大学社会科学学报，2021，39(01)：226-228.

[13]马菁，迟艳侠，刘惠萍，等．基于医学生核心素养培养的课程思政教学研究与探索[J]．教师，2022(08)：3-5.

[14]康媛媛，张英，孙妍．融"思政元素"于口腔黏膜病学课程的教学探索[J]．中国高等医学教育，2023(02)：42-43.

[15]李华，王刘怡．习近平大历史观融入高校思政课教学的思考[J]．学校党建与思想教育，2023(13)：65-69.

[16]倪素香，吴题．论思政课教师历史视野的塑造[J]．学校党建与思想教育，2023(07)：14-18.

[17]Zhou Y., Chen D. R., Zhi Q. H., et al. The prevalence and associated risk indicators of dental fluorosis in China：findings from the 4th national oral health survey[J]. The Chinese Journal of Dental Research：the Official Journal of the Scientific Section of the Chinese Stomatological Association（CSA），2018，21(3)：205-211.

[18]廖圣恺，洪虓，杨东昆，等．思政元素融入口腔颌面外科学"混合式教学模式"的探索与实践[J]．牡丹江医学院学报，2021，42(06)：163-166.

[19]黑晓帅．药品集中采购的现状与未来[J]．中国人力资源社会保障，2021(05)：17-18.

[20]张蕾，姚源，张新凤，等．口腔种植学融入课程思政元素的实践和探索[J]．继续医学教育，2023，37(11)：145-148.

[21]彭倩，王月红，曹琼，等．课程思政融入口腔医学课程教学的思考与探索[J]．中国当代医药，2022，29(21)：149-152.

[22]吴婷婷，五味子，余瑞．"三全育人"背景下"口腔正畸学"课程思政教学理念探讨[J]．科教导刊，2022(07)：124-126.

[23]郁松，张文慧．口腔医学系统整合课程中推进课程思政教学的实践与思考[J]．上海口腔医学，2022，31(04)：445-448.

# 跨文化教育视域下大学英语课程思政实施探讨

邓长慧

（武汉大学　外国语言文学学院，湖北　武汉　430072）

**摘　要：** 大学英语课程思政建设是高校构建"大思政"育人格局的组成部分。本文梳理分析了跨文化教育的基本主张和新时代大学英语教学改革融入跨文化教育和课程思政的新要求；从跨文化教育视域，结合大学英语语言学习本义及英语课程人文性特征进行阐释，揭示开展大学英语课程思政的有利条件和特殊意义；在论述课程思政内涵与要义的基础上，探讨大学英语课程思政实施中思政元素挖掘的着力点和切入点，提出大学英语课程思政实施中应注意的问题。

**关键词：** 跨文化教育；大学英语；课程思政

**作者简介：** 邓长慧（1967— ），女，湖北枝江人，研究生学历，武汉大学外国语言文学学院副教授，研究方向为语言课堂研究和教师教育研究，E-mail：dch6721@163.com。

2019 年 3 月，习近平总书记在主持召开学校思想政治理论课教师座谈会上指出："思想政治理论课是落实立德树人根本任务的关键课程。""使各类课程与思想政治理论课要同向同行，形成协同效应。"2020 年教育部印发实施《高等学校课程思政建设指导纲要》（以下简称《纲要》），提出要"把思想政治教育贯穿人才培养体系，全面推进高校课程思政建设，发挥好每门课程的育人作用，提高高校人才培养质量"。2020 年版《大学英语教学指南》（以下简称《指南》）贯彻落实习近平总书记重要讲话和教育部文件精神，强调"大学英语应融入学校课程思政教学体系，使之在高等学校落实立德树人根本任务中发挥作用"，极大地推动了大学英语课程思政教学改革理论研究和实践探索。本文基于跨文化教育的基本主张、大学英语教学改革的新要求等进行梳理和分析，从大学英语跨文化教育视域，探讨大学英语课程思政实施问题。

## 一、跨文化教育的基本主张

跨文化教育作为一种教育思想，起源于 20 世纪 60 年代的欧洲国家。联合国教科文组织为跨文化教育概念的正式提出奠定了重要基础，在跨文化教育思想的形成和发展中扮演着关键角色。例如，1982 年在第二次世界文化政策大会上发布的《墨西哥城文化政策宣言》指出，教育应该培养学生的国际视野以及尊重世界各国文化与价值观的全球共生意识；1992 年在第 43 届国际教育大会上讨论并通过了《教育对文化发展的贡献》，对"跨文化教育"概念进行了界定，指出跨文化教育的目的是促进尊重、理解和丰富文化的多样性；2006 年发布的《跨文化教育指南》阐述了跨文化教育的准则框架，提出了跨文化教育的具体目标、指导性原则等。

跨文化教育的基本主张包括倡导文化理解与文化共生、培养学习者跨文化意识与能力、推动多元主体动态合作、承认和尊重文化差异，促进世界不同文化之间密切沟通与交流，推动一切优秀文化成果相互借鉴与吸收；强调将"全球意识"和"跨文化能力"等作为人才培养的关键，帮助个体发展文化共情、价值判断、交流沟通以及自我调节与适应等能力。[1]学校课程与教学要引导学生在充分了解本族文化的基础上理解、尊重和欣赏其他文化的传统特征、语言和价值，促进学生了解文化的多样性，探索文化多样性的积极意义，尊重各自文化的传统。[2]概言之，跨文化教育实施要点在于，面向全体学习者开展对多元文化的尊重与理解教育，培养和提高学习者的跨文化意识与能力，以及人文素养、人文精神等。

跨文化教育是当今世界教育的热门话题之一，是全球化时代的一个重要教育理念，其基本主张对于大学英语开展跨文化教育并在大学英语教学中挖掘大学英语课程思政功能具有启示意义。

## 二、大学英语教学改革的新要求

大学英语教学的学科属性使其与跨文化教育有千丝万缕的联系而成为实

施跨文化教育的重要领域。对中国学生来说，学习英语是一种跨文化学习，意在习得语言及文化、进行对话交流、增进国际理解等。就大学英语课程目标而言，英语教学不仅要教授学生英语语言及应用技能，还要促使学生掌握英语文化知识，既了解西方文化、尊重和理解西方文化及其所表达的思想意识和价值观，又在与中国文化的比较鉴赏中增强思辨能力，增强本土文化自信，形成构建人类命运共同体所需要的情感、态度和价值观，发展全球胜任力。[3] 这与跨文化教育理念高度契合。因此，立足于全球化时代人才培养的现实需要，新时代我国大学英语教学改革的一个重要观念和做法是凸显大学英语课程及教学的人文性，在英语教学中深度融入并加快推进跨文化教育。

教育部 2007 年颁布的《大学英语课程教学要求》从教学性质、教学目标、重点任务等方面阐释了大学英语课程进行跨文化教学的必然性。2016 年发布的《指南》集中反映了大学英语教学在跨文化教育研究和实践方面的最新成果，明确指出"大学英语课程的重要任务之一是进行跨文化教育"，将跨文化教育融入大学英语教学中。其后，不断修订完善的《指南》沿用了这个提法。2020年版的《指南》从大学英语课程承担思政任务及育人责任、"跨文化交际课程体现了大学英语的人文性特征"等视角，构建跨文化交际课程设置，明确开设跨文化交际课程旨在"进行跨文化教育，帮助学生了解中外不同的世界观、价值观、思维方式等，培养学生的跨文化意识，提高学生的社会语言能力和跨文化交际能力"。教育部颁布的大学英语教学改革系列文件，推进了跨文化教育在大学英语教学中的实施，大学英语教师将跨文化教育贯穿大学英语教学的行为更加自觉。

大学英语教学在着力引入跨文化教育理念的进程中，也在积极探索课程思政教学改革。2020 年教育部印发实施《纲要》，明确了课程思政的工作目标和路径，指出要全面推进课程思政建设，寓价值观引导于知识传授和能力培养之中，深入挖掘各类课程中蕴含的思想政治教育元素，发挥课程的思想政治教育作用，达到课程育人的效果。毫无疑问，大学英语课程也要种好责任田，与思想政治理论课同向同行，承担育人责任，培养学生的跨文化意识，引导学生建立正确的价值观，塑造学生高尚的品格。

大学英语教学融入跨文化教育和课程思政理念，是学科属性和教学教育性彰显的本质要求，也是社会经济的发展对大学英语教学更好地发挥人才培养效能的外在需要。二者相互关联，实施跨文化教育能够为开展课程思政提供有利条件并产生促进作用。

## 三、大学英语课程思政的有利条件

与大学其他课程的编写语言及教材内容最大的不同在于：大学英语课程是为非英语专业学生所开设的用英语编写的通识类公共基础必修课程。语言是文化的载体，所以英语课程教材内容既涉及语言知识及应用技能，也涉及英语国家的历史地理、文学艺术、宗教信仰、社会习俗、风土人情、生活方式、行为规范、价值观念等文化信息。"人类各民族语言反映了本民族的历史、文化、社会等内容，是该民族认识世界、阐释世界的工具。一个民族的语言特征就是一个民族文化精神的反映。"[4]英国课程专家劳顿在《课程研究与教育规划》中认为，任何教育都不可能是价值无涉，不同价值体系或思想产生不同的课程体系，任何课程都是社会文化选择的结果。大学英语课程教材中所采用的英语原版材料，更是体现了英语国家民族独特的价值体系和意识形态。英语学习与文化习得相辅相成，相伴而生。在长时间的英语学习中，学习者会自觉或不自觉地受到英语国家的文化习俗、思维方式、思想观念的影响。所以，无论对教育者还是学习者来说，大学英语教学都伴随着思想政治教育，都会面临课程教学内容的人文性、思想性和教育性的分析、评判和选择利用问题。

大学英语教学注重课程人文性，提倡人文教育，融入跨文化教育，从根本上改变了教学内容和教学活动中中西文化失衡、中国文化"失语"、中国元素缺失、双向跨文化交流本质上演变为西方文化单一输入的状况。注重英语教学的人文性，有助于解决语言学习与人文教育融合的问题，使学生在习得英语语言和技能的同时，增长人文知识，丰厚人文涵养，塑造理想人格，培养人文情怀，养成批判性思维，强化社会责任，追求和维护公平正义，提升跨文化素养和跨文化交际能力。融入跨文化教育，有利于培育学生全球意识和平等观念，在中西方文化的交流、比较、碰撞、鉴赏中，理解和尊重文化差异、认同文化的和谐相处与共生，以开放自信的态度和胸怀接受西方文化，理解和阐释中国文化，增强文化自信，培养国际视野和全球胜任力。因此，当前的大学英语课程设计和教材编写也显示了这一倾向。例如，有学者以高等教育出版社出版的两套代表性大学英语教材为研究对象，即2012年版的

《大学体验英语》和 2021 年版的《新时代明德大学英语》，揭示中国元素引入和占比情况。研究发现，在阅读材料部分，以美、英、澳为代表的英语国家文化在两套教材书中均占有较高比重，其中，《大学英语体验》为 59%，《新时代明德大学英语》为 41%，与大学英语课程定位相符。然而，《大学英语体验》的中国文化比重仅 5%，而《新时代明德大学英语》则达到 32%，不仅包括中国传统元素，更涵盖了当代社会、经济、科技等方面。[5] 一些新编写的教材兼顾中西方文化，放眼全球，保证文化选择的适切性，话题包括英语国家的历史、地理、政治、经济、文化、哲学、宗教、伦理、艺术、科学等，涉及中国的神话传说、哲学思想、饮食文化、戏剧艺术、中国医药、书法艺术、古典诗词、名胜古迹、建筑艺术等，融合全球性的生态保护、气候变化、绿色交通、城市安全、家庭关系、社会治理、医疗保障、教育公平、公众人物等，内容宽泛，话题新颖，题材、体裁、风格多样，体现了趣味性、知识性、人文性、交际性。

大学英语课程融入人文教育、跨文化教育理念进行课程设计和教材编写，为大学英语课程思政的开展提供了丰富的资源，拓宽了场域，打开了思路，增强了新颖性，注入了活力，提供了有利条件。

## 四、大学英语课程思政元素的挖掘

大学英语课程具有大学其他课程不可比拟的丰富多样的思政教育资源，形成了开展课程思政的有利条件，但它毕竟不是思想政治理论课，对学生思想引领、价值观塑造主要在学生知识习得和能力培养中实现。课程思政资源是隐性的，课程思政教育是渗透式、浸润性的；大学英语课程中的思政元素能否成为现实育人力量，取决于教师的挖掘、催化、激活。教师是课程思政建设的实践者、推动者，是课程思政教育的主力军，要深刻领会中央和教育部相关文件精神，强化育人意识，找准育人角度，提升育人能力。

教育部 2020 年印发实施的《纲要》指出："课程思政建设内容要紧紧围绕坚定学生理想信念，以爱党、爱国、爱社会主义、爱人民、爱集体为主线，围绕政治认同、家国情怀、文化素养、宪法法治意识、道德修养等重点优化课程思政内容供给，系统进行中国特色社会主义和中国梦教育、社会主义核心价值观教育、法治教育、劳动教育、心理健康教育、中华优秀传统文化教育。"这为教师开展课程思政指明了方向。大学英语课程的学科属性和跨文化教育特征，使得部分课程教学内容需要采用英语原版材料，以体现英语语言的可读性和应用性、表达方式的场景性、社会生活的多面性等。因此，必然会触及西方文化和意识形态，呈现英语国家的历史政治、风土人情、传统习俗、行为规范、价值观念等，并伴随西方文化的渗透、传播。这种情况需要教师以严肃认真的态度对待教材内容，注重大学英语教学目标和课程思政内容重点的结合，对其中隐含的思政教育元素进行"勘探、采掘、冶炼、加工"处理，达到润物无声、春风化雨的育人效果。

在大学英语课程思政开展过程中，要重点抓住以文化人、以文育人这个关键点和切入点。大学英语教学涉及中西方文化之间的对话与交流，各种思想观点之间的碰撞与融合，英语课程是大学生接触西方文化和价值观的主要来源，存在学生受到西方思想文化的影响和侵蚀的风险。因此，无论是重点介绍、"输入"西方文化，还是积极传播、"输出"中国文化，教师都应秉承跨文化教育和跨文化交际意识，坚持问题导向和底线思维，以我为主，因势利导，开展思政教育。教师在教授学生通过英语学习增长知识见识、拓宽阅历视野、了解他国风土人情、领略异域人文思想、提高人文素养、发展跨文化交际能力的同时，要指导学生正确鉴赏、评判中西文化特质和风格，以客观、辩证的立场对比分析西方文化所表达的观点、意向，培养学生良好的价值判断和思辨能力，学会尊重和理解中西方文化的差异性与共性，树立全球意识，坚定文化自信，增强对中华优秀传统文化的认知和理解，增进对社会主义核心价值观的认同和坚守。

## 五、大学英语课程思政应注意的问题

课程思政概念从 2014 年提出，经教育部发文推进课程思政理论研究、思想传达和实践探索，[6]到 2020 年 5 月教育部印发《纲要》对高校课程思政建设做出整体设计和全面部署，虽时间不长，但反响巨大、影响深远，证明了课程思政建设决策正确，符合教育教学规律，切合立德树人现实需要。大学英语教师应深化对课程思政的认识，明晰思路，消除困惑，增强思政教育的方向性和目标性。

**1. 正确把握课程思政的基本要求**

课程思政不是要改变所教大学英语课程的属性，更不是要把所教课程改造成思政课模式。课程思政的关键在于充分挖掘所教大学英语课程中所蕴含的思政元素，潜移默化地发挥思想政治教育功能，在教授知识和培养能力的同时实现价值引领。课程思政不是脱离课程教学内容将思政教育知识照搬到课堂中、讲解知识时牵强附会地无关联"硬融入"，而是要利用课程中蕴含的思政元素，通过浸润、渗透的方式，在传授知识中融入理想信念、价值取向、家国情怀等培育塑造。

**2. 重视发挥学生在课程思政中的能动作用**

教学活动是师生双方共同参与的，教师处于主导地位、是教育指导者，学生是学习主体、是自我教育者。教学活动的效果通过教师对学生的教授以及学生对所接受教导的回应和自主学习来展现。课程思政育人功能的实现同样如此。学生是课程思政的主动接受者。语言学家斯特恩认为，语言学习会相应影响到学生的思维、情操、价值观、态度等各个方面。大学英语学习既是对英语语言文化知识的习得，也是对英语交际意识和能力的发展，同时又是学习者内在品质、思维方式、价值判断、品格养成的发展过程。[7] 在大学英语课程教学中，挖掘思政教育元素以及开展课程思政教育，是教师的责任。与此同时，教师应重视培养和激发学生的自主学习和思考能力，指导、帮助学生利用课程思政元素进行自我教育，引导、促成学生将教学内容中的思政元素内化为个人的素质和能力，从而构建大学英语教学中课程思政的师生合力，增强课程思政的效果。

**3. 充分利用课程思政中的师德师风教学资源**

课程思政资源基于课程教学内容，课堂是课程思政的主阵地。教师在课堂教学中挖掘教材中的思政教育元素，包括根据教材内容的关联性引入中国元素，结合教材时政话题拓展国际局势、社会热点、舆论观点，以及在与课程学习相关的课外作业和社会实践等活动中设置思政教育元素。大部分教师有意识、有想法、有感悟，但往往对自己在课程思政中的政治立场、价值观念、人文情怀、职业道德、行为规范等对学生产生的教育和影响作用认识不足、利用不够，甚至完全忽视。教师是"经师"和"人师"的统一，教师的育人活动是言传和身教的结合。高尚的师德是一本好的教科书，是一股强大的精神力量。教师良好的精神风貌、学术品格和人格修养会对学生产生感染、熏陶、转化、修正等作用，学生思想、观念、态度和行为容易受教师的思想、道德、品质和人格潜移默化的影响。优良的师德师风是课堂教学中、课程思政开展中宝贵的思政教育资源，会产生润物无声的育人效果。

## ◎ 参考文献

[1]刘宝存，苟鸣瀚.跨文化教育思潮述评[J].中国远程教育，2022(12)：8-17.

[2]黄志成，魏晓明.跨文化教育——国际教育新思潮[J].全球教育展望，2007(11)：58-64.

[3]应慧，马少静，谢天宇.从人文性视角探究大学英语课程思政方法[J].高教学刊，2020(31)：181-184.

[4]杨青.大学英语教学中学生人文素质的培养[J].教育理论与实践，2011(05)：58-60.

[5]梁雅梦，韩娜.课程思政背景下大学英语教材研究[J].中国冶金教育，2023(02)：43-46.

[6]张娇著.课程思政育人实效性研究[M].北京：中国纺织出版社，2022.

[7]张敬源，王娜.外语"课程思政"建设——内涵、原则与路径探析[J].中国外语，2000(09)：15-21.

# 价值引领的技术：影视人类学与"Z世代"的视听传播教育

陈凯宁

（武汉大学　新闻与传播学院，湖北　武汉　430072）

**摘　要：**本文通过民族志的方法，以武汉大学新闻与传播学院广播电视系的结构性教学设计为案例，探索出一条融合高校课程思政教学与视听传播教学的实践创新路径：面向"Z世代"学子，通过"珈影工作坊"的创新形式，在场景式教学中创造专业技术与思政观念的对话语境，通过体验式学习实现价值观念的引领。引导同学们以数字影像设备为器，以视频制作技能为术，以影视人类学为法，以影像温暖世界为道。明道、通法、具术、利器、创势，做有思想、有本领的新闻传播学子。在新媒体视听传播时代，落实立德树人根本任务。

**关键词：**课程思政；新闻传播；影视人类学；数字影像技术；场景式教学

**作者简介：**陈凯宁，武汉大学媒体发展研究中心(教育部人文社会科学重点研究基地)研究员，武汉大学新闻与传播学院讲师，研究方向聚焦视听传播、媒介技术史、影视人类学，E-mail：chenkaining@whu.edu.cn。

## 一、引言

"珈影工作坊"是一项在武汉大学新闻与传播学院广播电视系施行的结构性教学设计，旨在通过场景式教学整合课程思政与视听传播教育，形成一套包括课程思政教学、视听传播理论讲授、影视制作实践指导、纪实影像工作坊在内的全流程研学进路。本文将以"珈影工作坊"为案例，探讨如何通过互动的教学场景和生成性的教学模式，实现价值引领和专业教育的有机结合，并深入分析其背后的教育教学规律。"珈影工作坊"的师生团队独立主创完成武汉大学新闻与传播学院40周年院庆专题片《媒介》的创制工作，以独特视角解读学科核心概念媒介（M. E. D. I. A.）之意涵，从不忘初心（Motivation）、共同发展（Elevation）、倾情奉献（Dedication）、守正创新（Innovation）、志存高远（Ambition）五个角度，讲述武汉大学新闻与传播学院40年来全体师生为中华民族伟大复兴贡献力量的媒介故事。本片获得新华社等主流媒体平台转载，浏览量超20万次。此外，工作坊还产出了武汉大学留学生中秋主题的纪录短片《霁月留珈》，该片获得第三届"读懂中国·新青年看中国"中外短视频征集展播活动三等推优作品奖、"讲好中国故事"创意传播国际大赛湖北分站赛二等奖，影片被央视新闻报道，被武汉大学、海外媒体平台等官方媒体矩阵转发，累计浏览、播放量超10万次；纪录片《轮世间》在由中国高等院校影视学会等单位联合主办的第十二届国际大学生微电影盛典中荣获纪实类一等奖；以及专题片《上岸》《来客》《新的故事》等多部承载理想主义与现实关怀的新媒体视听作品。

在高校视听传播教学与实践的过程中，数字影像技术是当代一项重要的媒介技术形态，为"Z世代"[1]学子提供了观察社会、体察民情、感悟文化、凝练思想的重要通道。本研究以笔者在教学、科研、实践中与课程思政结合的一手经验及其成果为案例，以期探索出一条融合高校课程思政教学与视听传播教学的实践创新路径。

## 二、课程思政与视听传播教育的共同挑战

当前中国课程思政建设正处在全面深入推进阶段，这一战略旨在实现立德树人根本任务，并贯穿于高等教育全过程，强调在各类课程中有机融入思想政治教育元素，实现专业知识传授与价值引领相结合，培养德才兼备、全面发展的人才。当下，我国课程思政教学已取得了显著效果，特别是在弘扬社会主义核心价值观，培养学生家国情怀和社会责任感等方面发挥了关键作用。随着"Z世代"群体逐渐成为高校主要受教育对象，他们的信息获取方式、思维方式及价值取向深受新媒体环境影响，传统的灌输式思政教育模式难以满足他们对参与度、互动性和体验性的需求。如何利用他们熟悉的数字影像技术和社交媒介环境，使课程思政内容更具吸引力和互动性，成为一个紧迫

课题。而这个过程中，如何发挥好教师积极性、主动性、创造性，是课程思政教学创新的关键问题。[2]

## （一）理论学习与躬耕实践间的张力

在课程思政与视听传播的教学过程中，传统的说教式教育往往难以满足学生对参与度、互动性和体验性的需求。尽管课堂教学能够详尽地阐述深厚的理论基础和价值观念，但如果缺乏实际操作与亲身体悟的环节，学生往往难以深入理解和把握这些理论背后的社会意义及其现实价值。对于课程思政而言，学生有机会在课堂上学习到丰富多元的思想政治内容，但若不能在实际生活中应用这些理论去分析和解决现实问题，那么思政教育的效果就可能停留在表面，难以内化为学生的自觉行动和坚定信念。场景式教学则是在具体的实践场景中体验和生成价值，克服了空泛和有口无心的问题。通过交流互动加深对教育与人才培养的理解，在教学中创造可沟通的场景，让学生在真实情境中学习和互动，体验价值、觉悟价值并最终生产价值。

同样，视听传播教育亦如此，思政教育与专业教学"两张皮"的现象亟待解决之道。[3]即便学生掌握了先进的数字影像技术原理和丰富的传媒理论知识，但在没有机会深度应用摄影机记录社会百态、剪辑视频讲述人间真情的情况下，这些理论和技术将显得抽象而空洞，难以激发学生的创新思维和批判性思考。因此，如何搭建理论与实践间的桥梁，推动课程思政与视听传播教育由静态的知识传递转向动态的能力培养，让"Z世代"学子能够在实践中感知理论的力量，以实践检验真理，从而达到知行合一的教学目标，是我国高等教育在当前发展阶段迫切需要解决的核心议题。[4]这也正是"珈影工作坊"作为创新型教学模式应运而生的时代背景和价值所在。

## （二）全民视频时代下影视专业学子的能动性

当代视听文化正随着流媒体的技术可供性来到前所未有的发展阶段，[5]在这个人人皆可创作、分享视频内容的全民视频时代，[6]影视专业学子正面临新的机遇与挑战。新媒体技术的普及使得数字影像成为最具影响力和渗透力的信息传播形式，这无疑赋予了新闻与传播学院，尤其是广播电视学方向的学子们前所未有的广阔舞台。

"科学技术是生产力"是马克思主义的基本原理，[7]而技术将如何为人类社会带来价值是伴随人类社会进步的恒久话题。马克思理论揭示了价值观念的多变性，认为价值既是主观的（基于个人感受），又是社会历史性的（受到社会环境的影响）。在这个时代背景下，影视专业学子不仅需要精进自身的专业技术能力，更要在课程思政的引领下，积极发挥主观能动性，主动承担起用镜头洞察社会、传播真善美、引导舆论导向的责任。他们应当借助影视人类学的研究方法，[8]通过实地调研、深度访谈、影音民族志等形式，挖掘和记录那些关乎社会变迁、民族文化、个体命运的故事，进而以影像的形式生动展现出来，触动人心，启迪思考。同时，他们还应当学会运用影视手段服务社会，将所学的专业知识应用于公益宣传、文化传播、社区服务等领域，真正做到学以致用，回馈社会。

我们可以看到许多高校都在践行各自的实践探索道路，例如清华大学的"清影工作坊"、中国人民大学的"明新影像工作室"、复旦大学的"复新传媒"等。在这样的训练过程中，专业学子的特长得以彰显，个人价值得以实现，更重要的是，他们在实践中进一步提升了自身的思想觉悟，深刻理解并积极践行社会主义核心价值观，成长为既能娴熟驾驭新媒体技术，又能坚守初心、胸怀家国的优秀传媒人才。

## 三、"珈影工作坊"：场景式教学中的价值引领路径

"珈影工作坊"是一项系统的结构性教学尝试，涵盖了课程思政设计、视听传播理论讲授、影视制作实践指导与纪实影像工作坊等教学环节。该工作坊通过场景式教学，创造专业技术与思政观念的对话语境，在理论课程学习与实践创作项目中完成价值体验、价值生产和价值引领。本文将进一步探讨"珈影工作坊"的设计思路与教学理念，并结合具体案例，分析其在教育教学中的实际效果和背后的教育规律。

受清华大学新闻与传播学院的"清影工作坊"的启发，经过二十多年的探索，"珈影工作坊"构建了一套成熟的人才培育模式。[9]在笔者任教于武汉大学新闻与传播学院广播电视系后，致力于高质量完成教研任务的同时，也在思考工作坊模式在武汉大学的本土化改造——如何创新教学模式，使之成为连接课程思政与视听传播教育的有效载体。得益于学院领导与师友的支持和帮助，在工作坊的设计过程中明晰了思政教育与专业教学相结合的大方向，并

借鉴了全球范围内视听传播类课程的前沿经验,初步建构了"珈影工作坊"的教学体系:工作坊面向我院广播电视系本科学子,依托"电视摄像与编辑""视听内容创作综合实践"等专业核心课程,借助影视人类学的理论与方法论资源,采用体验式学习、项目孵化制的方式,鼓励、引导、陪伴"Z 世代"学子用自己擅长的数字影像技术与视听语言表达来呈现对社会现象、历史文化、时代精神的理解。接下来,本文将进一步阐述"珈影工作坊"在"思政—专业"相结合的设计思路与教学理念。

## (一)建基于全球前沿课程设计的考察

首先是教学内容层面的宏观设计,在准备广播电视系专业必修课《电视摄像与编辑》第一学年的课程内容时,为了建立一套科学的、结构性的教学体系,笔者带着"珈影工作坊"的初步构想,在宏观的教学设计上考察了全球前沿同类型课程的架构,进行了深度的国际比较与本土化创新,构建了一套兼顾技术训练与人文素养提升的综合教学方案。为了打造一种既能响应全球化趋势,又能扎根中国语境的课程体系,笔者广泛调研了全球 26 所知名高校在视听传播领域的教学模式和课程结构,吸取各家之长,构建了一套兼顾技术训练与人文素养提升的综合教学方案。

在这一过程中,笔者凝练了视听传播专业学习"道法术器"的结构性视角,从观念(道)、文化(法)、内容(术)、科技(器)四个维度理解数字时代的影视系统,这四个维度分别对应着数字影像技术与艺术的精神内核、理论架构、实践技巧和现代化数字影像技术的应用。同时结合学科热点,回应国家战略需要,在课程体系中加入了国际传播专题,邀请 CGTN 专家走进课堂,分享前沿经验。[10]在结课形式上,设置了"珈斯卡"期末展映与颁奖环节。在课程结课后,笔者任教的课程均获得了同学们的良好的教学评价。这样的系列设计旨在让学生全面理解影视技艺不仅是技术上的打磨,更是对社会文化、人性价值、美学观念的深度挖掘和传播,深刻感受专业学习的乐趣。基于该体系的教学实例、学生反馈、过程与效果将在第四章中进一步详述。

## (二)成为一员:融入场景的教学模式

在"珈影工作坊"中,我们采用了场景式教学实践策略,尝试打破传统的师生角色界限,超越"教—学"关系,不再单纯扮演知识传授者的角色,而是积极参与学生的创作实践活动中，成为团队中的一员，以"协作—助力"关系在项目制模式中积极参与新媒体视听创作的各个环节，提供协作与帮助。

在教学过程中，我们不仅是站在讲台上的教师，更是项目进程中的参与者和指导者，成为团队中具体的策划、导演、摄影指导、剪辑助理……亲身陪伴学生走进真实的拍摄现场，共同面对创作过程中的各种挑战和机遇，与学生一同策划选题、商讨剧本、实地拍摄、参与剪辑研讨，并肩作战直至作品最终成形。这种深度介入的情境化教学模式彻底颠覆了"教—学"的单向知识传输，构建了一种平等、开放、协作的全新导学关系。

在场景式教学中，笔者能够实时了解并有针对性地解决学生在实际操作过程中遇到的各种问题，帮助他们更好地理解和应用视听传播理论，更重要的是在这个过程中形成了亦师亦友的伙伴关系。进入年轻学子的文化语境中，激发文化认同感，消解学习过程中过多的敬畏感，继而借由平等的沟通和探讨，得以将课程思政的理念融入每一个具体的创作环节中，完成价值观念的生成与引领。

### (三) 手把手：专业技术与思政观念的融合对话

在成为一员的教学实践中，通过亲力亲为的手把手教学方式，实现专业视听技术与思政教育的深度融合。这种教学方式不仅是在传授技术，更是在构建一种价值引领的教学模式。在"珈影工作坊"的各个创作阶段，从最初的选题策划开始，共同参与剧本编写、项目论证、现场拍摄、后期剪辑直至作品推广等全流程的互动，体现了理论与实践的无缝对接。

在具体实践环节中，通过面对面交流，针对学生在创作过程中流露出的价值观念和社会视角进行适时引导和纠正。这种方式不仅仅是技术上的指导，更是思政教育的实践，帮助学生在实际操作中理解并内化正确的价值观和社会责任感。

举例来说，在影片的主题选择上，"Z世代"学生由于其独特的成长背景和信息接收方式，对某些社会问题的认知可能显得片面或者带有某种情绪色彩。在这种情况下，通过保持尊重和理解，及时介入，引导他们从多维度、全面客观地审视问题，帮助他们认识到，作为未来的视听传播工作者，不仅要掌握精湛的专业技能，更要具备独立思考、理性判断和传播正能量的能力。

图 1 2021 级广播电视系"视听内容创作综合实践"课程《轮世间》小组同学在纪录片拍摄现场

图 2 2021 级广播电视系"视听内容创作综合实践"课程《轮世间》小组同学讨论纸面剪辑工作

图 3 新闻学院 40 周年院庆片《媒介》后期制作工作中的技术细节探讨

这种手把手的教学方式，创造了在实践中传授专业技术的机会，同时也在潜移默化中传递和强化了正确的世界观、人生观和价值观。通过具体的操作和实践，学生不仅学会了如何运用技术，还通过对技术的应用深化了对社会现象的理解和对价值观的认同。这种教学模式契合了建构主义学习理论和体验学习理论的核心理念，即知识不是简单传授的，而是在实际情境中构建的。通过实际操作和教师的引导，学生能够在真实情境中体验和理解理论知识，并将其内化为自己的价值体系。这种理论与实践相结合的教学模式，不仅提升了学生的专业能力，更在潜移默化中实现了价值引领，使得课程思政教育与视听传播教育在实践中实现了无缝对接和高效转化。

通过这种教学模式，培养出既有深厚专业底蕴又有高尚道德情操的复合型传媒人才，不仅是技术上的创新，更是教育理念上的革新。这种价值引领的技术，通过场景式教学和体验式学习，真正实现了立德树人的教育目标，培养出能够承担社会责任、传播正能量的新时代传媒人才。

## 四、共同进入田野："珈影工作坊"的多元表意实践

在新闻界有一句非常生动形象的话语用来形容何为一位"好记者"，那就是"要做裤腿上沾满泥巴的记者"。在课程思政教育与视听传播教育融合的探索中，这个道理也是相通的。"珈影工作坊"的教学实践中，我们与同学们一同前往纪录片项目、课程作业的一线片场，也将其称为"田野工作"。在观察社会现象与事件的同时，也观察同学们的行动，并在完成拍摄后的休息时间一同交流探讨。这种模式，普遍出现在"珈影工作坊"一年多来的各类项目中。我们鼓励同学们走出教室，走入田野，参与诸如纪录片摄制、新闻报道等多种类型的创作项目，完成影视人类学式的"表意实践"，[11] 将思政教育融入每一次的拍摄现场和后期制作之中。接下来，笔者将通过三个代表性案例，来呈现"珈影工作坊"的教学实践与思政元素的有机融合。

### （一）专题片《媒介》的主流专业叙事

武汉大学新闻与传播学院40周年院庆片《媒介》是在学院领导下，笔者担任总导演，与同学们共同努力的结晶。我们一起踏上了一场跨越五地的寻访之旅，足迹遍布武汉、北京、上海、广州以及云南，通过面对面的深度访谈，

收集到了珍贵的 6TB 影像素材和 20 小时的口述历史资料，形成了多达 20 万字的访谈文本。这部作品以武汉大学新闻与传播学院 40 年的历程为主线，以及学院师生如何在各自岗位上回应时代召唤，以"不忘初心、共同发展、倾情奉献、守正创新、志存高远"的主流专业叙事，诠释了传媒人的使命与担当。本片获得新华社等主流媒体平台转载，浏览量超 20 万次，在中国新闻传播学界产生了不俗的影响力。

在项目执行过程中，我们深入了解到学院前辈们在新闻传播领域的卓越成就，他们或是坚守在主流媒体前线，用自己的笔触和镜头记录时代风云变幻；或是投身于基层，以传媒力量助力乡村振兴，传播社会正能量；或是创业路上敢为人先，依托专业背景创立企业，积极履行社会责任。通过这次实践，同学们不仅提升了专业技能，更是在情感上受到了洗礼，对媒介的社会功能和新闻传播工作的崇高使命有了更加深刻的认识，同时也引发了他们对国家发展战略和个人职业规划的思考。

这部作品不仅是一份视觉档案，记录了学院 40 年的辉煌岁月，更是对新闻与传播教育如何培养出兼具专业素养和高尚品格的新闻传播人才的有力诠释，是在实践教学中促进课程思政落地生根的独特案例。

图 4　新闻学院 40 周年院庆片《媒介》

## （二）纪实短片《霁月留珈》的国际传播视野

"珈影工作坊"除了产出多项新媒体视听作品，同时也孵化出了"故事板工作室"，该工作室是由 6 位武汉大学新闻与传播学院在读本科生发起的影像计划，秉持"以影像温暖世界，每个人的故事都值得被讲述"的宗旨，用镜头对准身边的世界，以影像记录真实的故事，传递中国声音，讲好中国故事。

在工作室同学们构思团队的第一部作品时，彼时将近中秋佳节，大家希望创作一部呈现中华传统文化的纪实短片，但对如何切入这个话题感到困惑。笔者在与同学们的交流中提供了一项建议：关注武汉大学留学生的中秋文化体验。2023 年正是"一带一路"倡议提出十周年，笔者联系到了来自俄罗斯、越南等"一带一路"国家的留学生朋友们，为大家组织了一场"跨文化烘焙课"，体验制作中国传统月饼，感受中国节日气氛，并带领工作室的同学们记录下这个过程。最终，该片获得第三届"读懂中国·新青年看中国"中外短视频征集展播活动三等推优作品奖、"讲好中国故事"创意传播国际大赛湖北分站赛二等奖，影片被央视新闻报道，被武汉大学、海外媒体平台等官方媒体矩阵转发。

影片主创在创作阐述中写下了对于纪实影像的学习感悟：

"在大二下学期，我们决定探索自己对于影像的热爱，在实践中寻找自我和社会的关联。在课堂延伸的专业实践中，我有机会参与院线纪录电影《风起前的蒲公英》项目的制作过程，更深入感受到了纪录片的意义：人文影传、学术影像、同人精神。

这些训练教会我深入田野，试着去讲一个好故事，折射出我们所有人在生活的'台前'和'幕后'锚定自我的过程。我希望能做出触动自己的影像，并且期待也能触动其他人。我们从好奇出发，探索情感的决定性瞬间，以增强影像的说服力与亲和力，让在中国土壤上生长出来的文化自然而然地获得一种共通的感染力。'做有思想的新闻人，做负责任的传媒人'，这是新闻学院教给我们最重要的理念。在创作影像中，我们不断践行与探索。"

这个案例展现了课程思政与视听传播教育如何通过文化交融与情感沟通达成有效的国际传播目标。这一实践案例充分印证了"珈影工作坊"在课程思政与视听传播教育融合上的前瞻性和有效性，不仅培养了学生的专业技能，更拓宽了他们的国际视野，提升了他们的跨文化交流能力，为中国文化走出去、构建人类命运共同体作出了积极贡献。

图 5　纪录短片《霁月留珈》

### (三)纪录片《轮世间》的边缘社群关照

第三个案例是一部名为《轮世间》的纪录长片作品，它聚焦于武汉市内一家即将消失的轮滑厅以及其中的一位特殊人物——以齐天大圣孙悟空形象出现的轮滑爱好者。尽管身处困境，面临生活压力，他仍展现出坚忍不拔的精神风貌和乐天达观的生活态度，他的仗义与执着给人留下深刻印象。影片展现了"大圣"在生活浪潮中追寻生命的意义，是一部真实而富有生命力的纪录片，以主人公颇具个性的生活方式为切入点，呈现出复杂而又丰富的个体精神世界。本片在由中国高等院校影视学会等单位联合主办的第十二届国际大学生微电影盛典中荣获纪实类一等奖。[12]

从影片主创在田野笔记的记录中可以看到同学们在专业实践过程中，通过场景式的体验完成从价值体验到价值觉悟再到价值生产的过程：

"到田野当中，坐在老百姓的炕头。三个月内记录了一万多字的田野笔记，这是一笔在将来都会是很宝贵的财富。后期剪辑时，我们及时做好素材索引，将 3TB 的素材批判性地挑选后完成纸面剪辑，最终完成本片，完成了一次比较完整的纪录片工作流程。宝贵的田野笔记，大量的田野素材，创作团队的每一次相处和讨论，和田野中的那些人相互丰富生命厚度的过程，这些是我们最大的收获。

习近平总书记在中国文联十一大、中国作协十大开幕式上说："要把提高质量作为文艺作品的生命线，不断提升作品的精神能量、文化内涵、艺术价值。"对于新闻传播学子来说走出象牙塔，深入真实的社会角落中，在打破偏见和探索未知的同时践行新闻专业主义，在提升作品艺术审美的同时彰显人文关照，在追求自我价值实现的同时怀揣一份对社会的深切体察，在创作出有内涵、有价值的文艺作品的同时以自己的专业真正投入到新时代文艺事业和中华民族伟大复兴中去，这既是学校和课堂真正教会我们的东西，更是我们作为新时代青年人的立身之本。

创作这部影片的学生团队秉持着影视人类学的核心理念，通过对边缘群体的关注，真实地反映社会现状，挖掘并弘扬人性中的积极力量。他们在整个创作过程中投入了大量的精力和心血，深入了解并记录了主人公的人生故事和其所处的社会环境，展现了一种人文关怀和社会责任感。《轮世间》凭借其独特的视角、深度的人文内涵和卓越的创作质量，在2021级广播电视系视听内容创作综合实践课程评审中脱颖而出，荣获特别大奖，得到了来自新华社湖北分社、湖北电视台的评委老师们的高度评价和认可。这部作品不仅是学生团队实践的成功，更是对社会基层人物生活状态的一种有力呈现，具有很高的社会价值和艺术感染力。

## 五、结语

本文探讨了数字影像技术如何超越纯粹的技术工具属性，转化为课程思政教学的有力载体和创新源泉。在学界长期热议的"技术中立性"辩论中，我们可以看到，任何技术都是镶嵌在特定社会脉络中，其潜在的社会影响力不容忽视。[13]通过对"珈影工作坊"具体实践的分析，本文揭示了场景式教学和体验式学习对培养学生专业技能和价值观念的重要作用。研究表明，这种教学模式不仅能够增强学生的参与度和互动性，还能够帮助他们在实践中内化和践行所学的思想政治理论。数字影像技术在"珈影工作坊"中的实践，恰恰证实了这一点，它并非孤立存在的技术手段，而是可以巧妙地融入高校课程思政教育的各个环节中，成为一种服务于高校课程思政的技术，并与社会现实紧密相连、与"Z世代"学子的成长需求同频共振。

在"实践赋能"[14]视野下，笔者通过"珈影工作坊"的多元表意实践，通过场景式教学与生成性的教学方法，与同学们共同体悟数字影像技术如何在社会观察、新闻采编、影视创作中，承载和传递深远的思政教育意义。"价值引领技术"这一理念已经化为具体行动，不仅提升了学生的专业素养，更点燃了他们心中对国家、社会和人民的深情与热爱，这也正是课程思政建设目标。[15]在未来，我们将继续砥砺前行，将更多数字影像技术注入思政教育中，赋能中国高校培养具有全球视野、家国情怀和创新精神的新时代传媒人才。我们也将继续探索和完善这一教学模式，以期为中国高等教育的发展提供新的思路和借鉴。

## ◎ 参考文献

[1]王水雄．中国"Z世代"青年群体观察[J]．人民论坛，2021(25)：24-27.

[2]习近平：思政课是落实立德树人根本任务的关键课程[EB/OL]．https：//www. gov. cn/xinwen/2020-08/31/content_5538760. html，2020-08-31.

[3]高德毅，宗爱东．从思政课程到课程思政：从战略高度构建高校思想政治教育课程体系[J]．中国高等教育，2017(01)：43-46.

[4]李志义．"水课"与"金课"之我见[J]．中国大学教学，2018(12)：24-29.

[5]常江，李思雪．感官革命：当代视听文化的培育路径与价值检视[J]．编辑之友，2024(02)：5-13.

[6]彭兰．视频化生存：移动时代日常生活的媒介化[J]．中国编辑，2020(04)：34-40，53.

[7]马克思．1844年经济学哲学手稿：第3版[M]．北京：人民出版社，2000.

[8]朱靖江．主位影像、文化破壁与视觉经济——影视人类学视域中的移动短视频社区[J]．云南社会科学，2020(06)：102-109，184-185.

[9]梁君健，雷建军．视觉人类学与九零后的影视教育——以"清影工作坊"为例[J]．现代教育技术，2015，25(09)：77-83.

[10]武汉大学新闻与传播学院．央媒CGTN《了不起的决心》主创团队走进本科生课堂[EB/OL]．https：//mp. weixin. qq. com/s/CpOUNv2XiNgcKazHiiLHeA，2023-05-11.

[11]梁君健．表意实践与文化认同：当代影像人类学研究[M]．北京：中国社会科学出版社，2021.

[12]武汉大学新闻与传播学院．我院学生作品《轮世间》获第十二届国际大学

生微电影盛典一等奖［EB/OL］. https：//mp. weixin. qq. com/s/tFH9FCkK LH6_8d3SFIn7uA，2024-05-21.

［13］Pinch T J，Bijker W E. The social construction of facts and artefacts：Or how the sociology of science and the sociology of technology might benefit each other ［J］. Social Studies of Science，1984，14(3)：399-441.

［14］高晓虹，涂凌波."实践赋能"视野下中国新闻传播教育的理念与模式创新［J］. 中国高等教育，2022(08)：24-27.

［15］教育部关于印发《高等学校课程思政建设指导纲要》的通知［EB/OL］. https：//www. gov. cn/zhengce/zhengceku/2020-06/06/content_5517606. htmL，2020-05-28.

# 新时代中国特色社会主义政治经济学课程改革和思政效果研究

余 江[1] 叶 林[2]

(1. 武汉大学 经济与管理学院, 湖北 武汉 430072;

2. 华中师范大学 国家文化产业研究中心, 湖北 武汉 430079)

**摘 要**：本文利用随机对照试验, 对采用"历史+理论+现实"的三段式教学内容和"4W"的启发式教学方式的中国特色社会主义政治经济学课程改革和课程思政效果进行评估。结果发现, 该教学改革在提高学生理解马克思主义政治经济学经典理论和运用理论解释中国现实经济问题方面有显著积极作用, 可以较好地解决教学中理论解释不清、理论背景不明、理论与实践脱节的问题, 还能激发学生运用政治经济学理论主动思考和解决问题的能力, 有助于实现课程教学和课程思政的有机融合。

**关键词**：政治经济学课程建设；三段式教学内容改革；"4W"教学设计；随机对照试验

**作者简介**：余江(1978— ), 男, 湖北宜昌人, 经济学博士, 武汉大学经济与管理学院副教授、硕士生导师, 武汉大学人口资源环境经济研究中心副主任, 研究方向为马克思主义政治经济学、中国经济改革与发展, E-mail：yujiang@ whu. edu. cn。

叶林(1978— ), 女, 浙江宁波人, 经济学博士, 华中师范大学国家文化产业研究中心副教授、硕士生导师, 研究方向为文化产业经济学, E-mail：yelinlin@ ccnu. edu. cn。

**基金项目**：湖北省高等学校教学研究项目《新时代中国特色社会主义政治经济学课程建设研究》(项目号：2021030)。

## 一、导言

经济学的学科教育是体现经济学话语体系的重要方面。在学科教育中，哪种经济学话语占据主导地位，不仅仅影响学术研究，更重要的是影响了学习经济学的学生的世界观、人生观和价值观。目前，中国的经济学教育主要集中在高校，因此高校成为经济学话语体系争夺的重要阵地。改革开放初期，中国高校是马克思主义政治经济学研究与教学最为活跃的场所。但在其后一段时间，马克思主义政治经济学在高校场域中的话语权呈弱化甚至被边缘化、空泛化、标签化的趋势，出现了在学科中"失语"、教材里"失踪"、论坛上"失声"的现象。

首先，在课程设置上，马克思主义政治经济学的话语权被弱化和边缘化。突出表现为部分高校在经济学和管理学类专业中压缩政治经济学课程，对宏观、微观经济学则作为最重要的基础课进行设置。根据笔者的不完全调查，国内部分重点大学在课程设置上明显出现重西方经济学轻马克思主义政治经济学的倾向。就调查数据来看，马克思主义政治经济学的平均课时量远低于宏、微观经济学，在部分理论经济学专业本科课程体系中，政治经济学与西方经济学的课时和学分比例接近1∶2。在其他经济管理类专业的课程体系中，政治经济学类课程的课时大约在36~54课时之间，西方经济学类课程最少也在108课时左右。此外，部分管理类学科不再把政治经济学作为核心课程，甚至不开设政治经济学课程。

其次，在教材使用方面，部分马克思主义政治经济学的教材水平相对一般。教材水平是体现经济学话语体系的重要指标。从西方经济学的教材使用情况来看，目前国内重点大学基本采用西方主流经济学原版英文教材的中文翻译教材，其中部分高校甚至要求从本科到博士的教学都用英语教学或用英文课件进行双语教学，以便未来与国际接轨。这些教材无论是内容还是配套教学资源，都具有较高水平，体现了西方经济学在教材方面的话语权；反观马克思主义政治经济学教材，资本主义部分的教材编写水平较高，但配套教学资源相对匮乏。而社会主义部分的教材水平相对一般，尤其是采用马克思主义政治经济学解释中国经济发展的教材很少，导致马克思主义政治经济学对中国经济问题的解释乏力。此外，目前中国特色马克思主义政治经济学教材的资本主义部分和社会主义部分基本上是两个缺乏内在联系的独立部分。因此,教材问题是当前中国马克思主义政治经济学话语权衰落的另一个表现。

此外,马克思主义政治经济学课程具有基础、抽象和动态的基本特征。[1]对刚进入大学校园的经济与管理类本科一年级学生来说,学好马克思主义政治经济学不容易,运用其原理理解和解释现实问题更不容易。"政治经济学"是经济学专业的基础课程之一,但存在三个问题亟须解决:(1)资本主义部分的理论来源和历史背景解释不足,学生难以深入理解;(2)社会主义部分的理论对现实问题尤其是中国现阶段重大问题的解释相对缺乏,理论指导实践力度不够,学生容易产生理论过时的印象;(3)"教""学""研"分离,学生仅从课堂教学中被动收获知识,缺乏主动思考问题和锻炼科研能力的机会。

基于上述考虑,本教学改革采用"三段式"教学内容和问题导向的"4W"教学方式,尝试对马克思主义政治经济学教学进行改革,以期达到以下目的:(1)帮助学生掌握马克思主义政治经济学经典理论产生的历史背景、基本内容和现实作用;(2)引导学生主动运用基本原理思考问题和解决问题,帮助学生深入认识政治经济学基本理论对当代中国现实问题的指导作用;(3)培养学生运用基础理论与方法进行独立思考和科学研究的能力,把政治经济学教学变成知识传授和科研训练的综合平台。

## 二、马克思主义政治经济学教学中存在的部分问题

近年来,教育学和经济学领域对马克思主义政治经济学教学中存在的问题及原因展开了系列研究和讨论。总体来看,存在的问题主要体现在课程地位、教学内容、教学手段、教学方法和考核方法等方面。

### (一)课程重要性与边缘化的矛盾日益突出

作为中国教育部规定的经济管理类必修课程之一,学习马克思主义政治经济学不仅能培养学生经济学思维,还能帮助学生分析和理解经济发展规律。但马克思主义政治经济学侧重经济制度等深层次问题的研究,对大一学生来说,运用其原理理解现实经济运行问题相当困难。教学效果不佳导致很多学生甚至部分教师认为政治经济学已无法适应和解释当前中国的改革和发展,甚至有学者直截了当地主张将西方经济学作为中国主流经济学,以致政治经

济学传统主流地位丧失，学生思想认识不到位。[2]

改革开放 40 多年来，西方经济学在高校课程教学中逐渐普及。虽然西方经济学对现实经济现象的解释停留在浅显的物质层面，但也形成了包括宏观经济学、微观经济学在内的完整理论体系，其看似严谨的逻辑推理和偏向现实的论证分析让学生更容易在其框架下理解市场经济运行规律。因此，对现实经济问题，以系统介绍市场经济运行见长且更具有现实性和可操作性的西方经济学具有自身优势。尽管西方经济学在经济问题上的解释是庸俗的，存在用现象解释现象的问题，但非常容易获得非专业人士的认同。此外，西方经济学非常注重对现代研究工具的运用，大量新工具的使用也使得其对现实问题的研究看起来更容易令人信服。

另外，研究碎片化和大量实证方法的运用降低了西方经济学的研究门槛。与政治经济学的研究不同，西方经济学的研究逐渐碎片化，加上实证分析方法的大量运用，使得年轻学者进入主流经济学领域的门槛变得非常低，经过短期强化训练即可迅速成为所谓的经济学研究者。尽管这种训练导致研究缺乏整体性，但对年轻研究人员非常有吸引力。此外，碎片化研究还意味着西方经济学的研究氛围中不会出现强烈分歧，因为研究结论的差异仅出现在具体问题上，很容易相互包容。

此外，以马克思主义政治经济学为基础的中国特色社会主义经济学尚未形成完整的话语体系，其主要原因有：第一，中国经济发展的实践基础发展很快，而解读现实的理论相对滞后。对中国经济高速发展中的大量待解读的新问题，基于中国特色的经济学解读非常少。第二，中国特色经济学的理论影响范围有限。受制于语言和国外主流意识形态的影响，目前中国经济学的研究成果大部分在国内传播。第三，中国特色经济学尚未形成系统理论体系。改革开放以来，对中国经济实践有很多理论解读，但大多属于对具体问题的解释，尚未形成逻辑完整的理论体系。第四，中国特色经济学的理论运用范围有限。即使有中国特色的经济学理论，也主要用于解读中国问题，目前来看，中国经济学研究者还缺乏用中国理论解读世界问题的能力和自信。

因此，从经济学研究来看，中国改革开放前十年到 20 世纪 90 年代初，中国的重大经济理论和现实问题的讨论和研究都在政治经济学的框架里进行，政治经济学发挥了十分重要的作用。但随着西方主流经济学的引进和中国马克思主义政治经济学对现实问题的解释乏力，政治经济学逐渐丧失话语权地位，这是中国特色社会主义政治经济学被边缘化的重要原因。

### (二) 教材和教学内容方面存在的问题

当前中国政治经济学的教材和著作质量不高，弱化了中国特色社会主义政治经济学在高等教育中的话语权。

从目前的政治经济学教材来看，资本主义部分一般按照《资本论》的逻辑框架编写，但受限于教材篇幅，往往直接给出结论，对结论的解读尤其是结论背后的历史背景缺乏介绍。学生由于缺乏对马克思时代历史背景的深入了解，对结论很难深入理解，甚至产生误解和不信任。此外，由于中国政治经济学缺乏对现实的分析，政治经济学教材在知识普及方面脱离实际，无法有效解释实际问题。部分教材内容过于陈旧，且理论灌输式的写作风格对新时代的学生来说并不受欢迎。

其次，马克思主义政治经济学教材的社会主义部分面面俱到，对社会主义的经济制度、经济体制、企业运行、分配制度，甚至工业化、城镇化、对外开放等都有所涉及，但多限于现象描述，对背后的基本理论分析缺乏基本理论框架，因此对中国特色社会主义市场经济的发展很难有深刻的理论解释。部分教材为刻画马克思主义政治经济学对中国特色社会主义市场经济实践的指导功能，牵强地按照西方经济学的框架加入微观企业运行和宏观经济运行的部分。但理论分析并没有采用马克思主义政治经济学的基本原理进行阐述，甚至采用了西方经济学的分析框架，导致马克思主义政治经济学以研究生产关系为主的学科性质被抛到一边，强化了西方经济学对中国经济的话语权。另外，现有教材涉及社会主义部分的理论多与政策文件重合，缺乏系统理论分析。虽然让学生了解中国新的经济问题与经济现象非常重要，但大部分教材都停留在现象解释上，缺乏对这些新问题的归纳和特征描述，更缺乏问题背后的政治经济学分析。这导致社会主义部分的相关内容缺乏理论支撑，弱化了马克思主义政治经济学的经济学理论特征，使讲课内容陷入教条而空洞的陷阱，教学效果不理想。[3]这也导致在教学实践中，很多教师把90%的时间放在资本主义部分教学，有意忽略或减少社会主义部分教学以回避理论指导实践的问题。

目前马克思主义政治经济学的教材普遍采用二分法，即分为资本主义部分和社会主义部分。这种设计虽能分别分析两种不同的社会制度下政治经济学的理论逻辑和基本内容，但目前两个体系之间缺乏有效衔接。由于部分教材存在前后两部分内容关联度较小、缺乏基本逻辑关系支撑、难以形成统一整体的问题，致使马克思主义政治经济学两学期的课堂教学很难连贯展开，知识传授存在明显的割裂现象，学生难以运用学到的理论分析现实问题。[4]此外，在教材设计方面，目前西方经济学的教材更受欢迎，原因是这些教材内容丰富且非常接地气。从目前引进的西方经济学教材来看，不仅内容通俗易懂，而且采用了大量生活案例，可读性非常强，加上完善的教学辅助资料，对青年学生和教师来说非常有吸引力。

### （三）政治经济学教学的理论创新不够

教学内容创新不足是马克思主义政治经济学教学面临困境的根本原因，没有"建设性"的市场经济理论是马克思主义政治经济学教学阶段性衰落的主因。

政治经济学的资本主义部分还基本沿用马克思《资本论》中的论述，对自由资本主义阶段的研究较多，对现代资本主义的新问题、新特点的研究较缺乏。而政治经济学的社会主义部分不能很好地反映中国特色社会主义建设的实践成果，不适应当今中国经济建设过程中出现的新问题和新现象，也没有形成一般性理论，缺乏规律性总结，导致内容与现实脱节，教学目标含糊不清。[5]

此外，中国政治经济学的研究特点，也导致了市场经济实践的超前性与政治经济学理论研究的滞后性之间的矛盾。目前，中国政治经济学在研究上存在两个特点。

第一，中国政治经济学的研究有强烈的基础理论偏好，对现实问题相对缺乏研究兴趣。对理论的偏好导致中国的政治经济学研究论文偏好于基本术语的争论，对大量中国现实中的重大经济问题缺乏研究。例如，随着1992年社会主义市场经济体制改革目标的提出，中国经济发展中出现了一系列新情况和新问题，例如，中国特色社会主义市场经济如何运行？在微观改革方面，国有企业的定位到底是什么？社会主义制度下应该建立什么样的市场体系？政府在按照市场机制配置资源的情况下如何实施宏观调控？社会主义国家的政府如何处理计划与市场的关系？改革开放和维护国家经济自主如何平衡？公平和效率、经济增长与贫富差距扩大如何处理？等等。对这些重大经济问题，中国的传统政治经济学对其研究非常有限，无法提供切实有效的理论指导和解决方案。

第二，中国的传统政治经济学研究不太注重现代研究工具。新研究工具的使用有助于经济学研究的精细化和提高结论的可信度，而传统政治经济学比较倾向于哲学层面的分析，对现代经济学工具尤其是数理工具和计量工具比较排斥，这严重阻碍中国特色社会主义政治经济学对现实问题的深入研究。从目前国内政治经济学的研究学者来看，除少量年轻学者开始采用现代的数理和计量分析方法外，大部分研究者不太接受新的研究方法和工具，导致其运用马克思主义政治经济学研究现实问题往往只能做定性分析，无法做较为精确的定量研究，得出的结论自然不容易为读者接受。

这两个研究上的特点共同导致的结果是：中国改革开放以来出现的大量非常有价值的经济问题难以在马克思主义政治经济学那里得到系统和深入的理论解读和实证分析，反而被西方经济学占领了经济学理论阵地和教育阵地，导致许多中青年学者加强学习研究西方经济学的理论和方法，并广泛用于市场经济改革和发展实践。

### （四）教学手段、教学方法和考核方式有待改进

教学手段方面，虽然近年来采用的多媒体教学甚至翻转课堂等新形式在一定程度上改进了教学方式和手段，提高了课堂教学效果。但多媒体课件并不能完全代替教材，如果授课过程中过于依赖多媒体课件，会导致课程教学只注重表面形式而忽略教学目的。除此之外，师生之间主要通过多媒体形式展开教学活动，使得师生之间的交流和互动减少。学生大多不认真读教材，对于知识内容的理解往往止于表面，缺乏深入。同时，部分教师备课不充分，可能存在着一套PPT一直沿用的情况，也严重影响了教学效果。[6]经过多年的学习，大学生群体已具备一定的知识基础和独立的思考能力，他们渴望在更高层次水平上学习，而不是简单地学习教材知识，这要求教师在教学中不仅注重传授内容的全面和准确，还要适度增加内容的深度和广度，特别是要培养学生独立思考能力以及对现实问题的分析能力。

教学方法方面，由于课时有限但教学内容多，导致马克思主义政治经济学课程的教学方法较为单一。在当前的"政治经济学"课程讲授过程中，多数教师被迫采用传统的"满堂灌""填鸭式"等方法，"照着讲"是常态。这种教学

方法以教师作为课堂的主体，学生为被动学习者，师生间难以有效沟通，往往导致学生缺乏兴趣，影响课堂效果。[7]此外，课堂内容多侧重基础理论的阐述和解读，对现实问题的解释和研究还不足。这些情况都导致在政治经济学教学过程中出现对现实问题难以解释及案例教学匮乏的现象。[8]

考核方式方面，政治经济学作为平台课，一般采用背记型闭卷考试方式。这种考核方式很难有效结合中国经济发展的现实进行考查，无法锻炼学生运用马克思主义政治经济学原理思考与解决问题的能力。[9]在政治经济学教学中，需要让学生体会到其中的内在逻辑并展开全面学习，因此，必须对考核方式进行改革。[10]

还需要指出的是，部分马克思主义政治经济学的教学过程中重专业理论教育而轻素质教育，课程思政融入不足。"政治经济学"课程一方面是高校经济类和管理类专业的理论基础课程，另一方面也肩负着向学生宣传马克思主义经济思想及其在当代发展的重要使命。但在实际的人才培养过程中，教师更加注重对学生专业素养的培训，忽略了思想教育，使学生失去了学习思想政治内容的兴趣。

# 三、教学改革设计

基于上述分析可以发现，当前中国高校在马克思主义政治经济学的教学中存在三个"缺乏"。首先，教学改革存在两个"缺乏"，一是教学内容缺乏"历史+理论+现实"的三位一体，二是教学方式上缺乏学生主动思考，这些都会影响教学效果和思政效果。因此，本次教学改革将主要围绕如何解决本科一年级的"政治经济学"课堂教学中两个"缺乏"的问题进行设计。其次，在效果评估方面，大量教学改革都缺乏对教学改革和思政效果的精确因果识别，因此，本教学改革还构建了一个独特的微观教学和思政效果识别策略，利用DID模型识别教学改革的多维干预效果。

## (一)"三段式"教学内容改革的设计

马克思主义政治经济学的理论具有典型的经院主义特点，如果简单进行理论灌输而不做原因解释和现实运用，大一学生不容易深入理解其理论起源，更难以运用理论分析现实问题。

为帮助学生深入理解经典理论和增强理论对现实问题的解释力，本教学改革采用"历史+理论+现实"的三段式教学内容改革，在基本的教学内容基础上大幅度增加"介绍历史背景"和"思考现实未来"两个部分。前者主要通过大量的经济学说史和经济史的详细资料，系统介绍重要经典理论的理论渊源和产生的历史背景，通过全方位诠释经典理论帮助学生理解理论产生的原因和演变过程。例如，关于价值到底由什么决定，在教学内容中增加了多种学派的理论及其理由并对其科学性进行对比分析，有效帮助学生理解价值这一抽象概念。后者则针对现实中的重大经济问题尤其是最新的经济问题，引导学生运用马克思主义政治经济学而不是西方经济学的理论进行解读和分析。例如，"资本周转"章节增加了资本周转重要性的案例，用"武汉出租车匹配两个司机"说明资本周转快的好处。再例如，用"拿破仑三世的铝碗"以及"铝和黄金价格的历史变化"的案例说明生产率与商品价值的关系，有助于学生理解这一抽象概念。增加介绍经典理论在现实中发挥作用的案例，不仅增强理论对现实问题的解释力，也可以有效提高学生对马克思主义政治经济学理论的信任。

## （二）"4W"的教学设计改革

政治经济学属于理论经济学，其经典理论具有明显的科学研究特征。但由于篇幅和课时的限制，教材无法展示其研究过程。如果不注意引导学生主动思考，马克思主义政治经济学的课堂教学很容易变成单方面的知识传输。有鉴于此，本教学改革在教学设计方面打破以"理论内容是什么"为主的介绍型教学，将要教授的内容变成"4W"的科研型教学。

具体而言，教学方法改革是对马克思主义政治经济学资本主义部分的全部9个章节进行逐节梳理，将主要理论按照科学研究的模式编为研究主题而不是教学内容，构造"What"（问题是什么）、"Why"（问题为什么存在）、"Where"（问题表现在哪些地方）和"How"（如何解决问题）的框架。例如，在"资本有机构成提高与工人收入"的主题中，不再直接介绍资本有机构成提高将导致更多无产阶级加入失业大军，而是将其变为"资本有机构成提高会影响工人就业和工资吗？"的典型经济学研究主题，引导学生从"资本有机构成提高→劳动供需→工人就业→工人收入"的逻辑链条上自主分析并寻找该问题的答案，并进一步利用该原理分析中国智能机器人大量使用对就业的影响，极大地提高了学生学习兴趣。因此，本教学改革中教师不再先介绍理论，而是通过介绍历史背景和存在的历史及现实现象提出本次教学中需要师生共同思考的问题，并通过提问式教学启发学生主动发现问题、思考问题和解决问题。

(三)"随机对照"的效果评估

教学改革和思政改革的效果如何，主要体现在学生成长上。为科学测度改革效果，与过去很多教改项目以教改内容变化、学生兴趣提高或学生考试成绩提高作为衡量标准不同，本教学改革更注重其是否能提高学生对知识的理解和运用能力。为准确测度教学改革的效果，本教学改革效果评估采用随机对照的方式，对教改干预效果进行学生层面的微观因果评估。

随机抽取实验组和对照组。基于单盲和随机抽样原则，在课程开始前将全部授课班级通过随机抽取程序分为参与教改的实验组和作为参照的对照组，被随机抽取的班级在实验结束前并不知道实验的存在，以保证实验效果不受干扰。

基底测试和安慰剂教学。两类班级在正式实验前都将先上3周课程，这一期间都采用传统教学模式进行，并在第三周结束时进行一次平时测验，测验内容包括依赖记忆、需要理解和需要运用理论分析问题三类题目。测试成绩全部由助教双盲批改，保证结果不受干扰。

实验教学。第4周开始，将对抽取的对照组和实验组分别采用传统教学方式和本教改方式进行教学，所有教学课件在实验前均不提供给学生以防止教改效果外溢。在第4周到第14周期间进行两次统一的平时测验，测验内容同样包括依赖记忆、需要理解和需要运用理论分析问题三类题目。测试成绩同样全部由助教双盲批改，保证结果不受干扰。

实验结束与后续处理。为保证实验对所有学生的公平性，实验在第14周全部结束并公开实验过程，所有学生共享两类教学大纲和课件。向所有学生提供教学改革课件以帮助对照组学生获得教改信息，并在期末复习时对所有学生都进行教学改革内容的串讲。此外，为保证实验不影响学生总评成绩，如果发现对照组学生期末考试成绩明显低于实验组学生，课程组将统一利用平时成绩进行调节，保证两个组的学生成绩包括均值和方差分布等统计性质基本一致。

实验效果评估。课题组成员对所有通过双盲方式获得的客观指标如考试成绩、课程论文和科研参与积极性等指标进行 DID 估计，以识别教改的实施效果。

## 四、教学改革的主要内容

本部分主要展示教学改革在教学内容和教学方式上的改革内容，由于涉及内容庞杂，因此采用一览表形式进行展示。

### (一)"三段式"教学改革的主要内容

"三段式"教学改革主要针对教学课时和教材篇幅限制导致的理论来源不清、理论背景不明和理论与现实脱节等问题。改革内容是按章节系统梳理主要知识点，对教材中的重要理论增加理论来源和历史背景，并结合现实问题引导学生用理论解释现实问题，增加内容见表 1。

表 1　　　　　　　**分章节"三段式"教学改革内容**

| 章节 | 教学改革内容 历史背景 | 理论分析 | 现实思考 |
|---|---|---|---|
| 导言 | | | |
| 第一节 政治经济学的由来和演变 | 1. 资料补充：经济的定义（小气鬼的故事/蜜蜂寓言）2. 资料补充：经济学发展简史，从古希腊家政学到新古典经济学的经济学研究演变历程 | 1. 解释：经济学解释现实的背后逻辑 2. 画解：政治经济学研究工具 | 思考：马克思主义政治经济学为什么是首个指导社会发展的经济学理论 |
| 第二节 政治经济学的研究对象 | 1. 资料补充：帕修斯的故事 2. 资料补充：从狩猎采集社会到现代工业社会的演变 | 解释：生产力与生产关系的辩证关系在历史演变中的作用 | 资料补充：四次科技革命对生产力和生产关系的影响 |
| 第一章 商品 | | | |
| 第一节 商品及其矛盾 | 资料补充："庞大的商品堆积"的含义 | 1. 解释："有用物品"的历史性和客观性 2. 解释：使用价值/交换价值/价值的逻辑关系 | 资料补充：社会历史演进中有用物品与商品的关系 |

续表

| 章节 | 教学改革内容<br>历史背景 | 理论分析 | 现实思考 |
|---|---|---|---|
| 第二节　商品价值量 | 1. 资料补充：英国机器织布替代手工织布对社会必要劳动时间的影响<br>2. 历史故事：拿破仑三世的铝碗和生产效率 | 1. 理论补充：复杂劳动与苏尔茨的人力资本理论<br>2. 解释：劳动生产率与各种价值与使用价值的关系(图表) | 案例分析：生产率与价值——铝和黄金价格的历史变化 |
| 第二章　货币 | | | |
| 第一节　货币的本质与职能 | 资料补充：商品交换的四个阶段 | 解释：交易成本与货币出现 | 资料补充：各种奇特的货币介绍 |
| 第二节　货币的形式 | 1. 资料补充：货币发展的四个阶段<br>2. 历史故事：《卖炭翁》中的绢为什么是货币 | 解释：货币形式演变的成本逻辑 | 1. 资料补充：货币三兄弟的含义<br>2. 资料补充：数字货币与比特币 |
| 第三节　货币流通量及其规律 | 资料补充：历史上著名的通货膨胀和通货紧缩 | 资料补充：不同学派对通货膨胀和通货紧缩的解释 | 现实思考：中国改革开放以来数次通货膨胀和通货紧缩的原因 |
| 第三章　市场经济和价值规律 | | | |
| 第一节　市场经济 | 1. 资料补充：三次大分工，自然经济到商品经济的演变<br>2. 历史故事：自然经济与小国寡民思想 | 解释：自然经济到商品经济的演变逻辑 | 思考：鲁滨逊漂流记与自给自足 |
| 第四章　资本主义经济制度及其演变 | | | |
| 第一节　资本主义经济制度的形成 | 1. 资料补充：原始社会到封建社会的演变<br>2. 资料补充：资本原始积累专题 | 解释：生产力在制度变迁中的作用 | 现实思考：美洲的两个部落为什么采用了不同的产权制度 |
| 第二节　资本主义所有制 | 资料补充：企业发展的历史演变 | 解释：钱德勒对企业制度变化的理解 | 资料补充：中国的各种企业类型及分布 |
| 第三节　资本主义经济运行特征的演变 | 资料补充：早期的资本主义自由竞争 | 解释：自由竞争如何走向垄断 | 现实思考：新自由主义的产生和发展 |

续表

| 章节 | 教学改革内容<br>历史背景 | 理论分析 | 现实思考 |
|---|---|---|---|
| | 第五章　资本主义生产 | | |
| 第一节　货币转化为资本 | 1. 资料补充：李嘉图的木棍与资本定义<br>2. 小知识：增值和增殖的差异<br>3. 小知识：资本家和小业主的差异<br>4. 资料补充：货币储藏者和资本家的区别<br>5. 小知识：罗陀斯的含义 | 1. 资料补充：增加10个经典的资本定义<br>2. 资料补充：比较李嘉图式资本与马克思资本定义的差异<br>3. 解释：劳动力买卖的虚假性质<br>4. 方法论：间接衡量法与劳动力价值计算 | 1. 现实思考：电脑城中信息不对称导致的非等价交换为什么不能增殖<br>2. 现实思考：卖货郎与价值增殖<br>3. 现实思考：奶牛与劳动力商品<br>4. 现实思考：苹果/布匹/劳动力的使用价值与消费价值差异 |
| 第二节　剩余价值的生产 | 1. 小知识：辛辛纳图斯与小麦的味道<br>2. 小知识：老实人与资本家的谎言<br>3. 小知识：浮士德与资本增殖的灵性怪物 | 1. 解释：纺纱厂案例剖析<br>2. 图解：不变资本与可变资本(图示比较) | 现实举例：现实中的不变资本与可变资本 |
| 第三节　剩余价值生产的两种形式 | 1. 资料补充：乱世佳人——美国南方种植园奴隶的命运<br>2. 资料补充：工厂法的前世今生<br>3. 小知识：国际劳动节——8小时工作日的由来 | 1. 图解：绝对与相对剩余价值生产<br>2. 方法论：逆推法生产率与相对剩余价值生产 | 1. 现实举例："996"与绝对剩余价值生产<br>2. 现实举例："泰勒制"与相对剩余价值生产<br>3. 现实举例："过劳死"问题 |
| 第四节　资本主义工资 | 资料补充：各种奇特的工资制度 | 解释：资料主义的计时工资和计件工资为什么没有本质差异？ | 1. 现实举例：现实中的计件工资与计时工资<br>2. 现实思考：世界各国工资差异(图)及其原因 |
| 第五节　当代资本主义生产新变化 | 资料补充：智能机器人的兴起 | 解释：资本主义的劳资关系真的得到缓和了吗？ | 思考：工会的作用 |

| 章节 | 教学改革内容<br>历史背景 | 理论分析 | 现实思考 |
|---|---|---|---|
| 第六章　资本循环与周转 | | | |
| 第一节　资本的循环 | 资料补充：对资本循环的不同理解 | 图解：资本循环的四维理论 | 1. 现实举例：纺纱厂的资本循环<br>2. 理论扩展：微笑曲线——研发、生产与销售<br>3. 现实举例：自然作用时间——红酒发酵<br>4. 现实举例：中国电解铝企业为何西迁 |
| 第二节　资本的周转 | 小知识：时间的重要性 | 1. 图解：固定资本与流动资本的差异<br>2. 图解：流动资本与可变资本、不变资本的异同<br>3. 案例解析：预付资本总周期的计算<br>4. 案例解析：资本周转速度对剩余价值的影响 | 1. 思考：石头如何漂在水上<br>2. 现实举例：周转速度——洛克希德·马丁公司与海尼施机床公司<br>3. 思考：武汉出租车为什么有两个司机轮班 |
| 第七章　剩余价值的分配 | | | |
| 第一节　平均利润和生产价格 | 史实澄清：资本与利润的原始出处 | 图解：三部门间利润转变为平均利润的过程 | 1. 现实举例：潜在进入者与市场竞争<br>2. 举例：技术进步与超额利润<br>3. 数据说话：利润率下降规律真的存在吗 |
| 第二节　商业利润、利息和地租 | 1. 小知识：前资本主义商人资本与资本主义商业资本的区别<br>2. 资料补充：威尼斯商人与借贷资本<br>3. 流派争议：利息到底是什么？<br>4. 小知识：英国式/普鲁士式/美国式的土地改革道路 | 1. 资料补充：商业独立的必然性<br>2. 案例解析：商业资本和产业资本的竞争与利润<br>3. 资料补充：平均利润率公式的修改<br>4. 资料补充：资本主义土地所有制的特点<br>5. 资料补充：地租和金的区别<br>6. 资料补充：农业和工业超额利润的区别<br>7. 资料补充：运费与级差地租 I<br>8. 资料补充：级差地租 I 和 II 的联系与区别 | 1. 争鸣：商业工人真的不创造价值吗<br>2. 案例分析：中国农村土地的经营权转让与租金(级差地租 I)<br>3. 案例分析：中国农村土地流转中的土地改良与租期的关系(级差地租 II)<br>4. 思考：土地不是商品，为什么有价格<br>5. 扩展分析：为什么银行基础利息被视为长期贴现率<br>6. 理论扩展：霍特林法则 |

续表

| 章节 | 教学改革内容<br>历史背景 | 理论分析 | 现实思考 |
|---|---|---|---|
| 第三节 当代资本主义分配关系的新变化 | 资料补充：济贫法到福利社会 | 1. 资料补充：资本主义国家福利制度与根本矛盾<br>2. 资料补充：剩余价值与福利的实质 | 现实案例：中国的社会保障制度 |
| 第八章 资本主义再生产和经济危机 | | | |
| 第一节 资本主义再生产和资本积累 | 1. 资料补充：南美洲挖矿工人的饮食<br>2. 资料补充："工厂主宣言"——资本对劳动力的所有权<br>3. 资料补充：牛瘟与英国农业资本家 | 1. 资料补充：工人的两种消费<br>2. 资料补充：资本的两类机器<br>3. 小知识：资本主义占有规律<br>4. 小知识：对工人必要价值的剥削<br>5. 小知识：奇特的菜单<br>6. 小知识：节欲论 | 现实案例：企业提供员工餐的作用 |
| 资本有机构成和相对过剩人口 | 背景资料：企业兼并的五次浪潮 | 1. 讨论：资本积累导致劳动力需求增加和工资水平上升<br>2. 计算：相对过剩人口的计算 | 1. 材料分析：中国工厂机器替代人的经济后果<br>2. 材料分析：数字经济对工人的影响 |
| 资本积累的二重后果 | 小知识：当时主流经济学家对"资本主义生产的对抗性"的理解 | 讨论：为什么会产生"两种积累" | 背景资料：美国的分配格局的变化 |
| 第二节 社会总资本的再生产 | 1. 资料补充：两大部类与产业结构的划分<br>2. 西方的三次产业的划分理论 | 案例解析：个别资本与社会总资本 | 1. 现实案例：苏联两大部类生产比例失调<br>2. 数据说话：中国的轻重工业发展变化趋势 |
| 第三节 资本主义经济危机 | 1929—1933 年经济危机 | 1. 资料补充：各种经济周期<br>2. 资料补充：金融危机 | 讨论：2008 年金融危机 |

## (二)"4W"教学改革的主要内容

"4W"的教学改革主要基于启发式教学，即对每个章节最关键的问题都设置"是什么""为什么""在哪里""怎么办"四类问题，在正式讲授前就提出该系列问题，引导学生在学习过程中主动思考，并在教学完成后留出时间让学生尝试回答预留的问题，以提高教学效果和学生主动性，"4W"教学改革内容见表2。

表2　　　　　　　　　　分章节"4W"教学改革内容一览表

| 章节 | "4W"教学改革内容 |
| --- | --- |
| | 导言 |
| 第一节　政治经济学的由来和演变 | 1. What——什么是经济？<br>2. Why——经济学为什么从家庭研究扩展到国家研究？<br>3. Where——马克思主义政治经济学与庸俗经济学的不同表现在哪些方面？<br>4. How——马克思主义政治经济学是如何体现科学精神的？ |
| 第二节　政治经济学的研究对象 | 1. What——马克思主义政治经济学的研究对象是什么？<br>2. Why——马克思主义政治经济学为什么要研究生产关系？<br>3. Where——生产力提高推动人类从狩猎采集社会发展为现代工业社会的作用表现在哪些方面？<br>4. How——科学技术作为第一生产力是如何推动经济发展的？ |
| | 第一章　商品 |
| 第一节　商品及其矛盾 | 1. What——商品是什么？<br>2. Why——商品为何产生？商品又产生哪些问题？<br>3. Where——商品产生的问题表现在哪些方面？<br>4. How——如何解决商品产生的问题？ |
| 第二节　商品价值量 | 1. What——商品价值量是什么？<br>2. Why——为什么劳动可以衡量商品价值量？<br>3. Where——商品价值量和生产率的关系表现在哪些方面？<br>4. How——生产率如何影响商品价值量？ |
| | 第二章　货币 |
| 第一节　货币的本质与职能 | 1. What——货币是什么？<br>2. Why——货币为何产生？货币又产生了哪些问题？<br>3. Where——货币产生的问题表现在哪些方面？<br>4. How——如何解决货币产生的问题？ |
| 第二节　货币的形式 | 1. What——货币有哪些形式？<br>2. Why——货币形式为什么发生了变化？<br>3. Where——信用货币或虚拟货币对经济的影响表现在哪些方面？<br>4. How——信用货币或虚拟货币产生的问题如何解决？ |

续表

| 章节 | "4W"教学改革内容 |
| --- | --- |
| 第三节　货币流通量及其规律 | 1. What——什么是通货膨胀和通货紧缩？<br>2. Why——通货膨胀和通货紧缩产生的原因是什么？<br>3. Where——通货膨胀和通货紧缩对经济的影响表现在哪些方面？<br>4. How——有什么办法可以解决通货膨胀和通货紧缩？ |
| 第三章　市场经济和价值规律 | |
| 第一节　市场经济 | 1. What——市场经济是什么？<br>2. Why——市场经济为何产生？<br>3. Where——市场经济产生的问题表现在哪些方面？<br>4. How——如何解决市场失灵问题？ |
| 第四章　资本主义经济制度及其演变 | |
| 第一节　资本主义经济制度的形成 | 1. What——资本主义制度是什么？<br>2. Why——资本主义制度为何产生？<br>3. Where——资本主义制度产生的问题表现在哪些方面？<br>4. How——如何解决资本主义制度产生的问题？ |
| 第五章　资本主义生产 | |
| 第一节　货币转化为资本 | 1. What——资本是什么？<br>2. Why——资本为何产生？资本又产生哪些问题？<br>3. Where——资本产生的问题表现在哪些方面？<br>4. How——如何解决资本产生的问题？ |
| 第二节　剩余价值的生产 | 1. What——剩余价值是什么？<br>2. Why——剩余价值为何产生？<br>3. Where——剩余价值对资本家和工人的影响表现在哪些方面？<br>4. How——如何解决剩余价值产生的问题？ |
| 第三节　剩余价值生产的两种形式 | 1. What——绝对剩余价值生产和相对剩余价值生产分别是什么？<br>2. Why——为什么会产生两种生产剩余价值的方式？<br>3. Where——两种剩余价值生产方式对资本家和工人的影响表现在哪些方面？<br>4. How——资本家是如何利用两种剩余价值生产方式剥削工人的？ |
| 第四节　资本主义工资 | 1. What——资本主义工资的实质是什么？<br>2. Why——资本主义的工资为什么是劳动力的价格？<br>3. Where——资本主义工资主要表现为哪些形式？<br>4. How——资本家如何利用资本主义工资制度实现对工人的剥削？ |

| 章节 | "4W"教学改革内容 |
|------|------------------|
| 第六章　资本循环与周转 | |
| 第一节　资本的循环 | 1. What——什么是资本的循环？<br>2. Why——资本为什么需要循环？<br>3. Where——资本循环表现为哪几个阶段和哪几种职能？<br>4. How——资本循环对资本家和工人的作用？ |
| 第二节　资本的周转 | 1. What——什么是资本周转？<br>2. Why——资本为什么要进行周转？<br>3. Where——资本周转速度对资本家的影响表现在哪些方面？<br>4. How——资本周转是如何影响剩余价值生产的？ |
| 第七章　剩余价值的分配 | |
| 第一节　平均利润和生产价格 | 1. What——剩余价值的分配是什么？<br>2. Why——剩余价值为什么要在不同资本家中进行分配？<br>3. Where——剩余价值分配产生的问题表现在哪些方面？<br>4. How——如何解决剩余价值分配的问题？ |
| 第二节　商业利润、利息和地租 | 1. What——剩余价值有哪几种形式？<br>2. Why——剩余价值为什么会表现为这些形式？<br>3. Where——剩余价值分配到哪些资本家手里？<br>4. How——剩余价值在不同资本家中分配的原则是什么？ |
| 第八章　资本主义再生产和经济危机 | |
| 第一节　资本主义再生产和资本积累 | 1. What——什么是资本主义再生产？<br>2. Why——资本主义生产为什么要不断进行？<br>3. Where——资本主义再生产过程产生的问题表现在哪些方面？<br>4. How——资本主义如何实现再生产？ |
| 小专题：资本有机构成和相对过剩人口 | 1. What——什么是资本有机构成？什么是相对过剩人口？<br>2. Why——资本有机构成提高为什么导致相对过剩人口？<br>3. Where——资本有机构成提高从哪些方面导致相对过剩人口？<br>4. How——如何解决资本有机构成提高对工人的不利影响？ |
| 第二节　社会总资本的再生产 | 1. What——什么是资本积累？<br>2. Why——为什么资本要不断积累？<br>3. Where——资本积累对资本家和工人的影响表现在哪些方面？<br>4. How——如何解决资本积累对工人的不利影响？ |
| 第三节　资本主义经济危机 | 1. What——什么是资本主义经济危机？<br>2. Why——资本主义为什么不断发生经济危机？<br>3. Where——资本主义经济危机对资本家和工人的影响表现在哪些方面？<br>4. How——如何降低经济危机的不利影响？ |

## 五、教学改革和思政效果评估

教学改革作为个案研究，各种不可测因素的干扰导致无法在课程层面识别教学改革对教学的干预效果。考虑到学生表现是教学改革和思政效果评估的关键因素之一，因此可以利用学生层面的微观数据，通过识别教学改革对项目实施班级学生学习表现的影响间接反映教学改革和思政的效果。基于上述考虑，本部分主要利用回归技术识别引入教学改革后对实验覆盖班级学生学习效果的影响。

### （一）教学改革和思政效果评估的识别策略

得益于项目组成员对教学改革和思政效果评估的随机设计，回归分析的识别策略可以采用 DID 方法对马克思主义政治经济学教学改革影响实验班级学生表现的干预效果进行识别。即基于随机分组，采用 DID 估计引入教学改革后对学生在知识记忆、理论理解和理论运用三个方面测试成绩的影响，具体识别策略和回归模型如下：

$$Y_i = \beta_0 + \beta_1 \text{ERP} + \beta_2 \text{Post} + \beta_3 \text{Treat} * \text{Post} + Z_i \delta + \text{FE} + \varepsilon_i \qquad (1)$$

模型(1)中的 $Y_i$ 表示学生 $i$ 的学习表现，包括知识点记忆、理论理解程度和运用理论分析现实问题三个方面。知识点记忆的测试题主要以名词解释和不需要扩展分析的简答题为主，理论理解测试题主要为不定项选择题和计算题，而理论运用测试题主要是材料分析题和论述题。

由于采用随机分组且严格保证教学内容不外泄，因此采用传统教学方式的班级可视为不直接受教学改革影响的对照组，Treat 赋值为 0，而被抽到参与教学改革的班级为实验组，Treat = 1。Post 体现引入教学改革后的外生冲击，引入教学改革后 =1，实施前为 0。因此，Treat * Post 的估计系数 $\beta_3$ 体现了教学改革对学生学习和思政的净效应。

为剔除其他因素的影响，模型中的 $Z_i$ 为可能影响学生 $i$ 学习表现的其他外生变量向量。该向量包括一系列的客观个体特征，如性别和年级；随机干扰项 $\varepsilon_i$ 代表所有其他不可测因素的影响，并假设具有零期望均值。此外，由于学生来自不同学院并且在不同时间地点上课，还有部分学生为重修该课程，因此还控制了所属学院/是否重修/上课时间地点的固定效应，且标准误在年级层面聚类。

由于教学改革的实验组和对照组是完全随机抽取的，而且教学改革是课题组作出的决策，因此，刚进校的大一学生的表现与是否进行教学改革之间应该不存在互为因果的内生问题。此外，对于内生问题的另一个主要来源即遗漏变量问题，作为个案研究，虽然本文已尽可能控制了相当数量的影响因素并采用了差分估计技术，但实际上仍存在对是否遗漏了同时影响教学改革和学生学习表现的变量的担忧。因此，需要特别指出的是，在个案和小样本的研究中，虽然难以获得适合的工具变量以克服可能存在的内生问题，但识别策略中未使用工具变量进行估计并不代表内生问题不存在。

（二）数据来源和处理

**1. 数据来源**

为减少对正常教学的干扰，本次教学改革实验在全部 16 个课程班中随机抽取了两个规模相当的班级进行随机实验。两个班的学生人数均超过 80 人，我们通过教学系统获得了包括学生年级、性别、所在学院和是否重修等个体信息，以及上课时间地点等教学信息。此外，通过实验前后的两次平时测试获得了三个维度的两轮测试成绩。

**2. 变量衡量**

因变量——学生学习和思政表现。为刻画学生学习表现和思政效果，在识别策略上共设置了知识记忆、理论理解和理论运用三类干预效果，均采用测试打分衡量。

自变量——学生是否参与教学改革实验。如学生参与教学改革实验则赋值为 1，否则为 0。

自变量——课题组是否实施教学改革。自变量为课题组在获取成绩时是否实施教学改革，该变量被设置为 0-1 虚拟变量。未实施该教学改革时该变量为 0，否则为 1。

控制变量。学生人口学特征和学习特征可能影响其表现，因此识别策略中控制了一系列变量（性别、年级、所属学院和是否重修）。

上述变量的具体衡量指标和统计性质见表 3，实验前随机分组的统计性质对比见表 4。可以看出，实验开始前实验组和对照组在所有关键指标上都没有统计学差异，随机分组效果非常理想。

表3                          主要变量的衡量指标和统计性质

| 变量 | 观测值 | 均值 | 标准误 | 最小值 | 最大值 |
|---|---|---|---|---|---|
| 知识记忆测试成绩 | 336 | 75.86 | 8.39 | 55 | 93 |
| 理论理解测试成绩 | 336 | 70.68 | 9.49 | 48 | 98 |
| 理论运用测试成绩 | 336 | 69.49 | 10.11 | 41 | 94 |
| 实验开始时间 | 336 | 0.50 | 0.50 | 0 | 1 |
| 实验覆盖对象 | 336 | 0.50 | 0.50 | 0 | 1 |
| 实验干预 | 336 | 0.25 | 0.43 | 0 | 1 |
| 性别 | 336 | 0.61 | 0.49 | 0 | 1 |
| 学院 | 336 | 0.96 | 0.19 | 0 | 1 |
| 年级 | 336 | 2020.83 | 0.60 | 2019 | 2022 |
| 是否重修 | 336 | 0.10 | 0.29 | 0 | 1 |

数据来源：本课题组收集整理。

表4                          实验前随机分组的统计性质对比

| 实验组 | 统计量 | 知识记忆 | 理论理解 | 理论运用 | 性别 | 学院 | 年级 | 是否重修 |
|---|---|---|---|---|---|---|---|---|
| 0 | 均值 | 73.07 | 66.16 | 64.65 | 0.61 | 0.95 | 2020.44 | 0.09 |
|  | 标准差 | 7.80 | 8.00 | 8.16 | 0.49 | 0.20 | 0.56 | 0.27 |
|  | 观测值 | 84 | 84 | 84 | 84 | 84 | 84 | 84 |
| 1 | 均值 | 73.08 | 66.29 | 64.34 | 0.60 | 0.96 | 2020.83 | 0.10 |
|  | 标准差 | 7.81 | 7.64 | 8.77 | 0.50 | 0.19 | 0.60 | 0.30 |
|  | 观测值 | 84 | 84 | 84 | 84 | 84 | 84 | 84 |

数据来源：本课题组收集处理。

（三）教学改革和思政效果的评估结果

首先，表5展示了控制全部变量后引入教学改革（0-1虚拟变量）对学生在知识记忆、理论理解和理论运用（均为对数形式）三个方面表现的影响。识别策略均采用控制全部控制变量和固定效应的满变量回归模型（full model），估计过程控制了一系列可能影响学生学习表现的个体特征和各种固定效应。其中，第(1)列给出了教学改革对学生知识记忆的影响，而第(2)列估计了教学改革是否能提高学生对理论的理解，第(3)列则展示了教学改革能否提升学生运用理论解决现实问题的能力的识别结果。

表5　　　　　　　　　　　教学改革对学生表现的干预效果

| 变量 | (1)<br>知识记忆成绩 | (2)<br>理论理解成绩 | (3)<br>理论运用成绩 |
|---|---|---|---|
| 是否教改实验 | 0.0743 *** | 0.0842 *** | 0.0873 *** |
| | (0.0155) | (0.0170) | (0.0180) |
| 是否为实验组 | 0.000124 | 0.00275 | −0.00633 |
| | (0.0155) | (0.0170) | (0.0180) |
| 教改干预效果 | **−0.000783** | **0.0839 ***** | **0.116 ***** |
| | **(0.0219)** | **(0.0241)** | **(0.0254)** |
| 女性 | 0.0290 ** | 0.0336 *** | 0.0347 *** |
| | (0.0114) | (0.0126) | (0.0133) |
| 年级 | −0.0439 *** | −0.0428 *** | −0.0491 *** |
| | (0.0101) | (0.0111) | (0.0117) |
| 重修 | −0.139 *** | −0.149 *** | −0.168 *** |
| | (0.0203) | (0.0223) | (0.0235) |
| 学院固定效应 | 是 | 是 | 是 |
| 上课时间固定效应 | 是 | 是 | 是 |
| 上课地点固定效应 | 是 | 是 | 是 |
| 截距项 | 93.09 *** | 90.78 *** | 103.5 *** |
| | (20.34) | (22.36) | (23.61) |
| 观测值 | 336 | 336 | 336 |
| $R^2$ | 0.246 | 0.371 | 0.414 |

注：第(1)—(3)列采用 DID 估计，因变量依次为知识记忆、理论理解和理论运用测试成绩的对数值，控制学院、上课时间和上课地点固定效应，标准误在学院层面聚类。* 表示 $p<0.10$，** 表示 $p<0.05$，*** 表示 $p<0.01$。

模型(1)的 DID 估计结果见表 5 的第(1)—(3)列。可以看出，马克思主义政治经济学的教学改革对实验组学生的理论理解和理论运用两方面有显著正向作用，具体表现为：首先，第(1)列的估计结果显示，教学改革对实验组学生知识记忆能力的点估计值并不显著($-0.0008$，$p = 0.994$)。即相对于接受传统教学的学生，教学改革实验组的学生对马克思主义政治经济学教材知识的短期记忆能力并不高于非实验组对象。这个结果在意料之中，因为本次教学改革的目的是提高学生的理解能力和知识运用能力，而不是加强死记硬背的教学模式。其次，如预期一样，该教学改革大幅提高了学生对理论知识的理解能力。第(2)列的估计结果显示，相对于未参与教学改革的学生，实验组学生在参与教学改革后对理论知识的理解能力有较大提高，其理论理解测试成绩相对于对照组学生平均提高了 8.4 个百分点(1%水平显著)，即百分制的6.3 分，这是相当大的差异。第三，第(3)列的估计结果显示，教学改革使实验组学生的理论知识运用能力测试成绩提高 11.6%(约为百分制的 8.5 分，1%水平显著)，这意味着教学改革可有效提高学生运用理论解释和解决实际问题的能力。

虽然控制变量不是研究重点，但几个非常有趣的现象还是需要指出：首先，女生在三个维度的测试成绩均显著好于男性，大学经管类学科"阴盛阳衰"的现象仍存在；其次，高年级学生的测试成绩均显著低于一年级新生，意味着新一届学生内卷加剧；最后，虽然重修同学均顺利"上岸"，但重修同学的成绩比非重修同学低 10 多个百分点，不清楚是自我要求不高还是投入不够。

此外，异质性检验显示，教学改革对提高理论理解和理论运用的作用在性别、年级和学院之间差异不大，这也意味着教学改革对各种不同群体均有稳健的干预效果。

教学改革 DID 识别结果的主要发现为：马克思主义政治经济学教学改革的实施能显著提高学生理解马克思主义政治经济学经典理论和运用理论分析实际问题的能力，但对学生记忆理论知识的能力没有明显作用，且教学改革对不同性别、不同学科和不同年级的学生均有积极影响。

## 六、主要结论与建议

本文针对马克思主义政治经济学教学中存在的部分问题进行了教学改革，

并利用随机分组实验的方法对教学和思政效果进行了评估。主要结论有：

第一，受各种主客观条件的影响，目前马克思主义政治经济学的教学主要存在理论来源和历史背景解释不足、理论指导实践力度不够和"教""学""研"分离三个方面的问题，严重影响了课程地位和教学效果。

第二，"历史+理论+现实"的三段式教学内容改革较好地解决了马克思主义政治经济学教学中理论解释不清、理论背景不明、理论与实践脱节的问题；

第三，"4W"的启发式教学方式改革培养学生主动运用马克思主义政治经济学思考中国现实问题和解决问题的能力，提高了其对政治经济学理论的信任度。

第四，本项目采用随机实验对教学效果进行了因果识别，发现教学改革在提高学生理解理论和运用理论方面有显著积极作用，有助于实现教学和思政的融合。

基于上述结论，提出两个提升马克思主义政治经济学教学和思政效果的建议：

第一，教师需要深入理解马克思主义政治经济学重要理论的来龙去脉，并要善用马克思主义政治经济学的重要理论解释和解决实际问题。政治经济学教学中学生觉得难或者不感兴趣，一个重要原因是教师并没有把理论讲透。任何经济学理论都有其理论根源和自身逻辑，讲透了都会很有趣。如果教师不能掌握远超教科书水平的理论知识，教学很容易陷入理论灌输的境地，导致有趣的理论被输出为无生命力的知识。经济学作为一门解释世界的学说，如果不能够很好地解释现有的现实世界，则其话语权必然弱化。政治经济学的教师如果不能用马克思的基本理论解释现实问题，不仅无法改变话语权弱化的问题，而且也无法有效地和西方经济学理论进行直接的沟通和对话，相当于放弃了解释和言说的权利，失去了对中国实践进行说明和指导的能力。

第二，教师在马克思主义政治经济学教学中要采用启发式教学方式，丰富教学手段和方式，提高学生学习主动性。马克思主义政治经济学具有较强的理论性，如果不注重采用多种有趣的教学方式且大量灌输理论知识，很可能导致学生没有学习兴趣并丧失主动性。建议采用历史故事、现实案例和图文并茂的教学课件吸引学生，并设置各种有趣的小问题启发学生主动学习。一方面，要坚持教师主导和学生主体相结合，以学生为基本出发点，善于运用学生熟悉的知识或事物展开新知识的传授；另一方面，还要发挥教师的主导作用，教师对课程要有整体把握，对每堂课都精心设计，善用图示法、讨论法和类比法等教学方法。

◎ **参考文献**

[1]刘燕，肖娜．基于应用型人才培养目标的政治经济学教学改革探析[J]．教育现代化，2017(04)：45-46，61．

[2]颜雅英．新时代背景下我国政治经济学教学问题探究[J]．武夷学院学报，2019(07)：84-88．

[3]朱文蔚．地方高校转型背景下《政治经济学》课程教学的困境与出路[J]．湖北成人教育学院学报，2017(01)：37-41．

[4]王留鑫．马克思主义政治经济学教学改革探析[J]．牡丹江教育学院学报，2022(11)：86-88，116．

[5]康金红．基于应用复合型人才培养的政治经济学教学改革与创新[J]．才智，2018(14)：80-81．

[6]李凯伦．《政治经济学原理》课程思政教学改革的探索与实践[J]．现代农村科技，2022(05)：82-83．

[7]张晶．"互联网+"背景下开放大学《政治经济学》课程教学改革探讨[J]．现代经济信息，2018(02)：393-394．

[8]张梦琳．新时代高校政治经济学教学改革探索[J]．文教资料，2022(05)：133-136．

[9]魏趁．多维视角下的政治经济学教学改革[J]．时代农机，2015(12)：154，156．

[10]伯娜．多维视角下政治经济学教学改革探究[J]．淮北师范大学学报(哲学社会科学版)，2015(04)：166-168．

# 党政话语国际传播背景下中共党史党建专业英语课程建设刍议

周　迪

（武汉大学　马克思主义学院，湖北　武汉　430072）

**摘　要：** 党政话语蕴含了对中国政治和中国共产党历史、理论和实践的内涵阐述，是国际传播阐释好中国特色的重要内容。党政话语国际传播应构建政治话语、学术话语、大众话语多层体系，当下亟待增强学术话语的专业性、创造性和对外输出的主动性。高校中共党史党建专业英语课程建设是助力学术话语国际传播和后备人才培养的重要渠道。然而，专业英语课程在课程体系中长期处于边缘甚至缺位状态，课程内容以文献阅读、素材翻译等传统技能为主，课程建设水平难以与当前中共中央对加强和改进国际传播工作的高期待以及党史党建学科建设的新要求相匹配。应充分认识建设和完善中共党史党建专业英语课程的必要性和紧迫性，以培养外语专业论著写作等专业性、主动性对外传播能力为核心，真正发挥高校在增强对外学术交流和培养国际传播专业人才方面的作用。

**关键词：** 国际传播；中共党史党建专业英语；课程建设

**作者简介：** 周迪（1989—　），女，湖北洪湖人，法学博士，武汉大学马克思主义学院讲师，研究方向为当代中国政治制度、中共党史、生态文明建设与法治，E-mail：zhoudi_law@126.com。

**基金项目：** 2022年度武汉大学本科教育建设综合改革项目"思想政治理论选修课课程群质量提升建设"子项目"中共党史专业英语（全英文教学）MOOC建设"。

2021年5月31日，习近平总书记在主持十九届中央政治局第三十次集体学习时强调，加强和改进国际传播工作，展示真实、立体、全面的中国，是加强我国国际传播能力建设的重要任务。[1]2022年五四青年节到来之际，习近平总书记考察调研中国人民大学时进一步强调，要发挥哲学社会科学在融通中外文化、增进文明交流中的独特作用，传播中国声音、中国理论、中国思想，让世界更好读懂中国，为推动构建人类命运共同体作出积极贡献。[2]

党政话语包含政治理论和政党体系，蕴含了对我国政治和中国共产党历史、理论和实践的内涵阐述，是国际传播阐释好中国特色的重要内容。党政话语具有独特的语体风格、表述方式、逻辑架构和思想内涵。由于中国共产党百年道路和中国历史发展进程中形成的语言体系和意识形态特点的深深嵌入，党政话语本身就兼具政治严肃性和理论性。中国党政话语体系与西方的语言表达和思维习惯有着较大的差异，中外党政话语融通的"隔音板"长期存在。要准确、权威、规范地对外讲述中国共产党的历史与现实、理论与实践，增强党政领域国际传播的主动性和创造性，这就对传播主体的专业能力和语言能力都提出了更高的要求。

党政话语国际传播应实现政治话语、学术话语、大众话语协调并进的格局。然而，相较于政治话语和大众话语，学术话语明显缺乏对中国政治和中国共产党的解释力和国际影响力，学术话语附着于政治话语，或以政治话语直接替代学术话语的现象较为普遍。因此，增强党政话语体系中学术话语的自主构建和国际传播能力是当前的紧迫任务。

高校是国际传播共同体的参与主体和后备人才的重要培养主体，高校中共党史党建专业英语课程建设是助力学术话语国际传播和后备人才培养的重要渠道。然而，从当前各高校的课程体系来看，中共党史党建专业英语课程在大部分高校仍处于边缘甚至缺位状态，课程内容未能突破以培养文献阅读、素材翻译等被动的传统语言技能为主的框架，课程建设难以满足国际传播和学科发展的新要求。

本文从当前党政学术话语国际传播迫切需要的专业英语核心能力出发，围绕如何增强党政话语国际传播的主动性和创造性，结合当前高校中共党史党建专业英语课程的开设现状，有针对性地探讨课程建设、课程完善思路和对策。

## 一、党政话语国际传播的薄弱领域与核心能力需求

党政话语是指党和政府在处理国家治理的整体活动中形成的具有特定含

义的表达。[3]党政话语是对中国特色社会主义制度、国家治理体系和治理能力现代化、中国式现代化道路和人类文明新形态的直接表达。作为国际社会解读中国的重要途径,党政话语的交流传播与受众反馈是国际社会准确理解中国的重要部分。党政话语的对外传播,不仅是党政语言的传播,更是党政文化的传播。然而,在传统西方主导的政治理论和话语体系下,无论是政治领域还是学术领域,我们都尚未掌握阐述和研究中国政治和中国共产党的话语权。党政话语虽是构建融通中外话语体系的重要环节,但同时也是中外政治文化交流的瓶颈,是全方位加强国际交流和传播能力建设的薄弱领域。

在党政话语国际传播的政治话语、学术话语和大众话语组合拳中,学术话语的构建尤其薄弱。学术话语与我国综合国力和国际地位明显不相称,与政治话语和大众话语的构建和传播相比也明显滞后。

党政话语具有较强的专业性,其对外传播既需要大众化,更讲究专业化、学术化,以理性的阐述实现内涵的理解和价值的共鸣。但是,受各种复杂原因的影响,与经济学、法学、信息管理学、政治学等对外交流能力较强的学科相比,党史党建专业的学术研究尚未真正走出国门,由国内的党史党建专业学者撰写的领域内高水平英语学术论文较为鲜见。在相关国际知名期刊中,国内党史党建学者处于近乎失语状态,学术表达尚且缺失,更不谈学术话语权的掌握。而与此形成鲜明对比的是,海外中国问题和中国共产党研究涌现出一批知名外国学者,他们主导着中国问题研究和中国共产党研究的国际话语权,对海外中国形象和中国共产党形象的塑造产生了直接而深刻的影响。

近年来,以扩大中国学术国际影响力,提升国际学术话语权为目标,我国开展了或进一步推进了以"中华学术外译项目""经典中国国际出版工程""中国图书对外推广计划""丝路书香工程""中国文化著作对外翻译出版工程"等为代表的优秀论著外译项目,包括一批党政论著在内的优秀中文作品通过多语种外译的方式走向海外,对提升国家文化软实力和中华文化影响力搭建了重要桥梁。

但是,国际学术交流和传播是一项系统工程,既有语言翻译工作的一般特征,也与学科体系、学术体系和话语体系的建设密切相关。当前,承担党政论著外译工作的多为外语专业人才,而国内大多数外语类院校的学科设置偏重语言文化,较少涉及哲学社会科学的学术专业。外语专业人才虽然具备较强的外语翻译能力,但不必然熟悉具体学科的学术话语的表达方式,也不必然真正理解党政话语复杂的理论、实践和逻辑内涵。这在一定程度上就造成了党史党建研究主体和翻译主体的分离，造成国内学术研究和国际学术交流和传播的割裂。长远来看，要从根本上解决党政领域国际学术交流和国际传播的问题，还是要在专业训练上着手，建设适应新的国际学术交流和传播需要的专门人才队伍。专门人才队伍的建设并非朝夕之功，要尽早培养，开展专项培养，以高校教学为平台，从本科阶段开始建设分层次、有重点的中共党史党建专业英语课程，以适应当前专业领域国际传播工作的紧迫需求为标准培养后备军。

长期以来，高校专业英语教学往往关注阅读理解能力、英译中能力的训练，这也反映了传统国际交流和传播中的被动思维，即旨在理解和适应国际现有的话语体系和标准，并通过语言转译的方式进行对外推介。这种国际交流的思维在一定程度上让我们陷入了离开西方概念就无法发声，而仅仅使用西方概念又不能讲述和讲好中国故事的困境。被动理解和迎合显然不能满足当前国际学术交流和传播的新特点和新要求。加强党政话语对外传播，应化被动理解、概念迎合为主动输出、话语建构。因此，在党政话语国际传播领域，当前急需培养的是在理性认知西方话语的基础上，创造性地主动输出党政话语的能力，即专业口语表达和学术论文写作、发表能力。

## 二、高校中共党史党建专业英语课程的培养目标、现实差距和应对思路

满足学习者的实际需求是专业英语(或称专门用途英语)的要旨，党政话语国际传播的实际需求决定中共党史党建专业英语课程的目标定位。针对党政话语国际交流和传播的现实困境和能力需求，围绕新形势下党和国家对加强国际传播的要求，高校中共党史党建专业英语课程的重点应在于提升国际交流和传播的主动性和创新性：一方面，加强党政话语的主动对外输出和话语体系构建，而非被动的理解和迎合；另一方面，创新对外话语表达方式，研究不同国家受众的语言接受能力和表达的习惯、特点，采用融通中外的概念，以专业化的方式实现国际学术交流和传播的效果。专业英语不同于专业课程体系的其他课程，它在本质上是一门语言学习课程，但它同时要求专业能力与语言能力融会贯通，以专业知识支持语言运用的规范性，又通过语言

表达增强对专业知识的理解，这实际上是对专业能力和语言能力都提出了更高要求。

当前，中共党史党建专业英语课程应打破一般英语语言学习"听说读写译"的传统目标能力体系框架，对各项能力进行合并或拆解，具体问题具体分析。在整体功能定位上，中共党史党建专业英语课程以培养当前党政话语国际传播所亟需的主动传播和话语体系构建能力为目标。具体而言，中共党史党建专业英语课程还应辅助和推进其他专业课程的学习，支持学术研究工作的开展，培养外宣实践技能，促进高校文化交流，助力中国国情和文化价值在高校场域的"柔性传播"。在巩固基础性、被动型能力的基础上，聚焦拓展性的主动传播和交流能力——党政专业论著的中译英能力、专业英语论文的写作能力、国际学术交流的口语表达能力等的培养。

表1　　　　　　　　　中共党史党建专业英语课程目标能力体系

| 基础能力 | 文字阅读理解能力 | 被动型能力 |
| --- | --- | --- |
| | 听力理解能力 | |
| | 英译中能力 | |
| 拓展能力 | 中译英能力 | 主动型、创造型能力 |
| | 外宣和学术口语表达能力 | |
| | 专业论文英语写作和发表能力 | |

目前，中国人民大学、井冈山大学、武汉大学等高校面向中共党史本科学生开设专业英语课程，武汉大学、华中师范大学、湘潭大学、延安大学、华东师范大学、复旦大学等高校面向中共党史硕士研究生开设专业英语课程。其中，有的专业英语课程是单独面向党史专业学生开设，有的则是与其他相近专业(如马克思主义中国化、中国近现代史基本问题、科学社会主义或政治学其他二级学科专业)打通开设。此外，部分高校开设的政治学相关专业英语课程在内容上与中共党史专业英语较为接近。①

---

① 如云南大学开设两门本科生专业英语必修课程，分别为国际政治英语文献选读和国际政治专业英语，但课程内容的侧重点不同：前者侧重文献阅读理解，后者侧重论文写作。

表2                       部分高校开设中共党史专业英语课程情况

| | 学校名称 | 课程类型 | 学分 | 学时/开设时间 | 教学材料 | 内容与形式 |
|---|---|---|---|---|---|---|
| 本科 | 中国人民大学 | 专业必修 | 3 | 约42/大三或大四 | 教师自备素材 | 教师主讲、全英文授课；介绍海外中共党史研究、党史专业名词 |
| | 井冈山大学 | 专业必修 | 2 | 32/大三 | 亚历山大·V·潘佐夫著《毛泽东传》 | 教师主讲，选取部分章节；考试形式为英汉互译 |
| 硕士 | 武汉大学 | 专业必修 | 2 | 32/研一 | 重要/最新党政文献英文版；中国共产党经典文献英文版；海外中国问题专家的代表作(论文/著作) | 教师主讲；教师指导学生筛选文献，学生课后自主阅读、翻译，课堂展示 |
| | 湘潭大学 | 专业选修 | 3 | 48/研二 | 《毛泽东选集》英文版；《习近平谈治国理政》英文版 | 教师指导学生主讲；分段翻译，集体讨论 |
| | 延安大学 | 专业必修 | 3 | 48/研一和研二 | 教师自选素材(如埃德加·斯诺的 Red Star Over China 等) | 教师主讲、师生互动；素材分享和翻译 |
| | 华中师范大学 | 专业必修 | 2 | 32/研一 | 教师自选素材(包括文字、视频等) | 教师主讲、师生互动；朗读文献、翻译练习 |

从当前中共党史党建专业英语课程的建设现状来看，部分高校已经在课程建设方面进行了有益探索。但总体而言，中共党史党建专业英语课程的建设节奏和水平不一，专业英语课程建设未紧扣国际传播的紧迫需求，进而导致教学定位模糊，缺乏明确的规范性标准和评价尺度。课程建设资源的不足与课程建设所需较大的时间和精力是专业英语课程建设的共性问题。党史党建专业学科定位的不确定性和专业化的难度进一步放大了这一问题。

第一，教学目标模糊，阶段性定位不清。专业英语课程的开设立足于国际传播的紧迫需求。因此，应首先明确课程培养的目标能力体系。教学目标模糊，自然难以依照一条主线对课程内容和形式展开科学设计。从培养层次上看，目前高校开设党史专业英语相关课程大多依据自身学科设置或师资特色，未对本科阶段和硕士研究生阶段的专业英语课程进行区分。

按照基础能力和拓展能力的递进，应依照课程培养的目标能力体系，在本科生和研究生专业英语能力的目标定位上体现区分度、层次性和衔接性。如本科阶段注重夯实传统的阅读理解和听力技能，研究生阶段在已经积累一定的专业知识的基础上开展翻译、论文写作和学术口语训练，博士生阶段则以培养学术型专业论著的写作为核心目标能力，引导学术研究者学会用外语准确表达学术思想，参与国际学术交流。

第二，没有权威的统编教材，缺乏规范的教学素材。中共党史党建专业英语具有政治严肃性和历史专业性，党和国家领导人重要著述、党政资料文件等在内的文献要求专业术语的翻译准确、权威、规范，新概念新范畴新表述既忠实原文又具有灵活的对外适应性。在没有统编教材和专业术语库的情况下，搜索、收集相关英文素材，甄别其规范性甚至动手重新翻译，都存在非常大的难度甚至风险。党政文件的翻译和外宣工作主要由中共中央、中央和地方人民政府及其相关部门等实务界承担，学术类翻译主要由英语专业研究人员承担，党史党建专业研究者在科研和教学之间没有形成互动支撑关系。教材短缺是中共党史党建专业英语课程运行的实质性障碍。

但同时应当看到，随着党和国家对对外政治话语体系构建和国际传播交流的重视，在更加积极、开放的大环境下，更多党史党建方面的著作文献的外文版正式出版，党和国家重要政策、文件、决议、领导人讲话等常常是中文全文公布当天，多个语种的官方译文就同步发布。目前，中共中央文献翻译数据库收录字数已超过五千万。权威、公开且可获取的党政英语素材日益丰富，为中共党史党建专业英语教学的完善奠定了资源基础。

第三，专门教学力量不足。中共党史党建专业英语有其独特性，假如不了解党和国家的历史、国情、党情，就无法学习好和运用好中共党史党建专业英语。因此，英语专业和翻译专业的师资虽然具备扎实的语言基本功，但缺乏专业领域的基础知识，也往往没有过多的时间和精力投入到中共党史党建专业英语课程之中，难以承担中共党史党建专业英语的教学工作。当前，各高校有能力承担中共党史党建专业英语课程教学任务的教师人数少，而精心打造专业英语课程的工作量较大，这就造成了课程内容随机设计、课堂形式传统单一，课程整体建设水平不高的现状。此外，课程边缘化、教材短缺、教学与科研缺乏联系等因素也削减了党史党建领域专业研究者对这一课程的关注度和积极性。

对此，一方面可以整合党史党建、近现代史基本问题、马克思主义中国化、科学社会主义等专业可以承担专业英语授课的师资，打造院系层级的教学团队。另一方面还可以加强与政治学、法学等相近学科专业英语授课教师的横向交流，邀请英语专业和翻译专业在科研或教学方向与党史党建、政治学等相关的教师加入教学团队，提供语言教学方面的支持。此外，还应加强高校与一些承担外宣工作的党政实务部门的交流①，以搭建合作平台或点对点人员沟通等方式，将党和国家"翻译国家队""外宣国家队"的力量引进专业英语课堂，让学生在了解英文素材背后真实故事的同时，增进对专业英语的兴趣，提升实用语言技能。最后，国外高校和科研机构的外籍教师、中国问题研究专家、研究中国共产党的历史和理论的学者、汉学家等也可以以专家授课、学术讲座等形式，提升和丰富专业英语课程的师资力量。跨界和跨国合作不仅有助于师资力量整合，还可以为授课对象提供更多样化的实践平台，如参加各种形式的学术交流、科研合作，或直接参与党政实务部门编译、外宣工作，从而真正实现"做中得学"。

## 三、提升高校中共党史党建专业英语课程建设的对策

中共党史党建专业英语课程要求授课对象具备较好的英语基础和一定的专业知识储备，因此本科阶段的专业英语课程适宜面向本科二、三年级学生作为选修课开设。由于目前中共党史专业本科生培养数量极其有限，进入党史党建研究生阶段的多为跨学科专业的学生。因此，研究生阶段的专业英语课程也不适宜在入学第一年开设，而应在学生积累了一定的专业基础知识后，在第二年或第三年作为专业选修课或专业必修课开设，有条件的高校可以单独开设中共党史党建专业英语课程，或与近现代史基本问题、马克思主义中国化等专业合并开设研究生专业英语课程。

在课程专题的设置上，应特别注意对标专业英语培养的目标能力体系要

---

① 如中央党史和文献研究院对外合作交流局、中国外文出版发行事业局及其下辖的当代中国与世界研究院（ACCWS）和主管的中国翻译研究院（CATL）、国务院新闻办公室等承担党和国家文献和著作的编译和出版、对外宣传、对外话语体系建设、国际传播人才培养等职能的机构和部门。

求，在区分不同阶段教学能力培养的同时，注重相互衔接。面向本科生开设的专业英语课程重在培养基础能力，如文献阅读和检索能力。而面向研究生开设的专业英语课程，应在能力培养目标上进一步向专业论著外译能力、学术口语交流能力，尤其是学术论著写作能力等方面拓展。

尽管不同类型的课程在框架设计上有所分殊，但在设计中共党史党建专业英语课程的框架时，有一些共性的内容不可或缺。首先，是以专门用途英语的形成历史为切入点，引导授课对象了解当前党政话语国际传播的现实需求，并结合自身条件和需求，思考专业英语课程的学习目的和学习方法，旨在引导授课对象认识中共党史党建专业英语课程的性质，探讨专业英语的学习目的和方法。其次，理解中共党史党建专业英语的语言特点，主要引导授课对象充分理解中共党史党建专业英语表达的政治性和规范性、权威性和特定性、历时性和时代性、严肃性和文学性等语言特色，及其在材料分类和结构、词汇特色、语法、修辞等方面的特殊性。再次，熟悉中共党史党建专业英语素材的整体情况，包括素材类型与来源、搜索与收集、甄别与筛选等。最后，引导和帮助学生建立个性化的专业术语库。在以上四项共同的基本内容的基础上，再根据不同的课程类型进行有针对性的内容设计。

表3　　　　　　　　　　中共党史党建专业英语课程专题

| 基础型 | 强化型 | 拓展型 |
|---|---|---|
| 阅读理解 | 中译英(基础能力)+英译中(拓展能力) | 学术交流和专业论著写作 |
| 专门用途英语(ESP)和中共党史党建专业英语的学习目的和方法 | | |
| 中共党史党建专业英语的特点 | | |
| 中共党史党建专业英语素材概览 | | |
| 个性化的党史党建专业术语(库)建设 | | |
| 党史党建<br>党政文献阅读 | 翻译概述 | 学术英语概述 |
| 党史党建<br>新闻阅读 | 党政文献外译史 | 党史党建英语<br>文献检索与管理方法 |
| 中共党史党建专业英语<br>音频和视频材料解读 | 党政话语翻译<br>过程和标准 | 党史党建英语<br>文献阅读 |

续表

| 基础型 | 强化型 | 拓展型 |
|---|---|---|
| 中共党史党建专业英语<br>口语交流 | 党史党建专业术语和<br>特定表达的翻译技巧 | 中共党史党建专业英语<br>讲座与研讨的理解和记录 |
| 党史党建<br>中英简译 | 党史党建长难句的中英互译 | 中共党史党建专业英语<br>学术会议与论文宣读 |
| 党史党建<br>英语写作 | 党政文献的<br>异化翻译和误译现象 | 中共党史党建专业英语<br>论文写作与投稿 |

在内容设计上，应注重专业导向，摒弃对英语教学体系完整性的追求。以强化型翻译类课程为例，常规翻译类课程通常包括翻译概论、词语翻译、被动语态翻译、不同结构的句式翻译等多项具体内容，而在中共党史党建专业英语的框架内开设外译类课程，既没有条件也没有必要按照常规的翻译课程进行前述细节安排。而设置"党政文献外译史"则主要是为了帮助授课对象了解历史上党和国家对外翻译、交流、传播的发展历程，尤其是党的历史文献的翻译情况。"党政文献的异化翻译和误译现象"则是通过分析党政文献翻译的过程中不同翻译主体由于政治立场、语言习惯、翻译水平和技巧等不同，有意或无意造成的党政文献特有的误译现象，在引导授课对象认识党政文献翻译的特殊性和复杂性的同时，增进对党史党建专业本身的理解。

语言能力的提升是循序渐进的过程，但基础能力的培训应明确指向核心能力的获取。中共党史党建专业英语课程指向的核心目标能力是以口语或书面表达的形式主动对外传播和创造性对外传播，而非传统的被动理解和基础性交流。因此，专业学习者和研究者采用口头或书面形式主动地用英语进行专业输出是关键目标。词汇是语言表达的基本成分，是语言输出的基础要素，同时也是开展中共党史党建专业英语教学的前提，是当前中共党史党建专业英语课程建设的切入点。目前，已有的相关权威术语库包括由中国外文局、中国翻译研究院主持建设的"中国特色话语对外翻译标准化术语库"和"中国重要政治词汇对外翻译标准化专题库"。这两个术语库围绕习近平新时代中国特色社会主义思想术语、中国特色文化术语、中国特色政治词汇，对外发布最新政治话语、改革开放以来党政文献等专业术语，其素材主要摘自《习近平谈治国理政》英文版、《中国关键词》英文版等权威语料，为中国特色话语的外译确立了基本标准，提供术语及相关知识的数据资源服务，可以作为专业英语教学的重要参照。

但应特别注意现有政治术语库与专业英语教学术语库的联系与区别：

一是区别服务于对外宣传的术语数据库与服务于专业英语教学和学术研究的术语数据库。前者以外宣的实用性为标准，重点关注术语的政治权威表达与适用，而后者更加注重理解术语的概念演变、精准内涵、规范表述及其与国际学术话语的联系和区别。

二是注意政治术语与学术术语的联系。学术术语完全独立于政治术语或完全附着于政治术语都不可取。学术术语和政治术语不能完全等同，学术术语必须保持相对独立性，但在党政话语体系下，学术术语与政治术语不可能完全脱离和对立，在一定程度上还要寻求有机统一。政治术语为学术术语提供实践支撑，创造良好话语环境，学术术语为政治术语提供理论涵养和智识支持。

三是在中共党史党建专业术语内部，还应进一步区别党的建设专业术语与中共党史专业术语。党的建设话语与党政话语中的政治话语具有一定的同构性，而相较而言，中共党史专业术语则因其涉及特殊的历史情境而具备更强的专业性，因此相关权威语料素材更为稀缺。如党史上的机构、地名、人名、军队番号、会议、刊物、历史事件、特殊表达等，在术语的遴选和翻译的确认方面难度更大，为了方便术语库使用者理解，往往需要以加注的方式对相关术语进行解释，补充相关历史背景等辅助性信息。

中共党史党建专业英语教学术语库建设的主要步骤包括术语遴选、术语库创建(术语提取工具、语料整理、术语提取与整理、术语库建立)、术语检索与分析。其中，用以遴选术语的对象素材是重点，从根本上决定了术语库的规范性、准确性和权威性。当前，中共党史党建专业英语术语(语料)库构建的基础性素材包括但不限于以下几类：一是中共领导人选集英文版，部分文献、讲话英文单行版；二是党和国家重要政策、文件的英文版；三是中共党史党建英文著作；四是中共党史党建专业英语专业术语、工具性素材、互联网资源等；五是中文报刊的英文版或国外期刊、著作。对英文术语的确认主要通过三种形式：直接使用最新的权威翻译；参照已被广泛接受的翻译；根据术语本身的内涵及其语境确认翻译。尤其要注意同一中文术语在不同语境下的不同翻译或多种翻译，以及翻译版本的历史演变。

严格意义上的专业术语库构建，应在对设计学科的历史、理论和实践进行充分研究的基础上，遵照术语库建设的标准和规范进行，并依托最新的实践惯例进行及时、灵活的更新，这显然是一项需要极大投入的基础工程。对中共党史党建专业英语的教学工作者而言，在完备的、权威的专业术语库尚未构建完成的情况下，可以以专业英语教学实践涉及的内容为边界，构建较小主题的专业术语库，一方面增强对具体课堂的针对性，另一方面为更大规模的术语库建设奠定基础。

在目标能力体系优化内容设置的基础上，还应注意，语言学习非常强调学习主体的亲历性和自主性，重视知识内化和技能实践的过程。此外，语言学习还具有长期性和累积性，受教学时间有限、教学场所固定、素材内容局限等限制，课堂教学的真正价值与其说在给学生传授知识和信息，毋宁说在给其提供长期自主学习的兴趣和方法指引。专业英语课程能否尽可能地调动授课对象亲身参与的积极性，并激发其进一步地依照科学方法将专业英语学习嵌入课堂之外的学习、研究与实践，甚至日常生活之中，是教学效果能否达成的关键所在，这就要求在教学模式方面增强师生交互与实战演练。将外籍专家学者参与的小型国际研讨会、英语讲座、收听英语音频或观看英语视频、模拟党政文献翻译工作流程、论文投稿和宣读等实践活动与课堂教学融合，既可以让学生提前体验学术或实务工作环境，也可以增添课堂趣味。

## 四、结语

在党和国家大力推进国际传播能力建设的背景下，高校作为国际传播共同体的重要主体，在做好其自身国际学术交流工作的同时，还应承担起培养国际传播专业人才的重任。中共党史党建专业英语课程建设既是党史党建学科课程体系的需要，更是通过语言能力的增进实现文化转译，争取文化理解和文明互鉴的重要方式。面对当前的有利时机和有益资源，中共党史党建专业英语课程应以党政话语国际传播的紧迫需求对标课程定位，明确课程的培养目标，优化课程内容，通过实现传播主体的专业能力和语言能力的有机融合，在巩固传统专业英语能力的基础上，围绕强化对外交流和传播的主动性和创造性要求，重点增强专业主体在政治和学术领域党政话语的主动传播和学术传播，通过专业训练培养一批能够熟练、准确使用英语进行学术交流和撰写党政领域专业论著的人才，进而从长远角度提升党政话语国际传播的专业性水准。

◎ **参考文献**

[1]习近平．讲好中国故事，传播好中国声音［EB/OL］．www. qstheory. cn/zhuanqu/2021-06/02/c_1127522386. htm，2021-06-02.

[2]习近平．走出一条建设中国特色世界一流大学新路［EB/OL］．www. qstheory. cn/zhuanqu/2022-04-25/c_1128595762. htm，2022-04-25.

[3]黄友义，黄长奇，丁洁．重视党政文献对外翻译，加强对外话语体系建设［J］．中国翻译，2014，35(03)：5-7.

# 新文科背景下社会学专业课程思政教学探索与实践

## ——以"中国乡村研究"课程为例

李向振[1]    刘亚品[2]

（1. 武汉大学　社会学院，湖北　武汉　430072；
2. 北京中医药大学　马克思主义学院，北京　102488）

**摘　要：**思政教育融入专业课堂是新时代党和国家在教育战线上的重要举措。新文科背景下社会学专业课程思政建设，应以中国共产党领导下的社会变迁过程为主要内容，坚持立足国情，将思政元素充分挖掘并融入课程教学全过程。以"中国乡村研究"课程为例，从三条实践路径——思政教育内容嵌入、思政教育资源挖掘、思政教育融入专业课堂效果验收，为提升社会学专业课程思政效果提供有益借鉴。

**关键词：**新文科；社会学专业；中国乡村研究；课程思政

**作者简介：**李向振（1985— ），男，河北故城人，博士，武汉大学社会学院副教授，主要研究方向为民俗学、社会学理论及课程教学，E-mail：li. 1985@ whu. edu. cn。

刘亚品（1988— ），女，河北石家庄人，博士，北京中医药大学马克思主义学院副教授，主要研究方向为马克思主义哲学、思想政治教育，E-mail：yapin8806@ 126. com。

**基金项目：**中央高校基本科研业务费社科培育项目"创新实践论视域下高校思政课高质量发展研究"（2023-JYB-PY-011）。

新文科建设的启动，为哲学社会科学各门类学科的建设和人才培养模式提供了改革创新的指引和契机。《新文科建设宣言》指明，文科教育教学兼具价值性与学术性，强化价值引领是新文科建设的内在要求。牢牢把握文科教育的价值导向性，坚持立德树人，必须全面推进课程思政融入文科专业课程课堂，这既是提升专业课程政治站位的重要举措，也是改革与创新新时代高校思想政治教育形式的重要探索，同时还是培养新时代文科人才树立崇高理想信念、科学是非观和正确价值观的重要路径。习近平总书记强调："要用好课堂教学这个主渠道……其他各门课都要守好一段渠、种好责任田，使各类课程与思想政治理论课同向同行，形成协同效应"。[1]本文将以面向社会学专业本科生开设的"中国乡村研究"课程为例，结合社会学教育目标及学科建设，通过展示"中国乡村研究"课程设计来进一步呈现如何将思政教育内容有机融入社会学专业课程教学全过程，以及如何挖掘社会学专业课程中蕴藏的丰富的思政教育资源。

## 一、立足国情是新文科背景下社会学学科建设的基本定位

社会学作为一门现代社会科学，是人们对现代性与现代化等诸多问题的科学回应。"社会学自创始之日起就被赋予了促进人类社会现代化的使命，社会学的现代性与人类社会的现代化进程是相辅相成的"。[2]早在清末民初，源自西方的社会学专业即在早期知识分子的引介下进入中国，并逐渐发展成为建制完备的专门学科。从 20 世纪初到 20 世纪中叶，经过近 50 年的发展，中国社会学在理解和回应近代中国现代化历程的相关问题上已经形成颇具本土特色的知识体系和研究范式。20 世纪 70 年代末，中断近 30 年的社会学学科恢复重建。其后，在改革开放 40 多年的历程中，中国社会学一直扮演着非常重要的基础社会科学的角色，并对一系列重大社会议题进行了深入讨论。

从社会学学科自身特点来看，与其他社会学科不同，社会学学科兼具理论性和实践性、基础性和应用性、本土性与全球性等特点。正如洪大用所说，"在哲学社会科学中，社会学是最重视调查研究、最讲理论联系实际、最强调基础理论与应用对策研究有效互动交叉融合协同创新的学科之一，表现出很强的实践感，这是社会学发展过程中累积起来的需要传承弘扬的一个重要比较优势，也是我们强调社会学实践自觉的历史依据"。[3]

从研究成就和教学实践来看，过去 40 多年里，中国社会学始终坚持以研究"当下"为己任，不断地从改革发展中挖掘新材料，发现新问题，提出新观

点，构建新理论，并逐渐形成有中国特色的社会学话语和知识体系。如何将这些话语和知识体系有效传授给本专业学生，是我们讨论课程思政进课堂问题的起点。

2022 年 4 月，习近平总书记在考察中国人民大学时强调，"坚持和发展中国特色社会主义理论和实践提出了大量亟待解决的新问题"，并要求"哲学社会科学工作者要做到方向明、主义真、学问高、德行正，自觉以回答中国之问、世界之问、人民之问、时代之问为学术己任，以彰显中国之路、中国之治、中国之理为思想追求，在研究解决事关党和国家全局性、根本性、关键性的重大问题上拿出真本事、取得好成果"。[4]这为新时代社会学学科建设提出了新的方向和要求。社会学教育是社会学学科建设的有机组成部分，同时也是课程思政有机融入专业课堂的实践场域，新文科背景下更要坚持走中国特色的社会学教育发展之路，要在传承中创新，自觉承担将"回答中国之问、世界之问、人民之问、时代之问的学术成果"准确地传达给学生。

从社会学专业教学培养目标和培养计划来看，20 世纪 80 年代费孝通先生主持编写的社会学专业本科生教材《社会学概论》中指出，"社会学是从变动着的社会系统的整体性出发，通过人们的社会关系和社会行为来研究社会结构、功能、发生、发展规律的一门综合性的社会科学"。[5]这个关于社会学学术任务的界定，实际上也成为其后数十年里，中国高校制定社会学教育培养目标和培养计划的最初蓝本。改革开放以来，中国发生了极大变化，社会变迁与转型为中国社会学提出了更多新的亟待讨论和研究的问题。新文科背景下培养目标的设定，应坚持立足国情，要特别注重与新时代改革开放和社会主义现代化建设相结合，注重立德树人与中国特色社会主义社会学理论体系相结合。

## 二、"中国乡村研究"课程思政建设的总体设计与理念

"中国乡村研究"是面向社会学专业本科三年级学生的专业选修课，课程内容主要是对中国农村研究的研究，侧重于学术史梳理与回顾。学术史既是学生深入了解一门学问的学术传统和学术规范的必经之途，又是他们建立对一门学问的信仰和志向的基础性知识体系，因此，在学术史相关课程中融入思政教育内容，既迫切又必要。

## (一)"中国乡村研究"的教学目标及大纲

如前所述,"中国乡村研究"是一门有关学术史梳理和回顾的课程。因此,本课程的教学目标就是通过课堂授课及课程推荐经典阅读书目的方式,使学生较为全面了解近代以来有关中国乡村问题的诸多研究成就和研究范式的基本脉络与知识谱系,培养学生对当前社会学领域有关中国乡村社会议题的批判性思维,同时培养学生发现真问题、关注真问题的能力以及提升学生对当前农村社会现象和社会问题的想象力与判断力,进而提升学生的社会学专业素养并形成富有洞见性论点的学术能力。

习近平总书记在哲学社会科学工作座谈会的讲话中强调:"我们不仅要让世界知道'舌尖上的中国',还要让世界知道'学术中的中国''理论中的中国''哲学社会科学中的中国'"。[6]对培养高等院校的本科生来说,学术史训练是十分必要的。学术史不等同于学科史(具体到社会学专业则是《中国社会学史》),也不等同于社会思想史。学术史尤其是专题性学术史所关注的是某个社会公众议题或研究领域是如何进入学术研究视域,又是如何进行知识生产并形成专门知识谱系和脉络的等问题。具体到"中国乡村研究"这门课程来说,就是要梳理和讨论近代以来,在涉及中国乡村社会结构、社会变迁及社会生活与秩序等重要议题上,有哪些学者基于什么样的学术背景与研究理念,对哪些具体问题采取何种研究方法和研究策略进行了讨论和分析,这些讨论和分析对知识生产来说有什么贡献,以及形成了哪些总体性问题意识、研究框架、研究范式,这些问题意识如何启发和引导我们进一步思考当下涉及"三农"的相关议题,等等。"历史是最好的老师",作为人类历史尤其是知识史的重要组成部分,学术史课程在培养学生的过程中扮演着非常重要的角色,学术史课堂是培养学生建立正确历史观,自觉摒弃历史虚无主义等错误史观的重要实践场域。

清末民初以来的百余年时间里,学界有关中国农村社会诸多议题的学术成果,从研究问题及研究对象,到分析框架与研究范式,可谓浩如烟海,纷繁复杂。为在有限的课时内最高效地完成本门课程目标及任务,我们选择以专题形式展开课堂内容的组织与讲授。专题设定主要遵循两个基本原则:一是尽量能够反映近代以来中国乡村诸问题研究的基本面貌;二是要与当前党和国家的乡村振兴战略、乡村建设行动等有关"三农"问题的重大战略部署直接关联。在此基本原则的指导下，本课程内容主要包含以下 10 个专题：（1）发现乡村：近代中国乡村何以成为问题；（2）到民间去：近代知识分子对于乡村的想象；（3）真正的革命：乡村社会调查运动的兴起；（4）燕京学派：近代乡村研究范式建立及代表性学术团队；（5）志在富民：近代中国乡村经济研究；（6）复兴和重建：近代中国乡村建设运动研究；（7）乡村自治与农政学：近代中国乡村政治研究；（8）宗族与会社：近代中国乡村组织研究；（9）人在江湖：近代中国乡村流民文化研究；（10）海外汉学中的近代中国乡村研究。这 10 个专题遵循的基本逻辑是：从发现乡村、认识乡村，到研究乡村，再到乡村研究范式的确立与反思，最后是理解、改造与建设乡村。该逻辑基本符合社会学专业学生所需要锻炼的学术观察力和社会洞察力的主要面向，同时也符合学生认识社会、理解社会、改造社会的学习过程。

## （二）"中国乡村研究"的课程设计理念

在设计"中国乡村研究"课程内容时，课程组遵循新文科建设理念，坚持将思政教育内容贯穿课堂教学全过程。一方面，注重思政教育内容进课程的"融入"和"析出"，坚持显性教育与隐性教育相统一，在专业课授课过程中潜移默化地引导学生树立崇高的理想信念，培养学生以专业眼光深刻认识和理解思政教育内容；另一方面，注重更新教学方法，创造性提出"知识供给侧改革"理念，倡导教师和学生双主体课堂构建，最大限度提升课堂效率。具体来说，本课程在设计理念方面，有以下几个特色：

### 1. 打破学科壁垒，以知识和问题为中心

2019 年 3 月，习近平总书记在主持召开学校思想政治理论课教师座谈会上明确指出："要坚持灌输性和启发性相统一，注重启发性教育，引导学生发现问题、分析问题、思考问题，在不断启发中让学生水到渠成得出结论。"[7] 2022 年 10 月，党的二十大报告中亦明确提出"必须坚持以问题为导向"，"问题是时代的声音，回答并指导解决问题是理论的根本任务。今天我们所面临问题的复杂程度、解决问题的艰巨程度明显加大，给理论创新提出了全新要求"。[8] 本课程内容为中国乡村社会、经济、政治、文化等诸问题的研究，秉持"新文科"和"大文科"理念，以社会学研究为主，兼及经济学、政治学、历史学、民俗学和人类学等多学科，着重梳理和讲述近代以来中国乡村研究的诸多问题意识和研究范式，并启发和训练学生提出真问题、研究真问题、真

研究问题的专业素养。

**2. 以专题授课为纲，兼顾知识体系构建**

一门专业课程是否合格，其知识体系的完备性是重要的判断标准，而所教授的知识体系是否完备又是考察教师是否合格的重要指标。习近平总书记指出："'经师易求，人师难得。'教师承载着传播知识、传播思想、传播真理，塑造灵魂、塑造生命、塑造新人的时代重任。"[9]课程组本着向学生"传经"的理念，选择以专题形式授课，内容涵盖近代乡村何以成为问题，近代乡村研究理念及实践，近代乡村研究的方法和研究团队，近代乡村经济、政治、乡村建设、文化以及海外汉学的相关研究范式等，知识体系相对比较完整。

**3. 以学术史为鉴，兼顾当代"三农"领域现实问题**

2020年9月，习近平总书记在湖南考察时强调："要把课堂教学和实践教学有机结合起来，充分运用丰富的历史文化资源，紧密联系中国共产党和中国人民的奋斗历程，深刻领悟马克思主义中国化的内在道理，深刻领悟为什么历史和人民选择了中国共产党和社会主义，进一步坚定'四个自信'。"[10]"中国乡村研究"课程本质是关于中国乡村问题研究的学术史课程，其中内容既涉及近代以来有关中国乡村诸问题研究的基本知识和脉络，也涉及近代以来中国共产党领导人民建设乡村、改造乡村、振兴乡村的奋斗历程。

从课程设计理念上看，该课程主要有两个创新点：第一，创新性提出"知识供给侧改革"理念，倡导教师和学生双主体课堂构建。双主体课堂构建就是要破除过去填鸭式课堂教师主导或翻转式课堂学生主导的弊端，而重新定位教师、学生和课堂之间的关系。这里面其实涉及的是"知识选择"问题，"任何课程的'知识选择'，不仅要涵盖学科专业的基本范畴、命题、原理和方法，而且要符合社会变迁对高校人才培养提出的时代要求"[11]。第二，授课形式多样化与授课内容民主化相结合，最大限度提高课堂效率和学生参与热情。授课形式多样化即采取线上线下相结合、理论实践相结合、综合运用多媒体技术等；授课内容民主化，即由过去"教师有什么讲什么"向现在"教师有什么和学生要什么"相结合转变。本课程尝试从教学内容入手进行改革，具体来说就是教师根据知识储备和本课程培养方案要求列出相对宽泛的知识点，然后由学生根据需要和兴趣选择其中部分知识点或自荐部分知识点（要说明理由），以最大限度保持课堂效率和学生积极性。从学生评价和实践效果来看，这种尝试获得了学生的认可和支持，收效良好。

## 三、"中国乡村研究"课程思政实践方案及效果

立足中国特色社会主义进入新时代的新节点，遵循以育人育才为中心的教育发展战略，课程组经过近五年的探索与实践，基本形成三条有效的实践路径：

### （一）将思政教育内容有机嵌入本课程各专题中

由于本课程专题设计之初就已经秉持了思政教育进课堂的基本理念，所以各专题中都能嵌入大量的思政教育内容。比如第一个专题中讨论近代以来中国乡村何以成为问题时，就嵌入了早期受马克思主义影响的知识分子看待和分析中国社会的基本观点等，以及他们如何看待中国乡村以及如何讨论中国乡村，并与当前社会知识界对中国乡村问题的讨论进行对比分析；第二个专题主要关注的是近代知识分子如何发现了乡村，即讨论"到民间去"运动，在这个专题中，笔者有意识地嵌入了李大钊先生与早期中国共产党历史的基本知识；第三个专题主要讨论的是近代知识分子如何研究中国乡村，也就是研究方法的问题，并将百余年来党的重要领导人有关"社会调查"思想的重要论点及当时的学术研究呈现在课堂上；第四个专题讨论的是近代知识分子的乡村建设运动，亦特别注重中国共产党人开展的乡村建设延安模式，同时嵌入了党在不同历史时期有关乡村建设的重要思想及实践活动，尤其注重将其与当前党和国家的乡村振兴战略与乡村建设行动进行对比讨论；从第五个到第九个专题，主要是对乡村各要素研究成果进行梳理和讨论，每个专题都特别注意嵌入以马克思主义为主要指导思想的知识分子的研究成果和相关论点，并且对当前党和国家在相关问题上的政策进行对比解读；第十个专题主要呈现海外汉学在中国乡村问题研究上的成就与不足，主要嵌入当前党和国家倡导建立中国哲学社会科学本土知识体系的必要性讨论，并对外国学者以"西方中心主义"眼光审视中国乡村问题的倾向进行反思。通过以上有关思政教育内容的嵌入，让学生能够形成一种大历史观，即思考当前中国乡村问题时需要有一个"近代以来"的历史视野，以更好地、更深刻地理解当前"三农"问题的历史根源与现实特点。

## (二)充分挖掘和使用本课程中的有关的思想政治资源

这条路径与第一条路径是有机统一的。如前所述,"中国乡村研究"课程本身属于学术史范畴,讨论的是近代以来面对中国乡村问题时,各学术流派在不同学术思想指导下认识、理解和改造中国乡村的成就与形成的知识体系。其中就包括了早期以马克思主义为主要指导思想的进步知识分子的学术发现及学术成果。比如在讲述早期中国乡村调研研究时,以毛泽东同志的《湖南农民运动考察报告》为主要范本,展现早期中国共产党人在认识中国农村、理解中国农村和建设中国农村方面艰难的探索和卓越的贡献。同时,结合习近平总书记关于社会调查的重要论述,启发学生要想更好地理解中国农村社会,就必须坚持社会调查,并在调查基础上发现新问题,进而以问题为导向进行知识生产。诸如此类,在本课程的各个专题中,都会涉及相关内容。教师在课堂教学时,特别注意到将党史学习教育与本课程教学相联系,不仅让学生在专业课学习中潜移默化地重新温习党的历史,也使他们以社会学专业视角重新理解和认识党的历史上的重要思想和重大事件,同时还能提升他们准确理解当前党和国家围绕"三农"问题的系列政策与战略部署的时代意义和价值内涵的能力,进而帮助学生自觉抵制历史虚无主义等错误思想。

## (三)引导学生自觉以习近平新时代中国特色社会主义思想和理论为指导,讨论和分析当前"三农"领域的诸多现实问题和公共议题

这是本课程教学过程的重要组成部分,也是贯彻思政教育融入课程教学全过程理念的必要做法。如果说,前两个路径主要属于思政教育进课堂的教学过程与实施范畴,那么这一路径则主要属于思政教育进课堂的教学结果与评估范畴。通过对学生相关经典书目的阅读展示和期末论文或研究报告撰写来考查思政教育内容融入专业课堂的效果。

除此之外,本课程还特别注意将党和国家有关"三农"问题的最新政策和最新表述有机融入课程,使学生在学习本课程内容时,能够与当下社会现实问题进行对话。从实践效果来看,无论是学生课堂表现还是课后的研究报告,都表明学生不仅增强了对党史和习近平新时代中国特色社会主义思想学习的热情,还逐渐形成了以专业视角分析和解读党和国家重要政策文件和战略部署的能力。

## 四、结语

课程思政融入专业课堂是新时代党和国家在教育战线上的重要举措。社会学专业因其更注重实践与理论相结合、更注重社会行动与意识形态相结合、更注重本土经验与西方对话相结合、更注重认识和改造现实与专业知识生产相结合，在引导学生树立崇高理想信念，培养学生自觉与历史虚无主义等错误观念作斗争等问题上，能够发挥更重要的作用。因此，在面对社会大转型及国内国际环境发生变化时，课程思政融入社会学专业课堂全过程，就显得尤为重要。本文立足于为社会学专业学生开设的"中国乡村研究"课程设计及教学实践，总结出思政教育内容嵌入、思政教育资源挖掘和思政教育融入专业课堂效果验收等三条可行性实践路径，期望能够为思政教育融入社会学专业课堂全过程提供一个有益案例。

## ◎ 参考文献

[1]习近平．把思想政治工作贯穿教育教学全过程 开创我国高等教育事业发展新局面［N］．人民日报，2016-12-09.

[2]颜敏．社会学教育的后现代转向［J］．社会，2004（06）：15-17.

[3]洪大用．实践自觉与中国式现代化的社会学研究［J］．中国社会科学，2021（12）：22-36.

[4]习近平．坚持党的领导传承红色基因扎根中国大地 走出一条建设中国特色世界一流大学新路［N］．人民日报，2022-04-25.

[5]《社会学概论》编写组．社会学概论（试讲本）［M］．天津：天津人民出版社，1984.

[6]习近平．在哲学社会科学工作座谈会上的讲话［N］．人民日报，2016-05-19.

[7]习近平．用新时代中国特色社会主义思想铸魂育人 贯彻党的教育方针落实立德树人根本任务［N］．人民日报，2019-03-19.

[8]习近平．高举中国特色社会主义伟大旗帜 为全面建设社会主义现代化国家而团结奋斗［N］．人民日报，2022-10-26.

［9］习近平. 思政课是落实立德树人根本任务的关键课程［J］. 求是，2020
（16）.

［10］习近平在湖南考察时强调 在推动高质量发展上闯出新路子 谱写新时代中国特色社会主义湖南新篇章［N］. 人民日报，2020-09-19.

［11］高宁，张梦. 对"课程思政"建设若干理论问题的"课程论"分析［J］. 中国大学教学，2018（10）：59-63.

# 新时代环境影响评价课程思政教学设计

王 艳 赵 林 赵 曦

（武汉大学 资源与环境科学学院，湖北 武汉 430072）

**摘 要**：环境影响评价课程是高等学校环境及相关专业的重要课程之一，该课程的知识体系与国家环评制度的新变革、新理念、新要求息息相关。进入新时代，生态文明建设被提升至"五位一体"的新高度，环境影响评价课程面临重大发展机遇，有必要在课程教学中更好融入新时期的思政元素，使该课程在生态文明建设中发挥更加积极主动的作用。本文从环境影响评价的课程特点入手，分析了环境影响评价课程思政建设的必要性，并以实践与案例并举的教学方法为依托，以课程内容为基础，挖掘思政元素，培养学生思政意识，引领学生学习习近平生态文明思想，帮助学生构建以生态价值观为准则的生态知识体系。

**关键词**：环境影响评价；课程思政；习近平生态文明思想；案例教学；实践教学

**作者简介**：王艳（1982— ），女，湖北襄阳人，研究生学历，武汉大学资源与环境科学学院讲师，研究方向为环境地理学，E-mail：wyan@whu.edu.cn。

赵林（1986— ），男，重庆市人，研究生学历，研究方向为自然灾害监测与影响评估，linzhao@whu.edu.cn。

赵曦（1966— ），女，湖北京山人，研究生学历，研究方向为土地利用，邮箱：zhaoxi@whu.deu.cn。

**基金项目**：2023年武汉大学本科教育质量建设综合改革项目（45-2）。

2016年12月7日至8日，习近平总书记在全国高校思想政治工作会议上指出，要用好课堂教学这个主渠道，将思政教育作为价值导向，课程教学作为载体，使各类课程与思想政治理论课同向同行，形成协同效应。[1]环境影响评价制度是我国环境保护的基本制度，在我国生态环境保护工作中发挥着重要作用。环境影响评价课程是高等学校环境及相关专业的重要课程之一，该课程的开设与国家环评制度的新变革、新理念、新要求息息相关，是国家生态文明建设和生态文明保护战略布局实施的关键点之一。进入新时代，生态文明建设被提升至"五位一体"的新高度，环境影响评价课程要因时而进、因势而新，在生态文明建设中起到更积极作用。因此，在环境影响评价课程中通过思政教育和实践教学，引领学生学习习近平生态文明思想，深入认识环境影响评价在实现国家生态文明战略上的实际作用，夯实专业基础，培养学生分析、解决问题的能力，增强学生的专业认同感和社会责任感，厚植爱国主义情怀。

## 一、新时代环境影响评价课程特点

环境影响评价课程是环境及相关学科的专业主干课程，涉及多个学科和领域，是一门综合性、时代性、技术性和实践性很强的课程。具体表现在以下几方面。

（一）跨学科和综合性

环境影响评价涉及多个学科和领域，如环境科学、水文学、土壤学、生态学、经济学、工程学、社会学等。新时代环境影响评价课程需要关注跨学科性和综合性的特点，让学生了解不同学科和领域的知识和方法，并能够综合运用这些知识进行全面的环境影响评价。

（二）时代性和前瞻性

环境影响评价是一门不断发展的学科，其理论、方法和技术也在不断丰富和完善。随着我国生态环境保护工作的不断深入和拓展，环境影响评价的理念也在不断更新和发展，相关法律、法规、标准等相继进行了修订。新时代环境影响评价课程应把握环评发展动态，及时更新和补充教学内容，使得课程能够与时俱进，紧跟国家环境影响评价改革的思路与步伐，如高质量可持续发展、生态文明建设等。环境影响评价工作是对当前规划和建设的长期影响进行预测评价，需要对社会经济发展趋势和世界发展大势具有较强的预判能力，可通过课程学习提升学生的前瞻能力。

### (三)评价方法和技术手段的多样性

随着无人机、无人船、自动检测设备等技术的成熟与普及，环境影响评价的方法和技术手段极大丰富，在课程讲授中应将相关技术和方法介绍给学生，扩大其知识领域，使其在今后工作中因地制宜地选择先进技术手段，提高评价深度、广度和效率。

### (四)知识体系的实用性和有效性

环境影响评价是一门技术性和实用性很强的学科，需要学生掌握各种评价方法和手段，如环境现状调查、预测和评估等，具有开展"参与式"教学的基础。[2]新时代环境影响评价课程需要注重技术性和实用性的培养，让学生能够根据实际情况选择合适的评价方法和手段，提高评价的准确性和科学性。

因此，环境影响评价是一门既紧密结合国家基本制度，又具有较强实践性和综合性的课程，在坚持"以本为本"，推进"四个回归"的时代背景下，众多高校均加强了环境影响评价的课程教学改革。[3]通过分析课程教学任务，明确本课程的教学思政目标，在国家新政策、新方法、新技术的介绍中融入思政元素，有助于培养学生基于生态文明背景，分析、解决复杂环境问题的实践和创新能力，增强学生的环保意识和社会责任感。

## 二、课程思政元素的挖掘

在课程教学过程中，以润物细无声的方式，将习近平生态文明思想、文化自信、社会主义核心价值观、环境保护意识与个人品德、社会责任等方面融入教学内容中，落实立德树人的根本任务。具体包括以下几点：

### (一)环境影响评价中的新时代生态文明观

在课程绪论部分，结合基本概念的讲解，以习近平总书记提出的"绿水青山就是金山银山"的理念为核心，[4]介绍习近平生态文明思想。习近平生态文明思想是习近平新时代中国特色社会主义思想的重要组成部分，全面准确地理解和认识习近平生态文明思想有助于从整体上把握习近平新时代中国特色社会主义思想，更好地贯彻党的十九大精神，推进绿色发展，实现中国的绿色崛起。引导学生学习习近平生态文明思想，帮助学生构建以生态价值观念为准则的生态知识体系，牢固树立新时代生态文明观。

## (二) 环境影响评价制度的发展历程与新时代改革

在讲授环境影响评价制度的发展历程时，重点介绍现阶段我国环境影响评价制度的改革及其理念，如提升环评质量、强化事中事后监管、注重空间管控等。强调环评制度改革是落实国务院深化"放管服"改革要求的重要任务，[5]在优化营商环境、激发市场活力、推动经济高质量发展等方面作出了重要贡献。向学生展示我国环境影响评价制度鲜明的时代特征，了解其在社会主义现代化建设的各个阶段发挥的积极作用，使学生形成在新时期建设"美丽中国"的伟大征程中环境影响评价制度必将发挥更积极作用的共识。

## (三) 环境影响评价的法律法规体系与习近平法治思想

通过介绍我国生态环保的法律体系，特别是新环评法及其修订，使学生了解到以习近平生态文明思想和习近平法治思想作为根本遵循，覆盖全面、务实管用、严格严密的中国特色社会主义生态环保法律体系已初步形成。并以《中华人民共和国长江保护法》为例，讲解其立法理念、立法原则及立法思路，使学生明确长江大保护的意义，从而树立和强化法律意识，为未来开展职业规划奠定法律基础。

## (四) 环境影响评价的技术方法与生态文明建设实践

环境影响评价紧密服务于我国生态文明建设，课程具有很强的技术性和实践性。在技术方法这一章节内容的教学过程中，结合我校环境科学、地理信息、遥感等优势专业资源，采用案例式教学，将相关科研项目作为实操案例融入教学中，贯彻"学以致用、用以促学、学用相长、知行合一"的学习理念。如在环境现状调查方法章节，将卫星遥感、无人机/船等新技术引入课程中，将知识学习与趣味性充分结合，并通过实践课程提升学生学习兴趣、培养学生实操能力。在环境预测模型的教学部分，课程组将三峡水库、南水北调中线工程、引江济汉等重大水利工程实践的模型应用作为案例，拉近学生与国家重大工程实践的距离。通过寓教于乐、走近大国重器，一方面提升学生对于科技自强、民族发展的自豪感，另一方面使学生充分认识到用专业知识服务于国家生态环境文明建设的可行性。

总之，环境影响评价课程具有实践性强、与国家政策结合密切等特点，在理论教学过程中，可在各个环节融入相应思政内容，引导学生树立正确的环保意识和价值观，培养具有社会责任感、职业道德和国家意识的优秀人才。

## 三、课程思政的教学方法

新时代环境影响评价课程需要强化实践性和创新能力的培养，让学生通过实践操作和创新思维解决实际问题。因此，需要引入新的教学方法和手段，如案例分析、实践操作等，以激发学生的学习兴趣和积极性，同时培养学生思辨能力，增强专业认同感和社会责任感。

### (一)案例教学

案例教学法是一种以案例为基础的教学法，教师在教学中扮演着设计者和激励者的角色，[6]将环评案例融入课程的各个环节中，有效实现理论指导实践，理论与实际相结合，[7]起到丰富教学内容、活跃课堂、激发学生兴趣的作用，从而加强学生对专业知识的理解，更好地提升教学效果。采用全过程案例教学的方法，理论教学以案例为解说点、课堂研讨以时事为切入点、课堂展示以身边事为兴趣点。将教师讲解、课堂分组研讨和分组展示相结合，将案例教学融入教学全过程。

环境影响评价课程在理论和方法的讲授过程中，穿插引入国家政策、法律法规、技术方法等方面的案例，有助于提升学生学习兴趣。并将教学团队的相关科研项目融入教学中，如在地表水环境预测模型中，融入教学团队前期关于三峡水库、丹江口水库加高工程等大型水利工程的环境影响评价实践，使学生体会环境影响评价的作用。

课堂研讨方面，将时事与身边的事相结合，增强课程的趣味性和实用性。如 2022 年长江中下游发生的极端旱情，加重了长江中游湖泊群的供水和生态压力，鄱阳湖建闸作为缓解方案引发热议，可在课堂上引导学生分析该工程措施的利弊及其生态环境影响；2023 年武汉被授予湿地城市，引导学生分析武汉市的湿地生态功能，探索湿地保护与气候变化。热点问题的研讨能够使学生更加敢于和善于表达，更加关心国家发展和民族振兴等大事，同时让学生树立严谨的科学态度，提高学生的思辨能力和科学素养。

课堂展示环节，鼓励学生收集家乡的相关规划或建设项目的环评报告，进行深入的调查和分析，并以 ppt 的形式进行项目汇报。在了解环境影响评价各环节的同时，引导学生了解家乡产业和规划，增加家乡认同感，认识到自己在环境保护中的责任和使命，增强社会责任感。[8]

邀请行业专家授课，讲授建设项目和国家重大战略规划中的环评实践，进一步增强学生的兴趣和专业认知。近年来，邀请长江流域水资源保护所的环评专家走进课堂，分享了三峡工程、乌东德水电工程、南水北调中线工程等国家重大工程建设环评以及流域规划环评实践。邀请中铁第四勘察设计院集团有限公司环境工程设计研究院的环评专家，分享铁路和轨道交通项目中的环境噪声、振动影响评价实践。专家结合亲身经历解析专业知识，很好地调动了学生学习的积极性，使同学们对相关知识印象深刻。通过对大国重器的介绍，同学们能够对国家不同行业的建设有进一步的认识，拓展专业思路。另外，通过对重大工程环境影响评价中的要点分析，学生充分了解和认识环境影响评价工作在国家建设、社会民生以及我国生态环境保护和改善中的重要作用。

## （二）实践教学

### 1. 环境影响预测与分析的实践

环境影响评价中，环境影响预测的数学模型学习难度较大，仅依靠案例讲解难以实现熟练掌握与应用的教学目的。因此，在课程开展过程中，利用相关科研项目和数据，按照地表水、大气和声环境影响评价专题设计上机实践环节，让学生亲自利用专业软件建模和预测分析，形成专题报告。在专题实践过程中，遵循学生为主，教师为辅的原则，在提供项目基本材料和计算软件的情况下，教师辅助学生完成实践内容。在资料准备过程中，由学生根据基础材料，提出计算需要的数据资料清单，教师根据清单提供数据，形成类似环评单位和建设单位的关系，使得课程实践更贴近环评实际工作，充分发挥学生主观能动性，使学生更好地理解和掌握环境影响预测这一难点内容，提升学生解决问题的能力。

另外，本课程学生来自不同专业，如环境、地理、遥感等，可以充分利用课程的跨专业特征，促进不同专业学生的协作，增强学生的团队协作意识。在协作中发挥不同专业背景的优势，增进相互了解、拓展知识面。

**2. 环境调查实践**

环境影响评价课程的实践性，不仅体现在数据分析、模型软件的应用方面，还体现在现场调查、资料收集和补充监测等环节。由于这些环节耗时耗力，不便于在课堂开展，因此，在传统教学中一般采用案例的方式进行课堂讲解。学生无法接触和理解实际环评工作中真实的工作方式和复杂情况，体验感不够。在现今的环评工作中，无人机、无人船遥感技术已得到广泛应用，为"零接触"式环评工作的开展提供特殊便利。[9] 课题组开展环境调查专题实践，结合地理和遥感等优势专业，将无人机、无人船这些新型的环境监测技术引入课堂。通过精心选择与实际工作相似的环境，安排学生完成不同的环境调查任务，最终形成调查报告并进行课堂展示交流。通过该专题实践，同学们一方面学习了当前先进的调查手段，一方面通过任务实践，对环境影响评价中的环境现状调查有了深刻的认识和理解。

# 四、结语

在环境影响评价教学过程中，要结合专业案例因事而化、结合改革要求因时而进、结合时代变革因势而新，将习近平生态文明思想融入课程教学的各个环节中。加深专业基础知识理解、注重专业技能的培养，实现世界观和方法论的塑造。在完成课程知识体系教学的同时，坚持正确的政治方向，为国家培养知识结构完整、具有强烈民族自豪感、服务社会主义现代化建设的优秀人才。

◎ **参考文献**

[1] 孙秀云，黄中华，田爱军，等．课程思政教育教学探索——以"环境影响评价"课程为例[J]．大学教育，2020，125（11）：135-137．

[2] 陈烁娜，周艳华．以能力为导向的"环境影响评价"课程思政改革探索[J]．教育教学论坛，2023，605（02）：53-56．

［3］郑兰香，李媛，李功，等．环境影响评价课程思政建设实践与探索［J］.
　　高教学刊，2022，8(36)：177-179，184.

［4］邓琳，陈晓亮．思想政治教育融入专业课程的教学改革探索——以"环境
　　监测与评价"课程为例［J］.教育教学论坛，2023，619(16)：44-47.

［5］王鹏，刘晓东，华祖林，等．环境影响评价教学中思政元素渗透的探索与
　　实践［J］.大学教育，2023，158(08)：92-95.

［6］朱艺，赵敏慧，王泉，等．基于"项目—案例"教学法的环境影响评价教学
　　改革［J］.现代职业教育，2022，295(17)：64-66.

［7］章丽萍，何绪文，张春晖，等．案例法在环境影响评价课程教学中的改革
　　初探［J］.大学教育，2013(05)：67-68.

［8］夏婷婷．"互联网+"时代以项目引导的"环境影响评价"课程教学分析［J］.
　　中国新通信，2022，24(14)：160-162.

［9］叶波，叶茂友，杨芳．无人机、无人船遥感技术在"环境影响评价"教学中
　　的应用探索［J］.生态科学，2023，42(04)：209-214.

# 高校环境微生物学实验课程思政
# 教学改革与探索

朱联东　关晓楠

（武汉大学　资源与环境科学学院，湖北　武汉　430079）

**摘　要：** 将思政元素恰当地融入环境微生物学实验的改革中，对激发学生的学习热情，帮助学生树立正确的世界观、人生观和价值观及增强爱国热情有着重要的意义。在理解课程思政改革的必要性后，基于普通光学显微镜观察微生物，水体中的藻类、原生动物及微型后生生物个体形态的观察，水中细菌的采集、测定与计数等三个典型环境微生物学实验课程，探索课程思政改革的方式与方法，挖掘实验课程中包含的思政元素，再通过教师和学生的共同努力，将思政元素深入地推进到课堂中去，以期达到立德树人的教育目标。

**关键词：** 环境微生物学实验；思政元素；教学改革

**作者简介：** 朱联东(1983— )，男，福建长汀人，博士，武汉大学资源与环境科学学院教授，主要从事环境工程微生物学的教学与科研工作，E-mail：ldzhu@whu.edu.cn。

关晓楠(2000— )，女，山西怀仁人，硕士研究生，主要研究方向为水处理与资源化，1939474295@qq.com。

**基金项目：** 武汉大学研究生导师育人方式创新项目和武汉大学教师教学发展专题研究项目(2019JG042)。

课程思政，即在课程中加入思想政治教育元素，其中包括了思想政治教育理论知识、价值理念和精神追求等。将这些思政元素融入高校专业课程中去，可以丰富原本枯燥的专业课程，增加其趣味性，同时也可以提升高校学生的思想政治素养，使高校各类课程可以和思想政治理论课同向而行，形成协同效应。习近平总书记在党的二十大报告中指出："育人的根本在于立德。全面贯彻党的教育方针，落实立德树人根本任务，培养德智体美劳全面发展的社会主义建设者和接班人。[1]"坚持党对高校的全面领导是新时代中国特色社会主义教育事业发展的根本保证,立德树人是发展中国特色社会主义教育事业的根本任务,深刻把握二者内在统一关系是办好中国特色社会主义大学的关键所在。

环境微生物学实验是环境工程专业一门重要的基础专业课程,是在本科生原有理论专业课"环境微生物学"的基础上延伸而来的,学生通过学习一些课本上的经典实验来锻炼自己的动手能力、创新思维和团队协作能力。将思政元素融入环境微生物学实验的课程中去,可以在提升学生专业实践能力的同时,实现对其价值观念的引领,深入贯彻落实立德树人根本任务,引导高校学生树立正确的人生观、世界观和价值观,提升政治素养,成为新一代的优秀接班人。

# 一、高校环境微生物学实验课程思政改革的需求

## (一)高校环境微生物学实验概况及存在的不足

环境微生物学实验是环境工程专业的一门必修课,其实验内容包括普通光学显微镜的构造和使用方法,细菌、放线菌和霉菌等个体形态的观察,水体中藻类、原生动物及微型后生生物个体形态的观察,实验室的基本操作技能及准备工作,微生物革兰氏染色法,培养基的制备及灭菌,生态环境中微生物的检测与分离,外来化学物质对微生物的影响,水中细菌的采集、测定及计数等。

传统的环境微生物实验教学内容主要包括讲授实验原理、实验操作及实验数据处理等方面,这种简单的教学模式使得"重教轻育"的问题较突出,通常课程以教师讲授为主导,缺乏学生的自主思考和创新。首先,受限于实验课程课时较短,实验内容往往比较简单,只停留在一些和微生物相关的简单实验的操作层面,和环境工程专业的结合度不高,也没有挖掘其中更深层次的含义。虽然有时部分老师认识到可以将思政元素融入课程教学中,但是由于缺乏经验,加之专业实验课程的思政素材庞大且复杂,内容分散且不够系统,因此很难将其恰当地融入实验课程的教学改革中去。最后,教师是教学改革中的重要角色,许多老师将思政改革简单地理解为思想政治教育,认为其与自身课程的相关度低而忽视了课程思政的开展。要深化思政改革就必须从教师抓起,提升教师本身的政治素养,培养教师对所教授知识进行扩展延

伸的能力。

## （二）环境微生物学实验课程思政改革的必要性

习近平总书记在 2019 年 3 月 18 日的学校思想政治理论课教师座谈会上指出："思政课是落实立德树人根本任务的关键课程。"除此之外，国家有关思政育人的相关政策也在逐渐成形，提倡学生的综合素质全面发展。只有在高校的教学教育中牢牢抓住立德树人这一宗旨，充分利用高校的课程教育功能，在教学过程中培育学生的思想政治道德素养，提升学生自身品格，丰富学生精神内涵，才能够紧跟时代号召，培育新一代有理想有涵养的新青年。

一般情况下，高等院校往往看重学生的专业能力和对专业知识的掌握程度，而忽视了很多课程的思政设计，做不到将思政教育融入平常的教学任务中，这就致使高校开展专业课程思政教学改革缺少参考，推进改革的难度较大。[2]教师需要根据自己往年的教学经验，挖掘实验课程中可以恰当地融入思政元素的板块，寻找其中蕴含的思政元素并将其提炼出来和实验内容相结合。思政元素的提炼基于实验讲义，但并不局限于实验内容本身，可以考查的内容覆盖面较广，例如发展前沿、时事政治、相关政策、最新技术、相关历史事件以及先前科学家的故事等。事实上，环境微生物学实验课程可挖掘的思政元素是非常丰富的，例如树立学生的环保意识和生态文明观、激发学生的爱国情怀和对新时代的使命感、提升学生的思想政治素养和科学职业素养等。[3]

## （三）环境微生物学实验课程思政改革的意义

师者，传道授业解惑也。教师是高校课程开展的领导者，是开展思政改革的重要力量，也是将思政教育融入课程教学中的实施者，只有教师意识到思政改革的重要性，在授课中融入思政元素，才能够确保思政改革能够在探索中前行，落实"立德树人"的根本目标，让环境工程专业的学生有更高的环保意识，更大的学习热情和更强的专业能力。但是，环境工程专业作为工科专业，相应教师对思政改革的意识相对不足，理解也较为片面，且工科的课业繁杂，任务量重。不论是教师由于自身科研和教学任务重，认为思政改革与自身课程联系性不强，还是教师考虑到学生学习压力大等情况，都会导致教师疲于开展思政改革。改革主动意愿性不强，投入时间较少，思政元素了解较少等现象，使得思政改革流于形式，不能够深层次对学生产生正向教导作用。实现环境专业微生物学实验课程思政改革，既需要教师自身有思政改革的意识，也需要高校加强对教师进行思政教改的督促。从硬件上来说，需要高校给环境工程专业提供更好的实验设备和充足的资金支持，有了硬件条件的落实，上文所述教改才能够更加全面地、深层次地落实下去；从软件上来说，需要更多的教师参与到思政改革的工作中来，教师们需要吸取前人改革的经验，并从内心领会思政改革的必要性，将其落实到日常的教学中去。

学生是课堂的主体，思政改革的主要目的是培养学生，尤其是环境工程专业的学生，他们将来是我国实现"绿水青山就是金山银山"目标的主力军，提高学生的实践动手能力和综合素质对我国今后的发展具有重要意义。环境微生物学课程的设立是为了让学生对微生物学知识有一定的了解与掌握，从而在今后学习活性污泥法、生物膜法等水处理技术时有一定的理论基础。而环境微生物学实验作为环境微生物学所附属的实践课程，能够帮助学生增强动手能力，通过学习多种实验操作更好地理解微生物的生化特性，丰富理论知识。有调查显示[4]，学生在课程思政改革开始前对于将思政元素融入专业课程中的态度中，赞成：反对：无所谓≈3：3：4，在上过思政改革的课程后，赞成：反对：无所谓≈6：2：2。从调查显示的数据来看，学生对于课程思政并不排斥，且在接受思政课程教育后，对思政课程的接受程度更高，说明学生对课程思政的理解更加深入。在思政教改过程中要及时收集学生的反馈意见，根据意见进行课程调整与优化。

因此，环境微生物学实验课程思政改革由于其自身的独特性，需要寻找、挑选和梳理环境微生物学实验课程中所涵盖的思政元素，为教师在进行课程思政改革探索时提供大量的丰富且有价值的案例素材，让实验课程的思政改革探索进行有所依附，对增强教师将思政元素融入实验教学中的能力，提升高校课程思政改革进程，深化思政教育深度，更深层次完善环境专业人才培养方案具有重要意义。[5]

## 二、环境微生物学实验课程思政元素案例挖掘与设置

### (一)"普通光学显微镜观察微生物"思政改革

光学显微镜是环境微生物学实验中非常重要的仪器，学习光学显微镜的

操作方法对学生今后科研能力的培养具有重要意义。本实验让学生通过光学显微镜观察细菌形态，了解细菌种类，教师在讲授细菌种类的过程中可以结合我国酿造业和二战时期的细菌战，让学生对人体健康、行业发展和相关历史内容有所了解。

在日常生活中细菌无处不在，细菌的数量和种类对人体机能有很大影响，健康的菌群环境对人体健康有很大贡献，反之菌群环境一旦失衡，人体就会出现一系列问题，如肠道菌体是按一定比例组合存在于肠道中的，各菌群之间相互依存、相互制约，形成一种生态平衡，当人体肠道内环境发生改变后，可能会导致菌群中原本被抑制的细菌趁机繁殖，引起菌群失调，导致人体正常的生理组织被破坏，发生病理性病变。另外，我国是世界上最早利用微生物的国家之一，我国的现代化发酵工业、抗生素工业、生物农药和菌肥工业化生产已经形成一定的规模，可以用来酿酱、酿醋和制作酸奶泡菜等。另外，还有一些大量的食用菌，俗称"蘑菇"，因其味道鲜美而深受人们喜爱。教师在讲授这部分内容时引入这些思政素材，可以在保证基础教学内容的基础上激发学生的好奇心和学习兴趣，实现教学内容的多元化，最大程度提升学生的学习积极性，使学生对所学内容有更加切身的体会。

但当细菌被别有用心地利用后，就会造成巨大灾难。早在1925年，国际社会就通过了《禁止在战争中使用窒息性、毒性或其他气体和细菌作战方法的议定书》，但日本在第二次世界大战期间，发动侵华战争，其中日本的731部队公然违反国际法，对中国公民实施了惨无人道的细菌战。日军围捕大批中国人将其用作细菌的试验品，丧心病狂地研制了鼠疫、霍乱、伤寒、斑疹伤寒等数十种传染病。据悉日军使用细菌对中国军民造成的死亡人数超十万人，731部队每年生产的纯细菌就超3000公斤，其中每135克的纯细菌就可以对其周围大约400平方公里内的水源造成污染。教师可以在讲授该课程知识的过程中穿插血与泪的历史，以此激发学生的爱国情怀，让学生明晰自身职责，切勿滥用专业知识造成严重后果。

（二）"水体中藻类、原生动物及微型后生生物个体形态的观察"思政改革

学会水体中微藻、原生动物及微型后生生物的采集方法并观察水体中它们的个体形态，绘制其生物图是今后学习水污染控制工程的重要基础。教师

在讲授过程中可以结合水华等环境问题，激发学生的学习兴趣。

在实验开始前教师可以预先将实验讲义下发，也可以鼓励学生自带感兴趣水样的水体到课堂中观察其中的微生物，再通过教师当堂讲解的方式让学生对微生物有基本的认识。同时鼓励有条件的实验室给学生提供条件自行培养活性污泥，并在培养过程中观察和记录污泥中的原生动物和微型后生动物的数量和种类，观察活性污泥形态、颜色和气味等的变化，以便让学生对活性污泥法有更直观的认识。水体中的微生物种类是判断水体水质的主要依据之一，通过观察水体中病原微生物的含量可以判断水体适不适合经过处理后用作饮用水源，也可以粗略估算水体中的细菌数量来判断水质好坏。不同种类的微生物对生存水质是有不同的要求，有的适合在淡水中生存，有的可以在水质较为恶劣的污水中生存，通过观察水体中微生物的种类就可以大致判断出自带水样的污染情况，以此让学生贴近所学内容。

此外，水华现象与水体中的藻类数量息息相关，而水体中氮、磷等元素含量超标导致的水体富营养化是造成水华现象的根本原因。水体富营养化会导致水体中藻类大量繁殖，遮盖阳光，消耗养分，致使溶解氧含量低下，使得水体中的浮游植物和动物无法生存，引发大面积死亡的现象。水体中死亡生物的尸体又会导致水体发黑发臭，容易形成恶臭水体，对水体周围居民的生活造成巨大影响。太湖位于长江三角洲的南缘，在人口最密集的长江流域下游地区，是我国五大淡水湖之一，位列第三。在1960年以前，太湖的水还是贫营养状态，但是因其水体流动性较差，水域环境所承受的压力越来越大，使得太湖水体中蓝藻水华问题越来越严重。太湖水华大面积暴发，对当地的生态以及经济造成了严重影响。因此，了解水体中的微生物（细菌、藻类等）可以让学生更好地判断水质情况，理解保护环境的必要性，树立正确的生态文明观，激发"保护环境、从我做起"的责任感和使命感。

(三)"水中细菌的采集、测定与计数"思政改革

细菌总数主要作为判定被检水体污染程度的标志，以便为水质进行卫生学评价时提供依据。在水质检验中，细菌总数是指1毫升水样在营养琼脂培养基中，经36℃、48小时培养后，所生长细菌菌落的总数。本节实验课可以在原有教授课程的基础上将实验面扩宽，与实际应用相结合，采集一些污水处理厂各级处理后的水体或污泥进行观测，通过稀释平板法和多管发酵法对

原水中细菌总数和大肠菌群进行测定。通常污水处理厂会采取多级处理工艺，对污水进行深层次处理以达到污水排放要求，通过自己动手监测指标，如各级处理之后的水体中细菌数量、对所产生的活性污泥进行镜检等，可以让学生更深层次地体会污水各级处理的效果与意义，对课堂上所学的专业知识有更深层次的理解。

活性污泥法主要是依赖于存活在活性污泥中的各类细菌、真菌、原生动物和后生动物等多种群体的活性，以及它们之间形成的较为稳定的生态系统和生物链，通过该体系中的吸附、絮凝、氧化还原等作用将污水中的有机物转化为稳定的无机物，从而对污水进行净化处理。镜检[6]是观察活性污泥的一种方法，在环境条件发生改变的时候可以通过镜检进行判别，为水质情况提供指示信息，进而指导工艺运行。比如，当水体中大量出现钟虫、楯纤虫、累枝虫和轮虫等时，说明工艺运行状况良好，如果波豆虫、滴虫、肾形虫、豆形虫和草履虫等较多时说明处理工艺存在恶化演变的可能性。而一些微生物的出现也可以指向工艺中的特定环节出现了问题，比如当变形虫在体系中占主要比例时说明工艺的活性污泥负荷较低，存在分散解体趋向；当发现大量侧跳虫时则说明系统异常，工艺在高污泥负荷运行。由此可见，在工艺中熟练运用镜检技术辅助观察，可以很好地预见活性污泥的发展趋势，对工艺及时作出改进。改革后的该部分实验具有很强的科研属性，需要学生在实验开始前查好资料、做好准备，在实验中运用科研思维来完成实验任务，在实验后又能对实验结果有一定的思考，将课本中的理论知识与实际应用相结合，增强了同学们身为环境专业学子的使命感和自豪感，在将来更好地为祖国的绿水青山事业添砖加瓦。

## 三、结语

在环境微生物学实验中融入思政元素是满足当今时代发展的必要举措，是反映高校思想政治工作以立德树人为价值目标的重要举措。本文从实验课程思政改革的本质入手，阐明了环境微生物学实验改革的必要性，给出了实施思政改革的方式，列举了一些可挖掘的思政元素，最后探讨了高校环境微生物实验课程思政改革的意义，为今后进行思政改革提供了一定的参考价值。

## ◎ 参考文献

[1]党的二十大报告：实施科教兴国战略，强化现代化建设人才支撑[J]. 福建教育，2022，1400(45)：2.

[2]刘雪茹，惠壮，李延，等. 化学实验课课程思政案例库建设初探[J]. 大学化学，2022，37(10)：285-293.

[3]赵志娟，何英姿，胡聪，等. 环境工程微生物学课程思政教学分析及案例研究[J]. 高教学刊，2021，7(34)：180-183.

[4]柳叶，胡佳杰，张胜威. 自然科学课程思政的教学探索——以微生物学为例[J]. 微生物学通报，2020，47(04)：1168-1177.

[5]王光彦. 充分发挥高校各门课程思想政治教育功能[J]. 中国大学教学，2017(10)：4-7.

[6]张丽. 微生物镜检对污水处理的作用[J]. 中国高新技术企业，2016(27)：79-80.

# 专业课程教学中的思政教育探索

## ——以武汉大学城乡规划专业课程为例

陶翊婷　张鼎璘

（武汉大学　城市设计学院，湖北　武汉　430072）

**摘　要**：随着高校课程思政建设进入新的阶段，当今高校教育面临着专业课程学习与思政教育融合的挑战。在专业课程中贯彻思政教育已成为重要趋势。本文通过将武汉大学城乡规划系的两门专业课程作为优秀案例进行分析，以立德树人为根本价值导向，探究了专业知识教学与课程思政教育的融合路径，为培育兼具扎实的专业知识技能和社会责任感、使命感的优秀人才的课程建设提供了有力的范例。

**关键词**：专业课程；思政教育；城乡规划；价值导向

**作者简介**：陶翊婷(1991—　)，女，汉族，湖北武汉人，研究生学历，武汉大学城市设计学院本科生工作办公室主任，主要从事大学生思想政治研究工作，E-mail：229399533@ qq. com。

张鼎璘(2001—　)，男，汉族，河北南和人，武汉大学城市设计学院本科生，E-mail：dinglin. zhang@ whu. edu. cn。

## 一、引言

课程思政以立德树人为根本任务，针对当前高校思想政治教育的需求和挑战，深化学科内涵与思想政治内容融合，是培养学生的综合素养和社会责任感，促进青年学生全面成长与社会和谐发展的重要举措。[1]2019 年，中共中央办公厅、国务院办公厅印发《关于深化新时代学校思想政治理论课改革创新的若干意见》(以下简称《意见》)，《意见》的发布，标志着对高校课程思政教育进入深化和改革阶段。

近年来，我国高校在课程思政理论课（以下简称"思政课"）改革和创新方面取得了卓越成就。通过不断探索和实践，高校在思政课程内容更新、教学方法创新、学生参与度提高、师资队伍建设以及评价机制完善等方面取得了显著进展。[2]然而，在这一框架下，高校的思想政治教育主要集中在思政课堂上，而对于在专业课程教学过程中渗入思想政治教育的贯彻探索，实现学科知识与社会责任教育的创新融合仍有继续深化的空间。2020年，教育部印发《高等学校课程思政建设指导纲要》（以下简称《纲要》），明确将解决专业教育与思政教育"两张皮"问题作为高校课程思政教育的重点任务，提出了在各类课程和教学方式中深入探索和挖掘思政教育资源的重要举措。《纲要》强调，在专业课程教学中应根据不同专业课程的理念、内容和特点，深入挖掘思政元素，最终实现对学生的思想教育和人才培养作用。因此，深入挖掘专业课程中的思政元素，贯彻思政教育，塑造思政品格，对于我国高校的人才培养体系具有重要意义。

思政元素的融入方式及内容应与学科专业类型的特点相符合。《纲要》指出，高校教育应结合专业特点分类推进课程思政建设，以专业课程作为基础载体，结合各类型课程的特点、思维方法和蕴含的价值理念，针对性地提取并在课程教学中融入思政元素，实现立德树人根本目标。对于工学类课程而言，由于其强分析、重实践的学科大类特色，《纲要》强调推动课程思政教育与专业培养相结合，在提升学生分析与解决问题能力的基础上，提高学生对于研究问题的认知能力，培养学生精益求精的学科素养和科研精神，唤醒学生的社会责任感和时代使命感。本文拟以武汉大学城市设计学院城乡规划系的专业课程建设情况为主要研究对象，对高校工学类的专业课程教学与思想政治教育融合进行深入探索。

近年来，武汉大学城市设计学院城乡规划系（以下简称"规划系"）的课程建设取得了卓越的成就，城乡规划学科建设在新时代国土空间规划背景下，依托先进的数字技术平台，聚焦实际空间、社会问题，培育了一批批具有深厚人文社科底蕴以及突出的信息技术应用能力，熟练掌握规划知识和技能，具备良好政治素养和社会责任感的综合型人才。

## 二、在专业课程中贯彻思政教育的重要意义

### (一)培养综合素养与社会责任感

专业课程不仅是传授专业知识的平台，更是塑造学生价值观和社会责任感的重要途径。随着时代和社会的发展，良好的道德素养和积极的社会责任感对于高校培养的人才在专业领域乃至整个社会服务的范围内积极承担责任、发挥作用，推动社会和谐发展，具有重要意义。

一些研究指出，当前部分高校的专业课教学中，存在着缺乏课程思政教育的意识和理念等问题，既包括对思政教育的认知程度不够深入，呈现出重专业知识而轻价值引领的态度；也包括对在专业学习中融入思政元素的误判，将思政教育任务完全交由思政课堂承担，导致了专业教育和思政教育的割裂，只"树人"而不"立德"。[3]专业课程教学过程中长期的思想政治教育缺位，即单一侧重专业技能培养而忽视价值引领的教学模式，容易导致学生的思维僵化和社会意识的淡化，进而影响其未来在职业领域中的综合发展和承担社会责任能力。[4]

因此，对于规划系专业课程而言，在学习传统规划知识的基础上，将遥感、测绘、数字技术等多学科的相关知识技能纳入跨学科的城乡规划专业教育体系，提升学生的多学科素养和视野，培养具有综合素养的全面人才。

### (二)培养社会关注与公共利益意识

在专业课程中融入思政教育，有助于培养学生对社会问题的敏锐关注度和公共利益意识。随着社会发展的日新月异，对于公共事务和社会问题的高度关注已经成为几乎所有专业的必备素养。对于不同的学科专业，其对于社会问题的切入视角和理解方式有所不同，因此，应根据学科特点和需求，将专业教学与思政教育进行融合，实现社会哺育人才、人才反馈社会的正向教育闭环。

然而，目前一些高校的专业课教学中，存在着对社会问题的忽视或者片面化的现象。部分教师过分侧重于教授专业理论知识，对于学生在了解社会

现实、关注真实生活方面的引导有所不足，可能导致学生疏于对公共利益和社会问题的关注。这种现象与当代学科发展过程中对于关注事实、保持敏锐、争取公众利益的专业需求背道而驰，从而限制了学生个人专业知识技能的进一步提高，以及整个社会和公共群体的高质量发展。

因此，在教学过程中，教师可以通过引入相关的热点话题和社会学案例，并通过开设相关课程提供实践与实习机会，在引导学生运用专业知识和技能思考分析社会问题的过程中夯实专业能力，在深挖问题根源和解决途径的过程中培养社会责任感。在规划系"规划社会调查""城市总体规划设计""城市设计""控制性详细规划设计"等课程授课过程中，教师始终强调"以人为本"的规划核心思想，基于规划视角发现、分析并解决社会问题，实现以规划体系为支撑核心，以解决空间和社会问题为目标导向，坚持创造更美好人居环境空间的行业初衷和学科追求。

### （三）推动教育方法与教学体系创新

在专业课程中挖掘和融入思政教育元素，有助于推动教育方法和教学体系的创新。将思政教育作为学生培养体系中的重要环节纳入专业教育体系中，在知识技能和专业学习过程中深入挖掘思政教育元素，从而对学生的价值观、人生观和世界观起到塑造作用；通过更丰富、更多元的方式结合专业知识学习和思想政治培养，在思政纲领的引领下，跳出传统学科教学体系的既定视角，打破课程教学和思政教育"独立"体系的壁垒，探索结合专业学习和课程思政教育的新型教育方法，推动教学改革。[5]

然而，过去一些传统的教育体系在课程设置和教学方法上往往偏重专业知识的传授，将对学生思想政治素养的培养任务完全交付于思政类型课程，导致了专业课程的教育教学体系与思想政治教育体系"各成一派"，形成独立壁垒。这种过于单一和割裂的教学模式往往会限制学生的创新与实践能力，并削弱了思政方面的教育效果，最终影响学生对社会现实的认知与理解的教育效果。

因此，将思政教育融入专业课程教学中，开辟专业课程教学作为思政教育的"新阵地"，有助于实现知识传授、专业学习、价值塑造和品德培养的一体化。[6]通过在规划课程中引入思政教育元素，教师可以采用更加灵活多样的教学方式，加深学生对于学科专业的深入理解和作为专业人才对于社会的责任意识。"城市总体规划设计""控制性详细规划设计"等设计类课程以学习规划相关知识为基础，通过运用 GIS 工具、数字和空间分析等方法，将多学科技能和知识纳入规划教育培养体系中，实现教学内容的多元化和教学手段的丰富化，并激发学生时不我待的自觉性和舍我其谁的责任感。

此外，思政教育的融入也可以促进教师队伍建设，激发教师的创新意识和教学热情。将思政教育融入专业课程教学中，教师需要不断拓展自己的知识视野，提升自己的教学能力和水平，从而推动教育教学的创新与发展。诸如"地理信息技术原理""地理信息技术实践""测绘与地图学"等跨专业课程的开设，对教学者的多专业视角与知识技能提出了要求。另一方面，在"居住区规划设计""城市规划"等核心规划课程的教学过程中，教师不仅要敏锐把握社会问题和规划政策发展方向，更要时刻保持同理心，在解决空间与社会问题，提升居民生活质量方面为学生起到表率作用。因此，在专业课程教学中深挖思政要素，不仅有助于学生的全面发展，更能够推动教育体系与教学方法的创新，促进教育事业的不断进步。[7]

## 三、城乡规划专业课程思政建设情况及探索分析

### （一）城乡规划专业的学科特点

城乡规划专业是以城乡社会经济和城乡物质空间为研究对象，以城乡区域发展、城乡行政管理、城乡社会经济为主要研究内容，面向创造更宜居的人居环境的学科。[8]作为一门综合性学科，城乡规划专业旨在培养学生具备城市与乡村规划、土地利用、环境保护、可持续发展等方面的知识和技能，具有如下学科特点。

（1）综合性与交叉性。城乡规划专业是跨多学科领域的专业，如城市规划、地理学、遥感学、测绘学等，进行综合研究与实践。因此，学生需要具备跨学科的综合素养，能够灵活运用多方面的知识和技能解决实际问题。

（2）实践性与应用性。城乡规划专业注重实践操作能力的培养，学生需要具备调查研究、规划设计、方案实施等实践技能，并结合遥感测绘、环境地理等多维度的知识技术进行综合、灵活的应用，以解决学习与工作中的规划问题。

（3）社会责任感与使命感。在学习城乡规划专业知识的过程中，学生需要解决各种现实生活中存在的问题，为城市和社会的高质量可持续发展作出贡献。这就要求规划专业学生对于现实生活中的社会、经济、空间问题具有高度的敏锐性，能以较强的社会责任感与使命感，积极运用专业知识技能解决现实问题。

## （二）城乡规划专业的特色课程案例探索

2019年，自然资源部发布了《中共中央、国务院关于建立国土空间规划体系并监督实施的若干意见》（以下简称《国空意见》），国土空间规划是国家空间发展的指南、是可持续发展的空间蓝图，《国空意见》的提出标志着我国的规划体系彻底进入到"多规合一"的新阶段。

《国空意见》提出以来，武汉大学规划系有针对性地提升学生的学科基础素养与对应的专业知识技能，锻炼学生运用所学解决实际规划发展中的问题的能力，并在整个学科专业培养体系中贯彻落实人文素养培养，鼓励学生在发现矛盾的过程中提升解决矛盾的能力，坚持服务人民的行业初心，永葆心系民众的规划情怀。经过师生的共同努力，规划系已打造出一批符合新时代国土空间规划需求的、为国家培养品学兼优和德才兼备人才的精品专业课程，在实现专业课程教学中的思政课程探索方面和在专业知识传递过程中塑造学生品格方面，实现了从"授之以技"到"授之以道"的重大突破。本文选取具有代表性的两门优秀本科生规划课程："城市总体规划设计"和"规划社会调查"。从教学内容和教学方式等方面，对在专业课程教学中挖掘思政教育元素，进行思想政治教育进行深入探索与分析。

### 1."城市总体规划设计"课程

图1　"城市总体规划设计"课程作品展示（部分）

　　"城市总体规划设计"是面向国土空间"五级三类"规划体系中总体规划部分的重要教育课程，旨在培养学生学习城市总体规划的理论、方法和实践技能。在课程学习过程中，学生将在学习总体规划的概念、原理和方法论等内容的基础上，看"实地"，做"真题"，运用所学知识，结合实际的城乡情况，对区域进行总体规划设计，提出合理的规划方案。依托武汉大学的平台优势，"城市总体规划设计"课程强调基于借助 GIS 技术、数字分析等手段进行辅助，针对性地克服城乡区域发展的痛点、难点，制作规划成果，为国家培养"新工科"背景下复合型城乡规划专业人才。该课程具有如下突出特点：

　　(1)注重地域特色，强调因地制宜的规划策略。作为注重实践性的工学课程，"城市总体规划设计"特别强调了注重地域特色，突出因地制宜的规划策略，以解决区域发展过程中遇到的实际问题，实现高质量、可持续性的发展。学生在学习课程内容的过程中，会通过实地考察和座谈访问的方式，深入城市和乡村区域一线，对规划区域内的自然环境特征、历史人文特色、经济发展情况等要素进行调研，并在此过程中对区域有更深入的认识和感受，针对地域特点进行综合分析，从而对当地规划发展的着力点和痛难点进行提取，获取宏观上的认知。因此，学生可以更好地把握后续总体规划设计的基础条件和发展方向，针对性地制定规划方案。"不当家不知柴米贵"，在制定总体规划方案的过程中，学生会反复感受到制约地方发展的不足与局限，也可以体会到由于区域特色的不同，各地方的发展之路存在着种种异同之处。在教育学生亲身实践、知行合一的过程中，润物无声地将"规划人"的责任担当和专业使命传递给学生，将服务人民的坚定信念、共同进步的学科初衷传递给学生，最终在专业课程教学的过程中实现思想政治教育。

　　(2)强调亲身实践，拒绝"纸上谈兵"。无论是教师带队进行的实地调研阶段，还是运用 GIS、数据分析等技术进行的规划分析阶段，"城市总体规划设计"课程强调在课程学习的各个阶段，学生都要亲身参与，不断尝试，于实践中求真理，在尝试中长经验。一方面，作为工科，"城市总体规划设计"是注重实践的学科，学生通过实践操作以应对各种现实问题和挑战，增进了专业能力和对学科的理解；另一方面，各个环节的实践及感受，加强了规划学生对我国不同区域发展情况的了解，培养了学生的责任意识与担当精神，并在与社会的接触中生长出"以人为本"的人文素养和"以人为先"的专业情怀。

### 2. "规划社会调查"课程

图2 "规划社会调查"课程作品展示(部分)

"规划社会调查"是以解决城乡社会中的各种现实问题、满足各种需求为目标导向,旨在培养学生运用社会调查方法和工具,通过前期调查、后续分析和策略提出,为城市和乡村中的规划问题提供相应的决策依据和解决方式。多年来,"规划社会调查"教学团队坚持依托数字化技术的学科独有优势,秉承人文化、素质化的人才培养原则,聚焦于实际社会问题的痛点、难点进行调查研究,引导学生发现问题、分析问题、解决问题,致力于为国家培育具有鲜明特色的优质规划人才。该课程具有如下特点。

(1)选题范围广泛,彰显人本情怀。在"规划社会调查"课程中,课程作业的选题呈现出百花齐放的丰富生态,调查领域涵盖公共空间、弱势群体、生活服务、政策理念和邻避空间等多个维度,彰显了课程对于社会各界的高度人文关怀与理解。从"双减"政策下不同群体的时空行为变化,到老人、儿童等弱势群体活动空间的调查;从疫情前后城市韧性空间的探索,到线上线下购物空间的规划;从保护天兴洲鸟类生态空间,到对殡仪馆等邻避设施的选址迁移问题⋯⋯这些广泛而细致的选题通过聚焦于特定群体的活动与空间特征、城市空间的探索的优化、城市空间中不同类型用地功能的交互与矛盾等,充分体现了对于不同群体和领域的尊重与关注。通过丰富的选题,培养学生发现社会问题的敏锐程度,激发学生运用专业知识解决社会问题的责任感和意识,展示"规划社会调查"课程体系的丰富性和前瞻性,同时也为学生提供展现个人观察力、判断力和实践能力的广阔平台。更重要的是,在"规划社会调查"的选题实施过程中,学生将眼光从课本中抽离出来,投向现实生活中存在的种种问题,在提取问题、认识问题、分析问题,最终解决问题的过程中,学生得以了解更多群体的生活状况和社会环境,并为解决社会空间环境中的痛点难点问题而不断努力。这充分体现了对人的尊重和关怀,高度彰显了规划最核心的人本思想——为创造人的美好生活环境而不断努力。这种以人为本的态度贯穿于调查选题、实地考察和问题解决的整个过程中，使学生在实践中体验到人文关怀与社会责任的重要性，从而培养出更具人文情怀和社会责任感的专业人才。

（2）教育、学习方法丰富，注重培养实践能力。城乡规划是注重理论性和实践性相结合的学科，因此，"规划社会调查"采用了丰富多样的教育和学习方法培养学生的综合素质。课程采取理论授课、分组讨论、教师带队、实地调查和访问等多元化的教学与学习模式，提升学生的合作与实践能力，学生不仅仅在课堂上接受知识，更被鼓励积极参与社会调查的实践。这种实践性、综合性的学习方式旨在激发学生走近、认识、感悟社会和发现、分析、解决问题的积极性。在教学过程中，同学们被鼓励以组队合作的形式，前往目的地实地勘查，对各利益相关方面展开调研、访谈等工作，使用传统问卷、遥感航拍和数据分析等多种技术手段归纳总结调查成果。在这一过程中，目标明确地将"大庇天下寒士俱欢颜"的学科追求与目标根植于学生心中，潜移默化地用"绝知此事要躬行"的实践理念和脚踏实地的奋斗精神作为实现学科理想的必然途径教育学生，培养知识本领和技能过硬，具备团队合作精神和社会责任感，能够运用专业知识解决实际社会问题的优秀人才。

### （三）通过高水平的专业课程教学与思政教育一体化建设把握思政风向

专业课程教学是立德树人的重要基石，不仅是传授专业知识和技能的平台，更是培养学生思想政治素质的重要载体。通过在专业课程中挖掘思政元素，可以引导学生从专业角度思考社会中的种种问题并提出解决方法，从而激发学生的责任感与使命感。《纲要》强调，应结合专业特点分类推进课程思政建设："工学类专业课程，要注重强化学生工程伦理教育，培养学生精益求精的大国工匠精神，激发学生科技报国的家国情怀和使命担当。"可见，对于工学类课程而言，过硬的专业本领和高度的人文关怀是高校课程思政教学体系改革内容的重中之重，是衡量专业课程教学成果的重要标准，是"两手抓，两手都要硬"的核心任务。

基于上述课程建设目标和要求，以"城市总体规划设计"和"规划社会调查"等为代表的高水平规划专业课程坚持以高质量的教学为基础，依托武汉大学的优质平台，致力于提升学生的专业素养和综合能力；在此基础上，深度挖掘提炼专业知识体系中所蕴含的思想价值和精神内涵，实现对学生在思想政治教育和人文素养方面的培育和提升。具体来说，规划系课程主要从以下几个方面进行教学设计与实施改革：

首先，精心设计课程内容，树起立德树人的教育大旗。课程内容不仅涵盖最新的专业知识和技术，还注重融入解决城乡社会问题的实践，体现社会责任等思政元素。例如，在"城市总体规划设计"课程中，课程内容涵盖城乡发展历史、资源发展禀赋，以及相关规划与发展政策的制定与落地，帮助学生理解城市规划对社会公平和居民福祉的深远影响。在"规划社会调查"课程中，通过实地考察城乡社会发展过程中存在的种种问题，学生能够深入了解城乡规划对改善居民生活质量的重要意义。

其次，实现教学方法创新融合，通过多维教学方法培育高素质人才。课程教学中综合运用实地调研、案例教学、项目实践等多种教学方式，从而增强学生的实践操作能力和专业思维深度。

再次，强调专业知识理论与实践应用的结合，践行社会主义核心价值观。实践教学与体验是打造高质量规划学科课程的核心环节之一，对于提升学生的专业知识应用水平与能力，培育学生社会责任感与专业使命感具有重要意义。无论是"城市总体规划设计"课程中，教师带领，学生亲赴乡镇一线实地调研，还是"规划社会调查"课程中，根据不同选题分组进行实地访谈与调查，学生通过在课程中的实践与模拟，学习在规划中平衡各群体的利益诉求，并从"真情实景"的现实体验中了解社会生活中存在的种种问题，将"读万卷书"与"行万里路"相结合，从而激发出作为未来的专业从业者应有的社会责任感。

最后，完善课程教学—思政培养—风向引领的教育培养体系正向循环。一方面，随着时代发展与社会进步，专业教育与思政培养的结合不能一成不变，而应顺应时代需求，聚焦社会中的主要问题，培育一代代有担当、有责任的专业从业者；另一方面，在专业教育中挖掘思政要素不应闭门造车，应跳出高校的环境"壁垒"，积极接触社会现实，把握、引领思政方向。例如，通过将学科竞赛与特色课程成果结合起来，实现"教优则赛，以赛促学，以学树人"的专业课程建设正向循环，选送"城市规划总体设计"的课程作品参与"全国大学生国土空间规划竞赛"，"规划社会调查"的课程作品参与多届"城市可持续调研报告国际竞赛"，均斩获颇丰。基于专业课程教学成果，积极投身社会现实，感受时代风潮，有利于高校师生在社会变迁与时代发展中，学习乃至引领推动思政教育的高质量发展，培养一批对学科感知敏锐、心怀家国理想的优质青年。

## 四、结语

专业知识教学与课程思政教育的融合，是促进高校课程思政体系改革，深入探索思想政治教育路径的关键环节。这种融合模式不仅提升了学生的专业能力，也深化了学生对思政教育的认识与理解，为高校教育体系与教学方法的不断创新提供了有力支持。本文以武汉大学城乡规划专业的特色课程为例，通过详细分析和深入研究，在工学类课程教学过程中挖掘思想政治元素，通过专业学习与思政教育的相互促进与融合，提升专业技能水平和思政教育成效，培育具备专业知识技能与责任担当意识的新时代人才。

◎ **参考文献**

[1]苏芷仪，邵森绎，唐贞，等．地方高校课程思政建设探究——以"互联网金融"课程为例[J]．科技创业月刊，2024，37（02）：119-123．

[2]胡剑，饶祖玮．高校课程思政高质量发展机制构建研究[J]．教育科学探索，2024，42（02）：85-90．

[3]蒲清平，何丽玲．高校课程思政改革的趋势、堵点、痛点、难点与应对策略[J]．新疆师范大学学报（哲学社会科学版），2021，42（05）：105-114．

[4]周松，邓淑华．高校课程思政建设存在的问题及路径优化[J]．学校党建与思想教育，2021（10）：58-60．

[5]陆道坤．新时代课程思政的研究进展、难点焦点及未来走向[J]．新疆师范大学学报（哲学社会科学版），2022，43（03）：43-58．

[6]洪早清，袁声莉．基于课程思政建设的高校课程改革取向与教学质量提升[J]．高校教育管理，2022，16（01）：38-46．

[7]路涵旭．课程思政视域下专业教师与思政教师协同育人路径研究[D]．石家庄：河北师范大学，2020．

[8]赵万民，赵民，毛其智．关于"城乡规划学"作为一级学科建设的学术思考[J]．城市规划，2010，34（06）：46-52，4．

# 数智赋能的机器学习课程思政
# 教学路径与实践

曾园园　江昊　隋竹翠

（武汉大学　电子信息学院，湖北　武汉　430072）

**摘　要：** 数智教育新时代对高校思政课教育提出了更高的要求。本文提出了数智赋能的机器学习课程思政教学路径并进行了实践探索，从数智赋能"沉浸式"课程思政教学资源设计、数智赋能"互动式"课程思政教学方法、数智赋能"多维度"课程学习评价机制三个方面，阐述了数智化教育背景下新工科机器学习课程思政的创新改革方法和实践路径，促进专业教育与课程思政的紧密融合，加强思政教育的互动性，提升学生学习的体验感和获得感，从科学精神、专业认同感、社会责任感等维度，提升学生的价值认知。

**关键词：** 课程思政；新工科；机器学习；教学模式

**作者简介：** 曾园园（1980— ），女，湖北武汉人，武汉大学电子信息学院副教授，研究方向为复杂社会系统与网络计算、机器学习方法，E-mail：zengyy@ whu. edu. cn。

江昊（1976— ），男，湖北武汉人，武汉大学电子信息学院副院长、教授，研究方向为人工智能技术、机器学习及应用，E-mail：jh@ whu. edu. cn。

隋竹翠（1971— ），女，山东人，武汉大学电子信息学院教学管理办公室主任，研究方向为教学管理和教学质量监控，E-mail：szc@ whu. edu. cn。

**基金项目：** 教育部产学合作协同育人项目 2023 年第一批立项项目（230907197124541）、武汉大学 2022 年本科教育质量建设综合改革项目（子项目）。

## 一、引言

新时代数智教育将引领未来，新时代新征程对高校思政课教育提出了更加明确的要求。[1]习近平总书记在 2018 年 4 月致首届数字中国建设峰会的贺信中指出："信息技术创新日新月异，数字化、网络化、智能化深入发展，在推动经济社会发展、促进国家治理体系和治理能力现代化、满足人民日益增长的美好生活需要方面发挥着越来越重要的作用。"党的二十大报告首次把教育、科技、人才"三位一体"统筹安排、一体部署，并将"推进教育数字化"写入报告，赋予了教育数智化在全面建设社会主义现代化国家中新的使命任务。

数智赋能教育是指以大数据与人工智能技术为核心，旨在培养学生数字思维、数字素养和智能计算技能，使他们具备解决数智时代问题的数字能力的教育模式。[2]这种教育方式强调将数据和智能技术应用于教育中，以提高学生的综合能力和应对未来挑战的能力。

机器学习课程是新工科人才培养的核心专业基础课程，其所属的人工智能技术领域是未来数智教育的核心，开展数智化赋能的机器学习课程建设具有先决条件和良好的示范作用。另一方面，机器学习所涉及的人工智能技术，其范畴逐步涉及诸多社会、伦理和价值观的问题，亟须通过课程思政的引导，帮助学生深入了解机器学习、人工智能技术的社会影响，培养他们的社会责任感和伦理意识，引导他们在科技发展中秉持正确的价值观和道德观念。[3]

## 二、机器学习课程思政的现状和问题

机器学习课程思政通过在机器学习课程专业的教学中融入思想政治教育内容，旨在培养学生正确的人生观、价值观和社会责任感，引导他们在科技创新和社会发展中发挥积极作用。[4]目前，机器学习课程思政的现状分析如下：

### （一）机器学习课程思政与专业知识融合不够紧密，学生学习体验感不佳

机器学习课程具有专业性强、难度大的特点，对学生的学习能力和专业素养提出了较高的要求。[5]然而，学生在学习的过程中往往面临将专业知识学习与课程思政教育割裂开来的困境。这种割裂通常源自教学资源综合性不强、教学方法固化、以考试为中心的学习评价机制等，容易导致学生只注重方法技术知识和算法原理的学习，而忽视了科技发展背后的伦理、社会责任和人

文关怀等重要方面。

(二)机器学习课程思政的教学方式缺乏互动性,学生学习获得感不强

课程思政教育的教学方式也需要与时俱进,[6]传统教学手段较为固化、方法较为单一化,无法充分运用和调配各类型数智化专业教育资源和思政资源作用于课程思政教学;无法及时有效地促进师生、生生深度互动,无法准确和多维度地评价学生学习的个性化和主动性特点,导致学生学习获得感不强。

新时代数智教育为课程思政带来了新机遇,针对上述现状,机器学习课程思政教学旨在突破的关键问题是:如何充分运用数智化技术,促使专业知识与思政教育紧密融合,形成有机统一的教育体系,有效提升学生学习的体验感?如何充分运用数智化多元化教学手段,激发学生的自主思考和参与度,提升课程思政实践效果,增强学生学习的获得感?

## 三、数智赋能的机器学习课程思政教学路径

### (一)数智赋能"沉浸式"课程思政教学资源设计

机器学习作为一门涉及计算机科学、数学、统计学等多个学科领域的交叉学科课程,具有广泛的跨学科特性。此外,随着以机器学习为主体的人工智能技术在不断发展和应用的过程中,伦理道德和社会价值问题逐步成为了一个重要的议题,因此机器学习课程体系综合性极强。针对课程特点,在专业教育上,课程涵盖机器学习的基础理论、算法原理和实践应用。同时,面向新工科建设需求,融入跨学科知识,帮助学生拓宽视野,培养多元思维、跨界能力和创新能力,提升综合素养。此外,在价值提升上,应将思政教育内容适时适当、润物无声地融入专业知识的学习中,使其相辅相成、互相促进。然而,课程思政不应是单独的课程"知识点",不应将其与专业知识教育割裂开来,而应当贯穿于课程之中。好的课程思政素材资源,能有效地融入专业知识点的教学过程中,使学生在学习专业知识的过程中接受相关的思想政治教育,提升个人价值认知,培养正确的人生观、价值观和社会责任感。因此,建设优质的"专业知识+思政元素"的机器学习教学资源是关键。

数智化技术对于提升课程思政教学资源的质量具有明显优势。

首先，数智化技术可以将原本分散在各个地方、难以移动的实体教学资源转变为可便捷复制、传播和共享的数字产品，极大地丰富了机器学习课程思政的教学资源的场景，增强学生学习的"场景沉浸体验感"。

其次，数智化技术具备加工、编码和修饰等功能，便于根据不同场景和需求结合各种软件平台和工具进行多样化的编辑加工，教师可通过简单加工，即可构建适应于课程专业知识教学重难点的机器学习课程思政教学资源库，增强学生学习的"定制学习体验感"。

另外，数智化资源便于聚合、便于建立中央内容资源中台或互动云端数据库，使优质教学资源得以共建、互联和共享，有助于学生灵活使用优质课程思政资源，提升学生"自主调度体验感"。

在具体打造数智赋能"沉浸式"课程思政教学资源设计的过程中，通过数智化技术建设教学案例、实验项目等各类型教学资源，具体设计中充分考虑并结合本专业特点和学科性质等因素，以及学生就读年级、学习习惯等学生学习特点，有针对性地设计数智赋能"沉浸式"教学案例，使其更加贴近学生的学习需求和实际情况。强调理论联系实际，引导学生将所学的知识点与实际问题相结合，同时融入思政元素，增强学生的实践能力和创新意识，让学生通过案例充分理解专业知识点；通过讨论案例相关的应用背景、影响和解决方案，激发学生对于知识与价值观关系的思考，引领其价值取向。

## (二)数智赋能"互动式"课程思政教学方法

由于机器学习学科领域特点，传统的机器学习课程思政教学过程中，往往偏重使用传统讲授式教学，即教师讲、学生听的方式，这种方式形式单一、学习效果不明显。数智化教学为课程思政教育提供了新手段和新工具。

首先，数智化教学方式可有效整合多样资源、聚合多维度线上线下场域，灵活运用"数智化+"的教学理念，推动教学方式的转变。对教师来说，数智化赋能有助于教师获取和发布具有专业思政理论基础的课程思政相关的案例素材资源，丰富课程思政的教学内容，扩充课程思政涉及题材、元素，促进课程思政实施方式的转变，通过线上线下结合，增强教学手段的多元化。对学生来说，学生学习可由课堂内向课堂外延伸，可结合自身学习需要和特点，灵活自主地进行学习，提升"主动学习获得感"。

其次，运用"数智化+"的教学手段，有助于推动教学方式的转变。对教师来说，通过探索多媒体教学、网络化教学、虚拟仿真实验教学等，充分运用翻转课堂、线上线下混合教学等方法，促进教学方式由传统的讲授法向数智化教学转变，激发学生自主思考，增强师生互动、生生互动，提高学生学习的兴趣。对学生来说，通过多元化的数智化手段和平台，及时有效地与教师和其他同学交流互动，探讨专业教育和思政教育中的各类型问题，自主发现问题、深入探究问题和有效解决问题，提升学习"参与式获得感"。

在机器学习课程思政的具体实施路径中，根据课程专业知识的特点，设计互动式的课程思政教学实验，通过数智化平台提前发布实验资源，鼓励学生自主思考。课堂教学中，以协作法为主导，教师穿针引线，针对性地答疑解惑，引导学生发现问题、探求问题和解决问题。在解决问题之后，教师引领学生通过分组讨论和发言点评等形式思考相关知识与价值观的关系，领悟技术应用背后的伦理和社会责任，帮助学生树立正确的价值观和社会责任感。

## (三)数智赋能"多维度"课程学习评价机制

传统的课程学习评价机制主要是以考试为中心，偏重对知识记忆和复述的考查，缺乏对知识理解能力和应用能力的考查，更是缺少对学生价值认知提升效果的度量，无法全面综合有效地反映学生的综合能力和价值素养。数智赋能"多维度"课程学习评价机制，运用数智化资源和平台，从知识、能力和价值三个维度对课程学习能效进行评价。

首先，针对知识的评价，改变了以传统的期末考试为主的模式，运用数智化资源和平台，采用"书面作业—上机实操—拓展训练"的分散化的考评、"课前—课中—课后学习"阶段化的评价方式，旨在较为全面完整地评估学生在不同层面、不同阶段的学习状态，评价学生学习的知识"获得感"状况。

其次，针对"能力"的评价，引入个性化、多梯次的评价指标。运用数智化资源制订不同难度的个性化练习和实践作业，致力于充分评估学生个性化学习的"体验感"状态，评价学生学习的能力"获得感"状况，帮助学生树立学习的自信心，敦促学生不断进步，激发学生的学习潜能。

最后，针对学生价值提升的评价，引入课程思政评价工具箱，在开课前和课程结束后分别进行问卷评测。运用数智化资源，设置适合于本学科专业、本年级学生学习特点的思政评价问卷题目，对学生的科学精神、专业认同感、社会责任感等进行测评，从而客观地评价学生的价值素养的提升。

数智赋能"多维度"课程学习评价结果，将其作为机器学习课程思政教学实施路径的重要参数，并根据反馈结果，不断完善和优化课程思政路径中的前两步，即数智赋能"沉浸式"课程思政教学资源设计、数智赋能"互动式"课程思政教学方法，据此形成一个大的闭环反馈。经过多轮迭代、优化的数智赋能的机器学习课程思政教学路径，如图1所示。

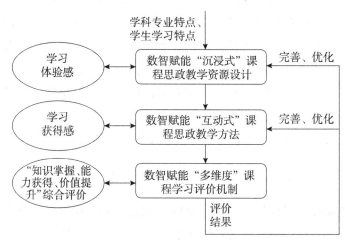

图1　数智赋能的机器学习课程思政教学路径

## 四、数智赋能的机器学习课程思政实践探索

笔者针对所在专业机器学习课程开展了数智赋能的机器学习课程思政实践探索。

首先，初步构建了丰富的数智赋能"沉浸式"课程思政教学资源，增强了课程专业知识与思政元素的有机黏合，在知识学习中领会思政，在思政教育中强化和巩固专业知识。

其次，探索并实践了数智赋能"互动式"课程思政教学方法，在原有机器学习课程教学方法的基础上，进一步深化课程教学创新改革，灵活运用"数智化+"教育手段，重新调整了教与学的模式，将学习的主动权交给学生，学习的场所进一步扩展为"线上+线下""课堂+课外"的多场域形式。学生在学习过程中可以运用更为便捷的数智化手段与教师、其他同学留言提问、在线互动、预约互动等，还可根据自身学习特点和习惯，有效利用"数智化+"资源，开展多场域、交互式的主动学习。

再者，探索并实践了数智赋能"多维度"课程学习评价机制，如图 2 所示。

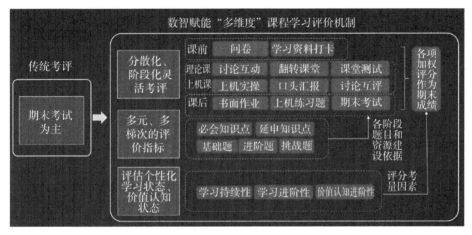

图 2　数智赋能"多维度"课程学习评价机制

多维度课程评价机制中"知识掌握"主要源自：课堂测试、书面作业、期末考试卷面成绩，其比例分别是 25%、25%、50%。"能力获得"主要源自：上机实操、课后上机练习题、口头汇报、讨论互评成绩，其比例分别是 30%、30%、20%、20%。"价值提升"主要源自：思政问卷、思政学习资料打卡两个方面，其比例分别是 80%、20%。期末总评成绩中的客观评分由这三个部分组成，其中"知识掌握"占 50%、"能力获得"占 25%、"价值提升"占 25%。此外，总评成绩还注重评价学生学习的个性化状态，鼓励学生学习的积极性，在客观评价的基础上，引入了主观评价。主观评价源自学习的持续性、学习的进阶性、价值认知的进阶性三个方面，其比例分别是 40%、30%、30%。学习的持续性的评价主要源自课前问卷参与度、资料打卡、课堂讨论互动、翻转课堂的评分。学习的进阶性评价源自完成进阶题和挑战题的次数和质量的综合评分。价值认知的进阶性评价主要源自思政问卷开课前后在价值认知方面各项评价指标的对比综合评分。

2023 年笔者所在专业班级开展了数智赋能的机器学习课程思政教学实践，在采用多维度课程评价机制后，与 2022 年未实施数智赋能的机器学习课程思政教学的学生学习效果进行了对比。图3为2022—2023年笔者所在专业班级的机器学习课程总评成绩各分数段学生人数的对比，其结果可见：2023年实施了数智赋能的机器学习课程思政教学方法后，学生学习成绩有明显提升，特别是在高分段有较大提升，从一定程度上显示了课程思政路径及实践的有效性。

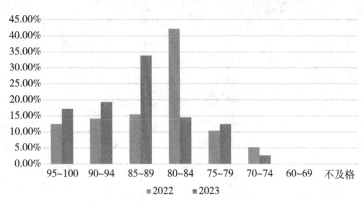

图3　2022—2023年度课程总评成绩对比

此外，在开课前后，进行课程思政相关问卷调查、让学生完成上机实验项目后撰写实验报告中的个人价值感悟，以及开课前后运用课程思政工具箱计算得到学生在科学思维、科学探究、科学伦理等三个方面的归一化指数（具体总评成绩中，将根据归一化指数、将其映射到100分制的得分用于计算学生总评成绩），如图4所示。

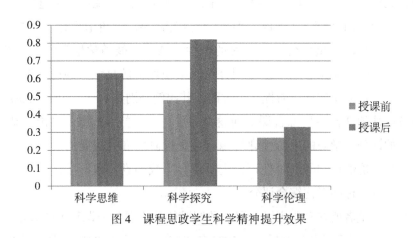

图4　课程思政学生科学精神提升效果

# 五、结语

数智教育新时代对高校思政课教育提出了更加明确的要求。本文提出了数智赋能的机器学习课程思政教学路径并进行了实践探索，在数智时代以多学科视角、运用数字化和信息化等手段提升教学效果和育人能效，牢牢把握时代需求，培养具有数字思维与数字素养的拔尖创新人才，实现价值塑造、知识获得和能力培养的有机统一。

## ◎ 参考文献

[1]李俊峰．数智化人才培养策略分析之课程体系构建、教学方式改革与师资培养[J]．中国管理信息化，2023，26(23)：205-208．

[2]王健，朱文凤，陆阳．高校课程思政的数智化教学创新与改革路径[J]．文教资料，2023(18)：100-105．

[3]周欣悦，刘惠洁．数智时代面临新的伦理挑战(前言)[J]．心理学报，2024，56(02)：143-145．

[4]曹蕾，王莉，何冰，贺宝玲，林佳．课程思政融合教学模式与教学策略研究[J]．高教学刊，2022(35)：67-69．

[5]贾萌，石伟伟，鲁晓锋，等．新时代科技创新背景下的人工智能创新实践课程思政教学[J]．计算机教育，2022(08)：48-52．

[6]岳仁田，王红勇，李善梅．机器学习基础课程思政教学改革与实践[J]．高教学刊，2023，9(23)：193-196．

# 《网络地理信息系统原理与技术》教材建设和课程思政

孟令奎　黄长青

（武汉大学　遥感信息工程学院，湖北　武汉　430072）

**摘　要：**教材建设是实现育人目标的基础环节，课程思政是高校思政育人的重要补充和"三全育人"的重要抓手。本文阐述了课程思政教学的重要性和思政实践，分析了教材建设及思政要素进教材的意义，阐明了教材建设与课程思政的关系。以《网络地理信息系统原理与技术》教材建设和"网络 GIS"课程思政建设为例，着重分析了思政要素融入教材的必要性，并从党领导下地理信息产业发展等四个方面将祖国建设成就、重大科技工程攻关、社会价值观、生活哲理、工程伦理、家国情怀等无缝融入教材和课程思政中，推进了思政进教材、进课堂、进头脑，取得了显著效果。

**关键词：**教材建设；课程思政；思政要素；网络 GIS

**作者简介：**孟令奎(1967—　)，男，河南固始人，博士，武汉大学遥感信息工程学院教授(二级)、博士生导师，主要从事地理信息系统、水利遥感、计算机系统结构方向研究，E-mail：lkmeng@ whu. edu. cn。

黄长青(1977—　)，男，广西富川人，博士研究生，武汉大学遥感信息工程学院教师，研究方向为网络 GIS、众源地理数据分析，E-mail：huangcq@ whu.edu.cn。

**基金项目：**武汉大学本科教育质量建设综合改革项目(一流本科专业建设项目)。

## 一、课程思政教学重要性

### (一)课程思政概述

2016 年 12 月，习近平总书记在全国高校思想政治工作会议上指出，"要用好课堂教学这个主渠道""使各类课程与思想政治理论课同向同行，形成协同效应"。[1]教育部于2020年5月印发《高等学校课程思政建设指导纲要》，指出全面推进课程思政建设是落实立德树人根本任务的战略举措，是全面提高人才培养质量的重要任务。[2]

课程思政是以专业课程教育和"三全育人"为载体将专业课程与思政课程紧密结合、有机协同，形成的一种专业课程教育形式。[3-4]与思政课程相比，课程思政贯穿专业学习全过程，学生在学习专业课的同时，受到"春风化雨、润物无声"的思政熏陶，实现育才、育德、育智的相结合、相统一。[5]

## (二)课程思政的重要性

课程思政建设的关键是挖掘专业课程中蕴含的思政要素并将其融入课堂教学全过程。[6-8]这些要素的融入可以起到三个作用：一是对学生提高认识、产生自豪感和荣誉感，增强社会责任感和使命感等起到潜移默化的作用，二是对学生树立正确的人生观、价值观、世界观具有直接的促进和引领作用，三是解决"培养什么人、怎样培养人、为谁培养人"这一教育根本问题的行之有效的措施。[9]

## (三)课程思政实践

现阶段思政课程的主要工作是推进党的二十大精神进教材、进课堂、进头脑，而课程思政则从另一个侧面和另一种角度为落实"三进"工作提供了丰富的实践资源。课程思政的这一特点也就决定了思政实践具有多样性。[10]首先，课程思政建设贯通本专科专业建设和硕博士学科建设人才培养体系。其次，课程思政立足于公共基础课、专业教育课、实践课三方面的思政实践，可采取多种途径彰显推进中国式现代化的价值立场和发展新质生产力的战略思维。[11]第三，课程思政要素具有多样性。思政要素涵盖内容非常广泛，例如思政理论知识，世情、国情、党情、民情，探索科学、追求真理、科技报国的责任感和使命感，以爱国主义为核心的民族精神、以改革创新为核心的时代精神，优秀传统文化，追求精益求精的大国工匠精神等，[12-13]这些要素均可以融入课程目标、结构、内容和课程模式中。

## 二、教材建设与课程思政的关系

### （一）教材与教材建设

教材是教师传授知识的基本依据，是学生获取知识的重要源泉。高质量教材可以正面教育人、正确引导人、深刻影响人，是全面贯彻党的教育方针的重要载体。教材建设是筑牢思想阵地、传授科学知识和培养合格人才的基础工程，更是事关国家未来的战略工程。党的二十大报告首次提出"深化教育领域综合改革，加强教材建设和管理"，充分说明教材建设在教育和教改中的重要地位和作用，体现了党中央对教材建设这一国家事权的高度重视。[14]

教材建设包括教材的编写、选择、种类确定、呈现形式、使用方式、配套资源、管理及研究等，其中最关键的是教材编写，而教材内容的组织与挑选是教材编写的核心，是确保教材质量的基本保障。

### （二）思政进教材

专业教材内容的确定是一项复杂的系统工程，第一，要分析教材适用的读者对象。不同层次的对象，对教材内容的难易程度、理论技术方法的成熟度、易读性、展现方式等的要求是不同的，对教材的叙事方式要求也不一样。第二，确定教材的组织结构。教材既要有相对独立的结构，又要兼顾其与其他教材的承前启后关系，特别是在就某个学科、专业开展系列教材建设时，更要注重教材之间的关联，做到衔接有序、合理。第三，教材选材上要反映我国社会主义革命和建设、改革开放和社会主义现代化建设的辉煌成就。围绕人才培养根本问题，要全面反映党带领人民进行新时代中国特色社会主义建设的伟大成就，确保在培养方向、培养方法和培养目标上符合人民的期待。第四，正确处理专业知识和思政要素的有机融合问题。这实际上是当前教材编写的关键，是发挥教材育人作用的基础工程，既要体现出思政要素在专业教材中的地位，又要避免专业教材成为思政教材。[15]几年来的实践表明，如何避免"两张皮"、"硬融入"、表面化、贴标签、"低级红"、"高级黑"等现象，是专业教材编写的难点。[16]

### （三）教材建设与课程思政建设

教材建设与课程思政建设关系极为密切，两者相互依存、相互促进、相互配合。首先，两者育人目标一致，但各有侧重。教材以纸质为载体，或是纸质与数字资源（如彩图、典型案例、拓展阅读、微课、教学 PPT、自测题等）一体化设计的新形态教材，突出专业知识和思政育人主线，强调思想性、科学性、实用性和启发性，以相对单向的方式传播真理和科学知识。[17]课程思政是以课程为载体的一种育人模式，以课堂教学为主要形式，以双向互动方式传道授业解惑，在这一过程中，学生不仅学习教材中的知识，听取教师讲授，接受学科专业和思政教育的启迪，还能进行热烈讨论、积极交流，获取更新的知识和更深刻、更全面的认知及价值塑造。其次，教材建设是基础，是支撑。思政进教材是思政进课堂、进头脑的第一步。离开了这一步的教材建设，课程思政建设将成为无源之水、无本之木。因此，将思政要素系统性地融入教材中是基本前提。再者，课程思政是方向，是引领。课程的思政要求为教材建设提供了基本遵循，确保教材建设方向正确，同时在育人目标的指引下，可以将课程思政的新理念、新方法融入教材中，丰富教材内涵，还可以通过教材的固化作用和传播途径，使更多的读者在知识传授、价值塑造和能力培养方面受益。

## 三、《网络地理信息系统原理与技术》教材建设中融入思政要素

我国对教材建设一直十分重视。新中国成立以来，党和国家对教材的编研、内容的审定、出版发行以及组织管理等从体制机制上作出了安排。面向新时代的教材体制机制改革是教材强国建设的关键举措，党和国家给予了高度重视，确立了决策、执行、研究三位一体的工作格局和统筹为主、统分结合、分类指导的制度安排，教材建设在推动中国式现代化进程中迎来了崭新发展局面。以下通过分析《网络地理信息系统原理与技术》教材建设与"网络GIS"课程思政建设，深刻阐明两者对于培养思政立场坚定、家国情怀浓厚、技术能力过硬、伦理意识敏锐的高层次专业人才的极端重要性。[18]

（一）思政要素融入《网络地理信息系统原理与技术》教材的必要性

地理信息是国家经济建设和社会发展的基础性资源，以地理信息存储、处理、管理、分析和服务为己任的网络地理信息系统(Geographic Information System，GIS)承载着重要使命和历史责任。随着 GIS 与导航、遥感、通信、互联网、物联网、云计算等技术的深度融合，产生了许多新技术。在新基建的驱动和支持下，以 GIS 为基础的数字孪生水利、实景三维中国等行业和领域的智慧化工程稳步推进，适应了数字时代新发展阶段的要求，有力促进了地理信息产业高质量发展。与此同时，"网络 GIS"是国家一流本科专业"遥感科学与技术"自 2002 年设立以来的专业核心课程。《网络地理信息系统原理与技术》是"网络 GIS"课程的指定配套教材，经 20 多年建设，已出 4 版，印刷 20 余次，为专业建设和人才培养发挥了重要作用。上述建设成就和不断发展的技术亮点以及发展态势，可以极大提高学生的专业自豪感和社会责任感，是极好的思政要素，将其融入《网络地理信息系统原理与技术》教材和"网络 GIS"课程中，不仅可行，而且必要。[19]

（二）党领导下的地理信息产业发展

以习近平同志为核心的党中央深刻洞察世界百年未有之大变局加速演进带来的新一轮科技革命和产业变革趋势，指出要牢牢把握住全球信息化和数字化转型发展的重大机遇，加快布局和推进数字中国建设，全面发展数字经济，使数字经济与实体经济相适应、相融合。2023 年 2 月，中共中央、国务院印发了《数字中国建设整体布局规划》，明确指出建设数字中国是数字时代推进中国式现代化的重要引擎，是构筑国家竞争新优势的有力支撑。在党中央的高度重视和坚强领导下，我国地理信息产业结构和规模实现了跨越式发展，迈入了高质量发展新阶段。近年来，地理信息产业以"支撑经济社会发展、服务各行业需求，支撑自然资源管理、服务生态文明建设"为工作定位，产业结构持续优化，应用领域广泛而深入，产业加速转型升级，自主创新成果与日俱增，国际影响力显著增强。2022 年，我国地理信息产业增速达 3.5%，总产值达 7787 亿元，近 10 年复合增长率为 14.6%，标志着我国地理信息产业发展动能持续增强，全面助力经济社会发展，为中国式现代化提供了源源不断的数据、信息乃至人力资源。[20]

作为数字化、信息化、网络化的基础技术和服务平台，网络 GIS 的发展呈现出鲜明特色：吸收测绘、遥感、地理、计算机、数学等学科和网络、人工智能、数据库、自然资源、环境、水利、农业等众多领域和行业的技术所长，形成了由这些学科和技术广泛交叉和深度融合的边缘学科。实际上，学科交叉融合是形成新的研究方向和增长点的重要途径，更是新时代推进新一轮科技革命、催生新兴学科、培养跨学科复合型人才的关键措施和必然要求。网络 GIS 的发展适应了这个要求，已成为智慧城市、智慧水利、智慧农业、智慧医疗、智能交通、数字孪生平台等行业应用的服务支撑，有力推动了地理信息产业快速、高质量发展，并将为加快数字中国建设、提升数字经济发展质量提供支持。

### (三) 网络存储与文化传播和文明传承

文化传播、文明传承离不开记录和存储。我国优秀的传统文化源远流长、博大精深，是人们思想观念、风俗习惯、生活方式、情感情怀的延续和集中表达。习近平总书记在党的二十大报告中指出："坚持和发展马克思主义，必须同中华优秀传统文化相结合。"人民既是历史的创造者，同时也是历史的记录者和传承者。中华文化拥有上下五千年历史，从三皇五帝传说到秦皇汉武唐宗宋祖，从新中国成立到改革开放，从未停止对历史的记录和存储。在文字出现以前，使用结绳记事存储；文字出现之后，以龟甲兽骨、青铜玉器、石刻壁画、简牍帛纸等书写历史，流芳百世；到了现代，以磁光电为基础的信息存储技术更是极大地改变了人们认知和记录世界的方式。历史不仅仅是对过去的记录，更是把握现在、走向未来的向导。[21]不难看出，没有存储则无法记录历史，便不能更好地传播文化、传承文明。

在信息时代，数据存储是数字技术的基础和保证，是指以某种格式将数据记录在计算机内部或外部存储介质上。据 IDC 预测，到 2027 年全球可存储数据量将达 284ZB，即 $284×2^{70}$ 个字节(1ZB ≈ 1 万亿 GB)，相当于全球人均拥有 40TB 的数据。空间数据的客观分布特性决定了网络 GIS 不仅要考虑空间数据的结构、格式、尺度、容量及更新等问题，还需要考虑空间数据面向行业和领域应用的存储、传输及访问技术，保障网络应用中数据的可靠存储和及时获取。网络 GIS 具备对数据的有效存储和管理能力，推动了传统数据存储技术向着现代网络存储技术的发展。[22]

### (四)网络 GIS 蕴含的哲理

网络 GIS 以 WebGIS 为主要表现形式，在计算模式上有客户/服务器和 P2P 两种，具体到实现形态，可以划分为移动 GIS、P2P GIS、网格 GIS、GIS 云、GIS 边缘计算等，这些形态既顾及了计算环境特点(移动/固定)，又考虑了影响系统整体性能的计算模式和体系结构。无论是计算环境、计算模式，抑或体系结构，均蕴含了丰富而深刻的道理、哲理、学理和思政感悟。

#### 1. 移动 GIS

移动 GIS 是指将 GIS、GNSS 和移动互联网一体化的技术和系统，具有数据来源多样化、计算智能化、位置服务个性化和实时化等优点，不断改善着人们的生活、工作和学习方式。它将"千里眼"和"顺风耳"的美丽传说变为现实。经过几代人艰苦努力打造出来的我国北斗卫星导航系统、以 5G 为代表的移动通信技术和《国家中长期科学与技术发展规划纲要(2006—2020 年)》重大专项建立的高分对地观测系统是当前移动 GIS 的重要基础设施，展现了我国强大的创新能力。在港口码头、机场、高铁站、景点、酒店、办公室等各种场合，人们都能方便获得移动 GIS 提供的服务。十几年来，移动 GIS 作为新一代信息技术的重要应用，是现代化产业体系和信息化、新型工业化的重要组成，是创新驱动发展战略的直接体现，已成为我国经济新增长引擎不可或缺的一部分。[23]

#### 2. P2P GIS

P2P GIS 中的节点充当服务器和客户端两重角色，每个节点可以同时向其他节点发送数据，也可以同时接收来自其他节点的数据，并有良好的数据传输控制策略。P2P 的这一特点使其非常适合多用户数据高效传输与处理、并行查询和分布式存储等应用场合，而且这一理念蕴含了诸多公平法则和哲学思想，例如，"人人为我，我为人人"的数据分享机制、"你敬我一尺，我敬你一丈"的数据下载与上传机制、对"搭便车者的自私行为"的惩罚机制、"最少优先"的公平机制等，遵循了"以空间换时间"的效率原则，并且处处以系统整体性能最优为出发点和归宿点的大局意识，确保参与者越多，则系统越优化。

### 3. GIS 云

GIS 云的基础计算环境是云，是提高系统算力的有效措施。云计算既是一种计算模式，也是重要的基础设施。[24] 我国正在实施"东数西算"工程，构建超高性能的云存储和云计算环境，这将极大推动大数据和人工智能技术的应用，实现计算资源集约化与高效利用，更大范围地满足日益增长的对地理空间大数据的需求。[25] 这一工程针对我国东部地区经济发展带来的大量数据（算据）存储、处理和能源需求难题，以及西部地区水电资源廉价和过剩问题，从战略布局上将在京津冀地区、长三角地区、粤港澳大湾区、成渝地区、内蒙古自治区、贵州省、甘肃省、宁夏回族自治区建设 8 个算力枢纽节点，规划设立长三角生态绿色一体化发展示范区、张家口、芜湖、韶关、天府、重庆、贵安、和林格尔、庆阳和中卫 10 个国家数据中心集群，形成全国一体化的大数据中心体系和新型超级算力网络体系，将东部地区超大容量算据对算力和能源的需求有序引导到西部，使西部地区廉价的能源资源为东部地区算据处理提供全面、持久的支持，促进东西部协同联动、共同发展。

### 4. 网格 GIS

事实上，我国在 21 世纪初就启动了中国教育科研网格 ChinaGrid 的建设，研发单位有清华大学、北京大学、北京航空航天大学、华中科技大学、华南理工大学、上海交通大学、东南大学、西安交通大学、国防科技大学、山东大学、东北大学、中山大学等，通过自主研发网格公共支撑平台，将全国 13 个省市 20 所高校所拥有的计算、存储、数据、软件等资源集成起来，为图像处理、远程教育、计算力学等应用提供异构资源集成服务。网格 GIS 的典型特征是将大规模复杂空间问题分解为若干小任务，在不同的计算节点中进行协同处理，通过数据、信息、知识等的动态交互来实现地理空间数据资源的开放与共享，在集中资源的基础上突破性能瓶颈制约，发挥高效的处理和分析能力，解决大规模计算问题。网格的这一计算模式既包含了"化整为零"的系统思维，也强调了并行处理、协同推进的团队合作意识，更突出了"集中力量办大事"的思想内涵。

### 5. GIS 边缘计算

在以云计算为中心的计算模式里，GIS 云是系统算力的主要承担者。由于空间数据的地理分布特性，云计算对象——空间大数据并不一定存储在云端，而是广泛分布于遥远的数据采集端或终端，这就极易导致算力虽强、但算据供应不上的局面，极大地制约着云计算性能的发挥。解决这一问题的有效办法是对边缘节点（从边缘设备到云端的路径上具有计算能力的节点）的数据直接施加处理——边缘计算[26]，多个边缘节点并行、协同处理，处理后的结果经由 Internet 或通信网络传到云端，由具有超强算力的 GIS 云做进一步分析处理。[27-28]这种协同处理模式有助于提高系统整体性能，强调的是并行处理、协同推进的合作意识，体现的是"群策群力、各司其职、众志成城"的团队精神。

### （五）网络 GIS 工程伦理

网络 GIS 工程是典型的软件工程，需遵循软件工程建设规范和工程要求。如同其他实体工程一样，软件工程应该提供质量过硬、可靠、可信的服务。[29]习近平总书记强调，要在全社会弘扬精益求精的工匠精神，激励广大青年走技能成才、技能报国之路。党的二十大报告进一步提出，努力培养造就更多大师、战略科学家、一流科技领军人才和创新团队、青年科技人才、卓越工程师、大国工匠、高技能人才。什么是工匠精神？敬业、专注、创新等都是它的内容。在 GIS 工程领域，工匠精神要求我们严格遵循网络 GIS 的设计标准和工程规范，克服工程技术和工程管理的薄弱环节，强化工程伦理意识。[30-31]针对特定 GIS 进行统筹设计，保证 GIS 有效、规范、平稳运行。作为网络 GIS 工程的技术设计与开发者，要时刻以工程伦理为准则，其行为要展现出最高标准的诚实与正直，确保提供诚实、无私、公正及公平的服务，打造精品工程、良心工程、放心工程。

以上从多个方面阐述了在《网络地理信息系统原理与技术》教材建设中融入的思政要素，这些要素也成为"网络 GIS"课程思政建设的基本成分。在授课时，全面融入这些思政要素，使学生不仅学到了网络 GIS 专业知识，还了解和掌握了与网络 GIS 关联的诸多其他知识，例如党带领全国人民在北斗、东数西算、南水北调、新基建等重大工程建设方面取得的辉煌成就，领悟到网络 GIS 蕴含的深刻哲理和工程伦理规范要求。这些思政要素的融入将知识培养、价值观培育和能力养成贯穿起来，融为一体，充分展现出新时代专业课程教育的思想价值引领，是课程思政建设的有益尝试。

## 四、结语

本文结合《网络地理信息系统原理与技术》教材建设与"网络 GIS"课程思

政建设的实际，分析了课程思政在解决"培养什么人、怎样培养人、为谁培养人"这一教育根本问题上的重要作用。课程思政是推进党的二十大精神进教材、进课堂、进头脑的重要举措，其中基础的环节是思政要素进教材。实践表明，教材建设与课程思政相辅相成，育人目标一致，但各有侧重，两者的关系表现为教材建设是基础和支撑，而课程思政是方向和引领。在实施的网络 GIS 教材和课程思政建设中，从多个方面挖掘思政要素，将祖国建设成就、重大科技工程攻关、社会价值观、生活哲理、工程伦理、家国情怀等无缝融入教材和课程思政中，通过课程教学潜移默化地影响学生，取得了良好效果。

◎ **参考文献**

[1]郑鸣九.课程思政与思政课程如何深度协同[N].中国教育报，2022-05-30(6).

[2]王英龙，李红霞.课程思政对立德树人成效的影响研究[J].中国大学教学，2021(12)：69-73.

[3]涂一昂.课程思政建设过程中"三全育人"的路径解析[J].社会科学动态，2024(03)：109-116.

[4]郭华，张明海.高校"课程思政"协同育人体系构建研究[J].当代教育理论与实践，2020，12(01)：5-10.

[5]宗爱东.课程思政：一场深刻的改革[M].上海：上海人民出版社，2022.

[6]汤苗苗，董美娟.高校课程思政建设存在的问题及对策[J].学校党建与思想教育，2020(22)：54-55，70.

[7]毛卫华，汤晓建.价值塑造导向的高校课程思政建设研究[J].江苏高教，2023(12)：126-130.

[8]杨春梅，孙程程，王佳佳.树立三位一体的世界一流大学教育观[J].中国高等教育，2023(23)：45-48.

[9]张波.培养完整的人——课程思政导向的价值观育人[J].教育研究，2023(05)：92-102.

[10]刘亚敏.中国式教育现代化的特殊优势[J].高等教育研究，2023，44(03)：33-38.

[11]路丙辉.中国式现代化进程中的"大思政课"建设[J].教育研究，2022(12)：27-31.

［12］陈华栋．课程思政：从理念到实践［M］．上海：上海交通大学出版社，2020．

［13］冉光仙．探索专业课课程思政建设路径［N］．中国社会科学报，2022-12-23（11）．

［14］靳晓燕．建设中国特色高质量教材体系［N］．光明日报，2024-03-26（13）．

［15］刘沫潇．新形态教材建设：现实意义、编写策略与开发路径［J］．中国出版，2024（01）：50-53．

［16］张良．课程思政如何破解"两张皮"难题——知识与社会联系的认识论视角［J］．教育研究，2023（06）：59-66．

［17］黄明东，蔺全丽，李晓锋．高校新形态教材的特征、发展态势与建设路径［J］．出版科学，2022，30（02）：32-39．

［18］韩宪洲．专业思政：深化课程思政的逻辑遵循与实践要求［J］．中国高等教育，2023（05）：33-36．

［19］孟令奎，史文中，张鹏林，等．网络地理信息系统原理与技术（第4版）［M］．北京：科学出版社，2024．

［20］李维森．中国地理信息产业发展报告（2023）（R）．中国地理信息产业协会，浙江：2023．

［21］张远向．习近平总书记关于历史文化遗产保护传承的重要论述的生成逻辑［J］．湖南省社会主义学院学报，2024，25（01）：23-27．

［22］Lepers，B．，Balmau，O．，Gupta，K．，et al. KVell：The design and implementation of a fast persistent key-value store［C］//Proc of the 27th ACM Symp. on Operating Systems Principles. New York：ACM，2019，447-461．

［23］乔彦友，常原飞．移动地理信息系统技术发展的3个时代［J］．遥感学报，2022，26（12）：2399-2410．

［24］李少华，李闻昊，蔡文文．云GIS技术与实践［M］．北京：科学出版社，2017．

［25］段丹洁．"东数西算"惠利数字中国建设［N］．中国社会科学报，2022-07-06（1）．

［26］施巍松，张星洲，王一帆，等．边缘计算：现状与展望［J］．计算机研究与发展，2019，56（01）：69-89．

［27］Xiao，Y．，Jia，Y．，Liu，C．，et al. Edge computing security：state of the art and challenges［J］. Proceedings of the IEEE, 2019, 107(8): 1608-1631.

［28］Asim M, Wang Y, Wang K, et al. A review on computational intelligence techniques in cloud and edge computing［J］. IEEE Transactions on Emerging Topics in Computational Intelligence, 2020, 4(6): 742-763.

［29］徐海涛, 王辉, 何世权, 张雪英, 张胜田. 工程伦理［M］. 北京: 电子工业出版社, 2020.

［30］李正风, 丛杭青, 王前, 等. 工程伦理: 第2版［M］. 北京: 清华大学出版社, 2019.

［31］哈里斯, 普里查德, 雷宾斯. 工程伦理概念和案例: 第5版［M］. 丛杭青, 等, 译. 杭州: 浙江大学出版社, 2018.

# "色彩原理与应用"课程思政的设计与实施

马桃林

（武汉大学　国家网络安全学院，湖北　武汉　430079）

**摘　要**：论文遵循中共中央办公厅、国务院办公厅、教育部印发文件的引导，按照武汉大学课程思政改革的要求，以通识课"色彩原理与应用"为对象，从课程思政改革的背景、课程思政改革的必要性和可行性、课程思政设计目标、课程思政教学实践和课程思政持续推进措施五个方面展开，重点讨论了"色彩原理与应用"课程思政设计与实施方案，对同类课程的课程思政建设与改革发挥一定的参考价值。

**关键词**：色彩原理与应用；课程思政设计；思政元素；思政维度

**作者简介**：马桃林（1968—　），男，汉族，湖北石首人，博士研究生，武汉大学国家网络安全学院教授，研究方向为信息隐藏与数据库安全，E-mail：mtl1968@ whu. edu. cn。

## 一、"色彩原理与应用"课程思政改革的背景

2019 年 8 月中共中央办公厅、国务院办公厅印发《关于深化新时代学校思想政治理论课改革创新若干意见》，要求在发挥好思政课教育主渠道的同时，要将思想政治教育融入学校全部教学活动中，实现全员育人、全程育人和全方位育人，推动专业课程教育与思想政治教育同向同行，形成协同效应。2020 年 6 月，教育部印发《高等学校课程思政建设指导纲要》，指出要把思想政治教育贯穿人才培养体系，全面推进高校课程思政建设，发挥好每一门课程的教书育人作用，提高高校人才培养质量。文件要求在专业课中融入思政元素，在潜移默化中对学生实施思想政治教育，在专业能力培养的同时，不

断提高学生思想水平、政治觉悟、道德品质、文化素养。课程思政融合式教学，有利于国家的发展和社会的和谐稳定。武汉大学各教学单位，积极响应，坚持以人为本、创新发展的教育理念，认真学习并贯彻习近平总书记系列重要讲话精神，牢记教育使命，通过不同渠道和方式大力推进思政课程的改革力度。"色彩原理与应用"作为武汉大学较早开设的一门比较受学生欢迎的素质教育通识课，积极开展课程思政教育责无旁贷。

## 二、"色彩原理与应用"课程思政改革的必要性和可行性

### （一）"色彩原理与应用"的教学目标契合课程思政的宗旨

人的信息获取80%来源于视觉，视觉对物体色彩的感知性和敏感性远远超过物体的形貌特征。人的衣食住行离不开色彩，色彩与人的生活息息相关，色彩是人们生活的重要组成部分。通过本课程的理论学习，学生可以综合掌握色彩相关的基本概念、色彩形成的基本知识和基本理论、色彩的表达方式、色彩的感觉与联想、色彩的各种搭配应用规律，以及与色彩相关的各种视觉现象和艺术用色的基本知识，提升大学生对色彩的认知和分析运用的艺术素养，培养学生的科学探索精神、爱国主义情操、辩证的哲学思维以及专业能力等。通过本课程实践体验，可以提升学生选用包装产品的精准度和安全性，提升学生布置和欣赏室内环境的品位，提升学生服饰搭配的艺术素养。本课程对培养学生理性思维、加强学生对日常生活中必不可少的衣食住行的行为规范和艺术素养的认知水平意义重大。

### （二）"色彩原理与应用"的教学内容和教学过程蕴涵丰富的思政元素

"色彩原理与应用"课程教学内容和教学过程中可以有效融入各种思政元素。课程涵盖与色彩相关的科学的严谨的概念和原理，可以有效融入科学探索精神、辩证和逻辑思维能力等思政元素。理论联系实际的教学方式可以培养学生专业动手能力、实践意识和团结协作的工匠精神。课程包含大量应用分析的图片和案例，通过这些素材的更新对比，可以有效融入家国情怀、社会主义核心价值观、道德伦理、批判与创新精神等思政元素。课程体系设计

中的作业安排，可以培养学生团结协作能力、伦理道德、专业能力、批判性的探索创新精神和爱岗敬业责任意识等。

（三）"色彩原理与应用"课程思政融合式教学契合教师的职业操守要求

教师的职业操守要求教师在教学过程中要突出教书与育人本色。"色彩原理与应用"课程思政融合式教学以专业教学为基础，立德树人为核心开展教学。教师不仅要传授本课程的专业知识，还应关爱学生，以德立身，以德施教，知信行合一，言传身教，精心打造"魅力课堂"。在实际授课中，要围绕着"课程思想政治"的教育理念，充分发挥立德树人的作用。教师需要不断提高自己的专业素养，用科学探索的思维、创新的思维、实事求是的态度，因材施教，采用多样化的教学方法来充实课堂，采用多元化的教学手段来丰富课堂，认真完成专业课教学任务。教师还应该带着爱国情怀和情感去教育每一位学生，做一名言传身教的专业课教师典范，要从教学细节上培养学生爱国、诚信的好品德，培养学生的创新意识和工匠精神，增强学生对中国特色社会主义道路自信、理论自信、制度自信、文化自信，厚植学生的爱国情怀。

## 三、"色彩原理与应用"课程思政设计目标

"色彩原理与应用"授课对象大多是一、二年级的本科生。他们正处在政治意识发展、世界观、人生观、价值观完善，专业技能提升的关键时期。课程思政设计从教学内容、课程教学的方式、作业设计和课程论文的要求等多个方面，将科学精神、哲学思维、家国情怀、伦理道德、爱岗敬业、专业能力、安全意识等多个维度的思政元素融入专业知识的教学过程中，实现中国教育"立德树人、为国育才"伟大目标。

"色彩原理与应用"课程思政设计目标可以从以下几个方面展开：

（一）科学精神

课程注重理论联系实践，以马克思主义世界观和方法论为指导，从色彩相关概念与原理的精准解析，用规范的科学的语言解释各种色彩的视觉现象，运用准确概念描述色彩及色彩应用搭配，作品的设计与分享等多方面培养学

生科学探索、开拓创新的精神。

## (二)哲学思维

从色彩的分类，学会作品设计与赏析时根据作品的特点灵活运用，不能生搬硬套；从五大色彩学理论与视觉现象和案例分析解释结合，用马克思主义辩证发展观培养学生尊重科学、追求真理、求真务实的科学探索精神；从色彩的感觉解析，引导学生用辩证的理性的哲学思维看待事物的两个对立面，在对立中取得协调；从色彩搭配，学会"一把钥匙开一把锁"，具体问题具体分析的哲学思维；包装、服装、室内设计的赏析需要契合人文背景，从理性、怀疑、批判以及科学创新的角度，本着"仁者见仁，智者见智"的态度，不强求统一的审美观，尊重学生每个人的观点。

## (三)家国情怀

色彩所产生的联想是人们在长期日常生活中潜移默化形成的，与环境息息相关，有因才有果，引导学生尊重我们自己的社会环境、文化背景和生活习惯，培养学生的爱国主义精神；通过国内外案例和图片的对比，驳斥"外国的月亮比中国圆""美国的空气是甜的"等崇洋媚外的言论和思想。中华民族有五千年的悠久历史，民族文化有丰富的积淀，在教学过程中，我们强调审美需要契合人文背景，并列举国内众多正面的优秀的设计作品进行解析，培养学生爱国主义情操和正确的价值观、人生观。

## (四)伦理道德

正常人眼是色彩形成的重要因素之一，是色彩形成的必要保证，非正常人眼是无法获取正确的色彩感知的。大学生正值青春发育期，养成健康卫生的用眼习惯，多参加户外运动，以健康体魄为社会主义事业做贡献。通过先后颜色对比和同时颜色对比，引导学生理解"红花还需绿叶配"的生活常识，树立领导意识和团队协作的精神。孟塞尔表色系统是世界上第一个公认的颜色表色系统，虽然现在应用较少，但科学技术的发展，离不开一代代科学家的探索与付出，后辈需尊重先辈，深怀感恩之心。我们是站在一个个巨人肩膀上成长起来的新一代，应当努力学习，开拓创新，勇于承担属于自己的历史使命。

## （五）工匠精神

Ostwald 表色系统出来之前，世界流行的是 Munsell 表色系统及其衍生系统，如中国颜色表色系统和日本的 CC500 图等。它们都是基于颜色的三个基本特征（色相、明度、饱和度）的架构来编排颜色的。Ostwald 表色系统采用新的架构体系做颜色编排，由于缺陷比较多，市面上比较少见。但由于它的创新性，它是颜色表色体系领域唯一一个获得诺贝尔奖的。尽管 Ostwald 表色系统的实用价值不高，但它的创新性思维成就比较高，因此鼓励学生不要因小而不为，要本着科学探索、勇于创新、精益求精的工匠精神，认真对待每一项工作。自然色表色系统（NCS），也叫专家表色系统。NCS 是一种与 Munsell 表色系统以及 Ostwald 表色系统完全不同的颜色编排体系。NCS 提供的是一种直接判定颜色感觉的方法，其特色就是颜色的表达与颜色的传达无须借助于仪器设备和其他语言，就能够准确地描述颜色。前提条件是颜色判定的准确性与使用者的颜色感知能力有关，通常用于美术家、画家、设计师等对颜色认知比较高的专家之间进行颜色传递与表达。提倡"专业人做专业事"，引导学生注重专业能力的培养，只有积累丰富的专业知识，具备扎实的专业技能，才能更好地为社会主义建设做贡献。

在作品设计提交要求中，我们要求学生提交的作品需经过小组"讨论—修改—分享—再修改"的过程，通过反复加工做出合格的成品，着重培养学生耐心细致的品行和精益求精的做事风格。

## （六）安全意识

人的视觉存在视觉盲点和明适应与暗适应的适应时间差，发生的很多交通安全事故并非主观意愿，而是因为视觉障碍导致的，造成个人财产损失，甚至威胁到生命安全。积极引导学生走人行道，不与车流争道，晚上尽量穿亮色外衣出门，培养学生尊重生命和个人安全防护的意识。

## （七）法律意识

包装、服装、室内设计应用案例分析是课程教学的重要环节，在课程教学和学生作品设计中会选用大量分析案例和图片等素材，我们要正视作者的劳动付出，尊重作者知识产权，维护作者的利益，做到有偿使用教学视频和设计素材。培养学生尊重知识、尊重他人劳动成果的法律意识。

## (八) 团队合作

在设计作品分组与分享环节，我们要求每个设计目标由 3~5 人自愿组队完成。团队内部确立主次，相互配合，可以提交多个作品，训练学生相互尊重、团队协作的意识。

## (九) 国际视野

在实践教学环节，鼓励学生走出课堂，踏入社会，进入商城、展示会、展会等，通过接触设计界各种高层次盛会，拓展自己的国际视野，尽量与世界接轨。

## (十) 专业能力

实践环节要求学生理论与实践相结合，通过踏入市场，学生将自己的设计作品向社会推介，吸取经验教训，提高自己的专业能力和设计水准。

## 四、"色彩原理与应用"课程思政教学设计与实践方案

为了达成教学实践内容和思政元素的有机融合，方便相关课程思政的教学与研究参考，"色彩原理与应用"课程思政教学设计与实践方案以专业教学目标为导向，以教学实践内容为秩序，梳理每一个章节中可融入思政元素的知识点，并与思政维度相匹配，形成"色彩原理与应用"课程思政教学设计与实践方案，见表1。

表1          **"色彩原理与应用"课程思政教学设计与实践方案**

| 课程章节和教学方法 | 专业知识点 | 教学内容设计及思政元素融入 | 思政维度 |
|---|---|---|---|
| 第一章<br>颜色基本知识 | 色彩学的起源与发展 | 色彩是一个发展的概念，无数色彩领域前辈付出努力，从错误中吸取教训，不断探索完善，才有了今天的成绩。列举我国几位知名科学家，介绍其成长经历及其在各自领域的成就，增强学生文化自信，培养其科学探索精神 | 科学精神 |

续表

| 课程章节和<br>教学方法 | 专业知识点 | 教学内容设计及思政元素融入 | 思政维度 |
|---|---|---|---|
| 第一章<br>颜色基本<br>知识 | 色彩形成要素 | 光源是色彩形成的源泉，没有光就没有色，光源成分构成和照度强弱对色彩形成产生重大影响，做任何工作都需要有追本溯源、求真务实、科学探索的态度 | 科学精神 |
| | | 正常人眼是色彩形成的必要保证，引导学生养成健康卫生用眼的习惯，减少网络游戏时间，多看书，多参加户外运动，以健康体魄为社会主义事业做贡献 | 伦理道德 |
| | 颜色的分类 | 颜色的不同分类对应于不同的色彩搭配模式，作品设计与赏析时要根据作品的特点套用不同的搭配规律进行解析，要做到具体问题具体分析，灵活运用，不能生搬硬套 | 哲学思维 |
| | 视觉功能 | 借用辨认对比、视锐度和照度三者之间的辩证关系解析，理论与实践相结合，讨论设计作品、观察对象和灯光环境布置的适应性，树立理论指导实践、实践出真知的理念 | 科学精神 |
| 第二章<br>颜色视觉 | 明适应与<br>暗适应 | 借用视觉盲点和明适应与暗适应的适应时间差等知识点的原理解析，引导学生走人行道，不与车流争道，晚上尽量穿亮色外衣出门，培养学生尊重生命和个人安全的意识 | 安全意识 |
| | 颜色错觉现象 | 颜色错觉是一种常见的视觉现象，"眼见为实"不一定是真的，培养学生理性、怀疑、批判精神 | 科学精神 |
| | 颜色对比现象 | 通过先后颜色对比和同时颜色对比，引导学生理解"红花还需绿叶配"的生活常识，树立领导意识和团队协作的精神 | 伦理道德 |
| 第三章<br>颜色混合规律<br>和视觉理论 | 色彩学<br>五大理论 | 五大色彩学理论与视觉现象和案例分析解释相结合，用马克思主义辩证发展观、理论联系实践培养学生尊重科学、追求真理、求真务实的科学探索精神 | 哲学思维 |
| 第四章<br>孟塞尔及其<br>他标色系统 | 孟塞尔<br>表色系统 | 孟塞尔表色系统是世界上第一个公认的颜色表色系统，虽然现在应用较少，但科学技术的发展，离不开一代代科学家的探索与付出。后辈需要尊重先辈，深怀感恩之心。我们是站在一个个巨人肩膀上成长起来的新一代，应当努力学习，开拓创新，勇于承担属于自己的历史使命 | 伦理道德 |
| | Ostwald<br>表色系统 | Ostwald 表色系统是世界上唯一获得诺贝尔奖的颜色表色系统，引导学生以小见大，善于挖掘生活中微不足道的一点，精益求精，持之以恒，培养学生科学探索、勇于创新、精益求精的工匠精神 | 科学精神<br>工匠精神 |
| | NCS 表色系统 | 引导学生注重专业能力的培养，只有积累丰富的专业知识，具备扎实的专业能力，才能更好地为社会主义建设做贡献 | 工匠精神 |

| 课程章节和教学方法 | 专业知识点 | 教学内容设计及思政元素融入 | 思政维度 |
|---|---|---|---|
| 第五章 颜色联想与表达 | 颜色的联想 | 颜色所产生的联想是人们在长期日常生活中潜移默化形成的，与环境息息相关，有因才有果，引导学生尊重我们自己的社会环境、文化背景和生活习惯，培养学生的爱国主义精神 | 家国情怀 |
| | 颜色的感觉 | 从颜色的冷暖、轻重、软硬、远近、大小、华丽与质朴、活泼与庄重、兴奋与沉静等方面解析，引导学生用辩证的理性的哲学思维看待事物的两个对立面，在对立中取得谐调 | 哲学思维 |
| | 颜色搭配 | 不同颜色搭配模式是从不同角度解析设计作品优缺点，学会"一把钥匙开一把锁"，具体问题具体分析的哲学思维 | 哲学思维 |
| 第六章 颜色应用搭配规律分析 | 包装、服装、室内设计应用案例分析 | 课程中大量分析案例和图片的选择，要正视作者的劳动付出，尊重作者知识产权，维护作者的利益，有偿使用。培养学生尊重知识、尊重他人劳动成果的法律意识 | 法律意识 伦理道德 |
| | | 因为每个人所处环境、经历、知识积累等的差异性，审美需要契合人文背景，作品赏析本着"仁者见仁，智者见智"的态度，不强求统一的审美观，尊重学生每个人的观点 | 哲学思维 伦理道德 |
| | | 通过国内外案例和图片的对比，驳斥"外国的月亮比中国圆""美国的空气是甜的"等崇洋媚外的言论。强调审美需要契合人文背景，并列举国内众多优秀的设计作品进行解析，培养学生爱国主义情操和正确的价值观、人生观 | 家国情怀 |
| | | 包装设计和室内设计在用色和色彩搭配中注意引导绿色环保，节能减排的社会理念 | 绿色环保 |
| 作品设计、分享与分组讨论 | 作品设计提交要求 | 要求学生提交的作品需经过小组讨论、修改、分享以及再修改完善的过程，通过反复加工才能创作出学生满意的合格的成品，着重培养学生耐心细致的品行和精益求精的风格 | 工匠精神 专业能力 |
| | 设计作品分组与分享 | 一个设计目标由3~5人完成，自愿组队，团队内部确立主次，相互配合，可以提交多个作品，训练学生团队协作的能力和意识 | 团队合作 |
| | 设计作品推介 | 对于优秀的作品，协助学生向社会企业推介或以论文的形式发表，学以致用，将劳动成果转化为社会生产力，为社会做贡献，提升学生职业认同感和责任意识 | 爱岗敬业 |

续表

| 课程章节和教学方法 | 专业知识点 | 教学内容设计及思政元素融入 | 思政维度 |
|---|---|---|---|
| 课堂教学与实践 | 实践环节一 | 走出课堂，踏入社会，鼓励学生进入高档商城、展示会、展会等，通过接触设计界各种高层次盛会，拓展自己的国际视野，思维尽量与世界接轨 | 国际视野 |
| | 实践环节二 | 通过网络查找社会上优秀设计作品，带着理性、批判、怀疑、开拓创新、选择性吸收的态度撰写心得体会 | 科学精神 |
| | 实践环节三 | 理论与实践相结合，通过踏入市场，将自己的设计作品向社会推介，吸取经验教训，提高自己的专业能力和水平 | 科学精神专业能力 |

## 五、"色彩原理与应用"课程思政持续推进措施

### (一)课程教学内容优化与课程思政建设同步推进

①按照学生反馈意见，教学内容将减少概念、原理和理论教学的课时，增加实践教学课时和设计案例分析与欣赏教学课时，以满足不同学科背景学生的学习需求，提升学生的学习兴趣和参与意识，需要加强应用与实践部分内容思政元素的开发。

②增补并更新教学课件的图片，增强教学内容的时尚感、现代感和吸引力，提升学生的艺术欣赏水准和参与感。思政元素及思政案例需要与课程内容同步更新。

③收集颜色感知训练相关的小视频、小游戏和网页作为课外教学的内容，提升学生学习的兴趣。可以很好地融入辩证思维、家国情怀、法律意识、绿色环保、伦理道德等思政元素。

### (二)课程实践平台的建设可以更好地融入思政元素

理论联系实践，安排学生"走出去，引进来"，提升学生的艺术体验、参与意识和国际视野。专门安排的实践课时，联系实践场地或相关平台，推荐若干大型的容纳人数比较多的稳定的实践平台(如商业展销会、服装展销会、

家装展销会、各种产品设计比赛等），可以更好地展示学生的专业能力、团队合作、伦理道德、哲学思维、科学精神等思政元素。

## （三）混合模式的教学实践探索可以拓展思政元素融入的渠道

组织直播课堂、腾讯会议、微信群交流讨论、线上线下同步教学实践等；组建交流通道，方便师生交流与信息共享；创建公共邮箱、组建班级 QQ 交流群、公布教师办公室联系电话。从课堂教学内容之外挖掘思政元素，如请行业名流进课堂、走进企业、与大师面对面交流等，为国家培养讲科学、懂得团结协作、拥有正确价值观和人生观的爱国主义人才。

## （四）挖掘可以融入课程思政元素的知识点，加强课程内容和思政元素的有机融合

课程内容和思政元素的有机融合讲究的是"逻辑自然、润物无声、前后一致、体系完整"，目前本方案还做不到知识点的全覆盖，有些思政元素还做不到自然融合，这一点需要持续改进和完善。

## （五）规范思政案例和思政元素的表述

加强教师的文学修养，用准确的、规范的、清晰的语言表达每一个思政案例和思政元素。这也是一个不断完善的工程。

## ◎ 参考文献

[1]关于深化新时代学校思想政治理论课改革创新若干意见［EB/OL］. http：//jres2023. xhby. net/tuijian/201908/t20190814_6299639. shtml，2019-08-14.

[2]教育部关于加快建设高水平本科教育全面提高人才培养能力的意见［EB/OL］. http：//www. moe. gov. cn/srcsite/A08/s7056/201810/t20181017_3518 87. html，2018-10-08.

[3]教育部关于印发《高等学校课程思政建设指导纲要》的通知［EB/OL］. http：//www. moe. gov. cn/srcsite/A08/s7056/202006/t20200603_462437. html，2020-06-01.

[4]郑丽英，阳震青．课程思政元素引入审计学课程建设探析[J]．商业会计，2023(19)：124-126.

[5]高德毅，宗爱东．从思政课程到课程思政：从战略高度构建高校思想政治教育课程体系[J]．中国高等教育，2017(01)：43-46.

[6]李凤．给课程树魂：高校课程思政建设的着力点[J]．中国大学教学，2018(11)：43-46.

[7]舒守娟．高校理科专业课程线上线下混合式教学模式实践[J]．高教学刊，2021，7(16)：79-82，87.

[8]孔翔，吴栋．以混合式教学改革服务课程思政建设的路径初探[J]．中国大学教学，2021(Z1)：59-62.

[9]王宝军．大学理科专业课程思政的特点和教学设计[J]．中国大学教学，2019(10)：37-40.

[10]郑燕林，任增强．落实课程思政的策略与举措——以《教育传播学》课程为例[J]．中国电化教育，2021(03)：46-51.

[11]汪荣青．高职制造类专业群课程思政改革与应用[J]．现代职业教育，2022(32)：22-24.

[12]马桃林，万民兵．色彩原理与应用[M]．武汉：武汉大学出版社，2023.

# 医学类课程思政的"为何"与"何为"

## ——以"医学免疫学"课程为例

罗凤玲　韩　莉　刘万红　刘　敏　章晓联

(武汉大学　泰康医学院(基础医学院),湖北　武汉　430071)

**摘　要:** 课程思政在高等教育中占据重要地位,其核心在于将思想政治教育与各类课程教学深度融合,以实现立德树人根本任务。在医学类课程中,思政教育的意义更为凸显,它不仅关乎医德医风的培养,还涉及社会责任、人文关怀等多个层面。通过挖掘医学类课程中的思政元素,如爱国精神、创新精神等,采用多元化的教学方法与实践育人活动,可以有效地将思政教育融入医学专业教育之中;同时,通过征文大赛、网络平台交流等方式,加强师生互动,促进学生对于思政内容的深入理解与实践应用。以上举措旨在培养具备高尚医德、全面素养和强烈社会责任感的医学人才,为健康中国事业贡献力量。

**关键词:** 医学;课程思政;为何;何为

**作者简介:** 罗凤玲(1981— ),女,汉族,湖北当阳人,博士研究生,武汉大学泰康医学院(基础医学院)免疫学系副主任、副教授,研究方向为感染免疫,E-mail: luofengling@ whu. edu. cn。

韩莉(1974— ),女,湖北武汉人,硕士,教办主任,研究方向为高等医学教育管理,E-mail:hanli120@ 163.com。

刘万红(1969— ),男,河南新野人,博士,医学结构生物学研究中心主任,研究方向为病毒免疫与分子病毒学,E-mail:liuwanhong@ whu.edu.cn。

刘敏(1977— ),女,山东平原人,博士,研究方向为肿瘤免疫,E-mail:mliu@ whu.edu.cn。

章晓联(1965— ),女,安徽桐城人,博士、博士后,系主任,研究方向为感染免疫,E-mail:zhangxiaolian@ whu.edu.cn。

**基金项目:** 武汉大学"351人才计划"珞珈青年学者(教学岗位)、"医学免疫学"课程多维度思政融入的探索（武汉大学教学研究项目）。

## 一、高校课程思政的核心与定位

课程思政是高等教育中重要的组成部分，其核心在于将思想政治教育贯穿于各类课程教学之中，以实现高等教育立德树人根本任务。具体来说，高校课程思政主要包括以下几个方面：

### （一）价值观塑造

通过课程教学，引导学生树立正确的世界观、人生观和价值观。这不仅涉及思想政治理论课的教学，也要求在专业课程教学过程中融入思想政治教育元素，共同致力于学生价值观的形成和塑造。

### （二）社会责任感培养

通过讲解国家和社会的发展历程、现状和未来趋势，以及个人在社会中的角色和责任，致力于培养学生的社会责任感和使命感。

### （三）创新能力提升

鼓励学生积极思考、勇于创新，通过课程学习和实践锻炼，提升学生的创新能力和解决实际问题的能力。

## 二、医学类课程思政的重要意义

2020 年 9 月，国务院办公厅印发的《关于加快医学教育创新发展的指导意见》指出，要以习近平新时代中国特色社会主义思想为指导，全面贯彻党中央、国务院决策部署，落实立德树人根本任务，把医学教育摆在关系教育和卫生健康事业优先发展的重要地位，全面提高人才培养质量，为推进健康中国建设、保障人民健康提供强有力的人才保障。

医学是直面生命的学科，"厚德而后为医"是医学永远不变的规律，"塑造医德之魂"是医学教育的第一要义。医学知识要与道德教育相结合；医学知识是医生治病救人的基础，而道德教育则是医生职业道德的核心。医学课程要与社会责任相结合：医学不仅仅是一门学科，更是一种服务社会的职业，医生在对患者进行治疗的同时，也要承担起对社会的责任。医学课程要与人文关怀相结合：医学不仅仅是一门技术，更是一种人文关怀，医生在对患者进行治疗的同时，也要关注患者的心理健康和人文需求。医学课程要与文化传承相结合：医学是人类文明的一部分，医学课程应该将文化传承与课程内容相结合，使学生在学习医学知识的同时，也能了解和传承中华民族的优秀文化传统。

在医学教育过程中，要强化医学生职业素养教育，加强医学伦理、科研诚信教育，发挥课程思政的重要作用，培养眼中有光、胸中有志、腹中有才、心中有爱的"四有"医学生。医学免疫学作为医学生的重要基础课程，不仅要传授专业知识，还要让学生深刻认识免疫学对于人类健康和福祉的重要性，激发他们对医疗事业的热情和责任感。

## 三、医学类课程思政元素的挖掘

在讲解医学免疫学基本知识的同时，要深刻挖掘各章节的思政元素，提升学生的创新意识，培养学生的人文素养和社会责任感。

### (一)胸怀祖国、服务人民的爱国精神

讲述医学发展历程中的重要人物、事件和成果，让学生了解医学的悠久历史和成就，如中国首创"人痘法"预防天花，天花在全球绝迹，新冠疫苗在中国的免费接种等，激发学生的爱国情怀，增强学生的民族自信。

### (二)勇攀高峰、敢为人先的创新精神

介绍医学界的杰出人物和他们的成就，让学生了解医学家们的奉献和付出，鼓励学生勇于探索、勇攀科学高峰。

### (三)追求真理、严谨治学的求实精神

介绍医学科学研究及临床治疗最新进展，如 2018 年获得诺贝尔奖的免疫检查点抑制剂和肿瘤的 CART 疗法，引导学生不断追求科学真理。

（四）淡泊名利、潜心研究的奉献精神

将医学生职业道德教育融入专业课程教育中，讲述卡介苗的研发过程及"糖丸爷爷"顾方舟教授研发脊髓灰质炎疫苗并以身试药的故事等，鼓励学生潜心治学、甘于奉献。

（五）培养法治精神，注重医学伦理

介绍人类二倍体细胞株 WI-38 的培养及应用过程等，提醒学生注意科学研究的红线。

## 四、医学类课程思政元素的融入

课程思政元素的融入并非生硬的添加和机械的植入，应当是一个自然融合的过程。在课堂上简单地摆出思政素材，再继续医学知识的讲授，如同先吃一口盐，再喝一口汤，味道必然是割裂的。同时，思政元素的融入也不应过分突兀或刻意，避免像生理盐水的味道那样过于明显和直接。相反，它应该是与医学专业课程内容紧密结合的，如同盐与汤的完美结合，使得整个教学过程既有医学的深度，又蕴含着思政的温度。

（一）根据学科特点对课程内容重新梳理和再造，将课程思政融入教学方案中

我们以"学生"为教学主体，紧跟医学免疫学发展新动向，对课程内容重构，构建知识图谱，传授知识的同时帮助学生建立整体的知识框架。还梳理各章节思政素材与思政元素，编写《医学免疫学课程思政案例集》，在每节课的教学设计中融入思政元素。

（二）选择多元化的教学方法，将课程思政融入课堂教学中

将 BOPPPS 教学模式和信息化手段等运用于课堂教学，构建线上线下混合式教学模式。在课堂教学中穿插"免疫生活""免疫历史""免疫实验""免疫前沿"等免疫学相关元素，并利用慕课、翻转课堂、线上讨论、小组病例讨论等多种方式深度融合相关思政素材。

### （三）加强实践育人，将课程思政融入实践教学中

邀请临床医生和相关领域专家走进课堂，培养学生的临床思维和公共卫生理念，促进学科交叉融合，激发学生的学习兴趣和动力。举办病例分析大赛，让学生在分析真实的临床病例中运用学到的理论知识，引导学生主动思考。

将理论与实际结合，让学生亲手培养身边的细菌，感受细菌的无处不在及免疫系统的默默守护；亲自检测自己的血型，弄清血型检测的原理、临床输血和无偿献血的注意事项，深入了解免疫反应的临床广泛应用；观察吞噬细胞吞噬异物的过程，亲眼看见免疫细胞的强大，体会固有免疫和适应性免疫的密切联系；采用超轻黏土等材料，根据免疫细胞的特点，制作免疫细胞模型，感受免疫细胞的各怀绝技、各司其职和团结协作。

适应新医科需求，加强产学研合作，建设校外实践基地，开展"免疫调控与精准医疗"实践活动，让学生亲身体验免疫组库测序服务，了解精准医疗、大数据和生物信息学在免疫相关疾病中的应用，以及科学技术走出实验室向临床运用的过程。通过校外指导老师的讲授和实践操作，培养学生的探究能力和创新意识，同时关注实践过程中涉及的伦理问题和安全措施。建设校企协同医学创新实践俱乐部，让学生到企业实践学习，掌握免疫学相关前沿技术的国内外进展和实际应用。

### （四）着力提升学生的思考能力和创新能力，将课程思政融入自主学习中

带领学生参加英国剑桥大学的国际课程——"神经科学、病原学和免疫学前沿技术"，拓宽学生的知识面和国际视野；举办文献解读大赛，布置最新的医学免疫学相关的科学文献让学生阅读，让学生更加深入地了解免疫学领域的最新研究动态和趋势。

## 五、医学类课程思政的评价

医学类课程思政的评价体系应高度重视对学生综合素质的培养与评估。本课程定期举办"疫苗与健康"征文大赛，加强拓展互动讨论的思维观，提倡

自主能力的学习观，促进不同学科理解疫苗知识的融通观，传播疫苗知识的科学观，倡导正确的疫苗接种观，体现医学人文关怀。布置科普绘画、论文撰写和视频制作等自主性作业，培养学生的科学探索意识，引导学生关注生命健康全周期，了解学生的学习进度和团队协作能力。创建微信公众号"神奇的人体免疫"和"刘教授通识课堂"，为师生提供免疫学及相关知识的交流平台，进一步加强师生互动，促进教学相长，也使评价更为全面和深入。

课程思政的评价是一个多元化、综合性的过程，它涵盖了知识理解、实践能力、团队协作以及在线互动等多个方面，构建一个科学、客观、全面的评价体系，能更好地推动医学类课程思政的教学与发展。

## ◎ 参考文献

[1]王宁，姜凤良，姜朋涛，郭娜，胡志芳，徐曦."思政元素"融入医学免疫学课程教学的实践研究[J].中国免疫学杂志，2023(39)：399-403.

[2]杨松，刘永华.医学免疫学开展课程思政的探索[J].中国高等医学教育，2021(01)：69-70.

[3]丁慧，王开云，陈思阳，李蓉，郭凯文.构建"两横三纵"医学免疫学课程思政教学体系驱动课程教学创新的实践研究[J].中国免疫学杂志，2023(39)：1175-1179.

[4]张荣，樊雅歌.医学免疫学课程教学中融入课程思政的实践与研究[J].中国继续医学教育，2022(14)：146-150.

[5]李瑞福，万昆.探索第二课堂在医学免疫学课程思政教学中的作用[J].高校医学教学研究(电子版)，2022(12)：53-55.

# 思政精神融入预防医学专业实践教学的探索与实践

俞　斌　燕　虹　王　超　朱元忠　丁红利　鲍　维　朱俊勇

（武汉大学　公共卫生学院，湖北　武汉　430072）

**摘　要：** 围绕"突发公共卫生事件处置实战演练暨技能竞赛"的预防医学专业实践教学新模式，探讨思政精神在教学过程中的融入与实践。通过模拟真实案例，让学生参与突发公共卫生事件的应急处置全过程，自然融入思政精神，锻炼学生的应急能力、创新思维、团队协作能力和风险沟通能力，为培养具有宽厚人文情怀、扎实学科功底和宽广国际视野的创新型、复合型、实战型公共卫生专业人才提供了有力支撑。

**关键词：** 思政精神；预防医学专业；实践教学；突发公共卫生事件

**作者简介：** 俞斌（1988— ），男，浙江杭州人，医学博士，武汉大学公共卫生学院副教授，博士生导师，主要从事精神健康流行病学、行为流行病学、高校思想政治教育研究，E-mail：binyu1029@ whu. edu. cn。

燕虹（1971— ），女，湖北武汉人，医学博士，武汉大学公共卫生学院教授，博士生导师，主要从事传染病流行病学、行为流行病学、高校思想政治教育研究，E-mail：yanhmjxr@ whu. edu. cn。

王超（1992— ），男，安徽阜阳人，管理学博士，武汉大学公共卫生学院副研究员，硕士生导师，主要从事疾病的社会决定因素及基层卫生政策研究、高校思想政治教育研究，E-mail：wangch@ whu. edu. cn。

朱元忠（2001— ），男，河南南阳人，硕士研究生在读，主要从事精神健康流行病学研究，E-mail：zhuyuanzhong@ whu. edu. cn。

丁红利（1974— ），女，山西晋城人，工程硕士，武汉大学公共卫生学院教学与科研管理办公室主任，主要从事医学教育、教学管理、大学生思想政治教育研究，E-mail：00200290@ whu. edu. cn。

鲍维(1979— )，女，湖北武汉人，大学本科，武汉大学公共卫生学院教学与科研管理办公室秘书，主要从事医学教育、教学管理、大学生思想政治教育研究，E-mail：HT002951@ whu. edu, cn。

朱俊勇(1974— )，男，湖北天门人，医学博士，武汉大学公共卫生学院党委书记，副主任医师，主要从事医学教育、大学生思想政治教育研究。

## 一、前言

习近平总书记在 2016 年全国高校思想政治工作会议上指出，"使各类课程与思想政治理论课同向同行，形成协同效应"[1]。教育部于 2020 年出台的《高等学校课程思政建设指导纲要》也指出，落实立德树人根本任务的战略举措是全面推进课程思政建设。[2]随着全球公共卫生形势的日益严峻，培养具备高度专业素养和思政精神的公共卫生人才成为当务之急。[3-4]

预防医学专业作为培养公共卫生人才的摇篮，其实践教学和思政教育环节尤为重要。本文旨在探讨如何将思政精神融入预防医学专业的实践教学，通过"突发公共卫生事件处置实战演练暨技能竞赛"这一新型教学模式，将思政精神融入预防医学专业实践教学，实现"专业知识传授""实践技能训练""思政精神引领"的有机统一，[5]培养预防医学专业学生成为"全面发展的人"[6]，有效弥补传统教学模式下预防医学专业学生思政素质教育的短板，提升学生的综合素质和应急能力，成为更符合时代发展和社会需求的公共卫生人才。

## 二、突发公共卫生事件处置实战演练暨技能竞赛实践探索

目前公共卫生人才培养仍存在短板，主要表现在培养的学生综合分析研判、解决公共卫生实际问题的能力等较为薄弱，尤其对突发公共卫生事件的应急反应和应对能力缺乏，做不到"召之即来，来之能战，战之必胜"。这让我们重新思考高等院校到底应培养什么样的公共卫生人才？由于突发公共卫生事件的突发性和不可预测性，且现场复杂，在实践教学中学生很难接触实

际现场。因此，我们与实践基地联合，创新性地将实战演练与技能竞赛纳入专业实践教学环节。通过模拟突发公共卫生事件应急处置过程的医教融合新模式，使学生在模拟环境中亲身体验并学习相关知识和技能。演练以某真实案例为背景，内容涵盖了指挥调度、流行病学调查、标本采集与实验室检测、现场消毒处置和风险沟通五个重要环节。

在指挥调度环节，需要做到快速响应、有效协调各方资源；在流行病学调查环节，需要掌握流行病学调查方法和技能，通过综合分析现场调查获得的信息，迅速锁定传染源和传播途径；在标本采集与实验室检测环节，需要做到规范操作，以确保采样和检测结果的准确性；在现场消毒处置环节，主要考查学生对消毒原理和方法的了解，要能够科学有效地进行消杀工作；在风险沟通环节，需要学会如何与公众进行有效沟通，稳定社会情绪。

在演练过程中，学生分组进行角色扮演，模拟疾病预防控制中心不同岗位的工作人员，进行"沉浸式"实践教学，亲身体验和感受公共卫生工作者在实际工作中所肩负的职责和使命，[7]通过团队协作完成应急处置任务。同时，结合技能竞赛的形式，激发学生的竞争意识和创新精神，提高其实践操作能力。

## 三、思政精神在实践教学中的融入

通过模拟突发公共卫生事件应急处置过程，在引导学生将预防医学核心课程（如流行病学、环境卫生学、传染病学、突发公共卫生事件应急处置等）知识应用到实践中的同时，引导学生深入理解公共卫生事件的严重性、复杂性、紧迫性，增强其服务社会的使命感和责任感，培养学生对突发公共卫生事件的应急能力、创新思维、团队协作能力和风险沟通能力。以下从四个方面详细阐述思政精神在实践教学中的具体融入情况。

### （一）模拟突发公共卫生事件场景，培养学生应急能力

在模拟的突发公共卫生事件场景中，学生置身于一个紧张而有序的工作环境中。通过模拟真实事件的快速响应和处置流程，学生不仅能学习突发公共卫生事件的应急处理流程，还可以培养应对危机的能力，以及如何协调各方资源，如何有效进行指挥调度。这种实践教学方式不仅锻炼了学生的卫生

应急能力，更让他们深刻地体会到作为一名公共卫生工作者所肩负的责任与使命。同时，思政精神的融入也体现在培养学生临危不乱、勇于担当的品质上，能够激发他们对卫生安全的重视，进而在面对突发公共卫生事件时能够保持冷静、果断处置。

### （二）基于真实案例的实战演练，激发学生创新思维

以某个真实案例为背景的实战演练，为学生提供了一个深入学习和实践的平台。通过案例中的流行病学调查、标本采集与实验室检测等环节，学生将接触到真实世界中的问题和挑战，需要运用所学知识和技能进行应对，更在解决问题的过程中激发创新思维，学会从不同角度分析问题，寻找解决问题的新思路和新方法。这种基于真实案例的实战演练，不仅提高了学生的专业素养，更培养了他们的创新意识和解决问题的能力。

### （三）分组进行技能竞赛，培养学生团队协作精神

结合技能竞赛的形式，学生被分为若干小组进行团队协作。每个小组都需要共同完成指挥调度、流行病学调查、标本采集与实验室检测等任务。这个过程中，学生需要学会如何与他人有效沟通、如何分工合作以及如何与团队成员共同解决问题。这种方式不仅锻炼了学生的团队协作能力，更让他们深刻体会到应对突发事件需要多学科多部门协作才能完成。同时，思政精神的融入也体现在培养学生集体荣誉感上，让他们意识到个人的努力与团队的荣誉是密不可分的。

### （四）避免舆情风险，提升学生风险沟通能力

风险沟通是突发公共卫生事件应急处置的重要环节，以学校聚集性疫情为案例背景，教师扮演带着情绪和问题的家长，学生需要与其进行有效沟通，传达突发公共卫生事件的相关信息、防控措施和注意事项。这种实践教学方式不仅提高了学生的沟通能力，更让他们意识到作为公共卫生工作者在风险沟通中的重要作用。打破了传统思政课"孤岛"教学的现实困境，让学生学会科学规避潜在性乃至因愈演愈烈而趋向失控的舆情危机。[8]通过与家长这一公众角色的互动和交流，学生学会了如何稳定社会情绪、如何引导公众正确理解和有效应对突发公共卫生事件。这不仅有助于培养他们成为有效传播风险

信息和引导公众的社会责任感强的公民，更有助于他们在未来的职业生涯中切实履行公共卫生人的职责，提升整个社会的公共卫生意识和应对风险能力。

## 四、实践教学效果与意义

通过"突发公共卫生事件处置实战演练暨技能竞赛"这一实践教学新模式，学生在模拟环境中亲身体验并参与了突发公共卫生事件的应急处置全过程，不仅提升了应急能力，锻炼了专业技能，同时，思政精神的融入还激发了学生的创新思维，提高了学生的团队协作能力和解决公共卫生实际问题的能力，提升了学生的综合素质和就业竞争力。因此，将突发公共卫生事件元素和思政精神融入预防医学专业实践教学具有一定的现实意义，[9]最为重要的是，让同学们更加明确了自己作为公共卫生人的职业担当和社会责任感，为此后成长为具有宽厚人文情怀、扎实学科功底、宽广国际视野的创新型、复合型、实战型公共卫生专业人才奠定了坚实基础。

## 五、结论

通过与实践基地联合探索"突发公共卫生事件处置实战演练暨技能竞赛"这一新型教学模式，将思政精神融入预防医学专业的实践教学中，解决了课堂教学"理论性过重而实践性欠缺"的问题，也解决了实践教学中卫生应急训练缺乏的问题，[10]能够有效提升学生的综合素质和应急能力，在预防医学专业实践教学中具有重要的应用价值。这不仅是预防医学专业实践教学改革的重要方向，也是新时代公共卫生人才培养的重要途径。未来需要继续探索和完善这一教学模式，为公共卫生事业的发展贡献更多力量。

◎ **参考文献**

[1]吴晶，胡浩. 习近平在全国高校思想政治工作会议上强调 把思想政治工作贯穿教育教学全过程 开创我国高等教育事业发展新局面[J]. 上海教育，2017(03)：4-5.

[2]教育部关于印发《高等学校课程思政建设指导纲要》的通知[EB/OL].

https：//www. gov. cn/zhengce/zhengceku/2020-06/06/content _ 5517606. html，
2020-05-28.

[3]匡兴亚，徐曼妮，姚峰，等．新形势下预防医学思政课程链建设的探索与
实践[J]．中国工业医学杂志，2021，34(02)：189-190.

[4]余情，齐璐璐，沈继平，等．后疫情时代医学类课程思政教学体系模式构
建探索[J]．山西医药杂志，2022，51(22)：2611-2614.

[5]陈然，朱猛，杭栋．预防医学专业流行病学课程思政教学的实践探索[J]．
大学，2023(12)：99-102.

[6]鲁彦，张然，周健，等．课程思政背景下预防医学专业学生核心素养培养
探究[J]．继续医学教育，2024，38(01)：134-137.

[7]刘芬，邵毅，何燕．高校流行病学教学中的课程思政教育探索[J]．医学
教育管理，2021，7(S1)：49-53.

[8]段佳锐，李战奎．突发公共卫生事件下讲好"大思政课"的路径探析[J]．
石家庄铁道大学学报(社会科学版)，2024，18(01)：86-91.

[9]洪燕，吴俊，江岚，等．突发公共卫生事件元素融入高职课程思政建设路
径实践——以预防医学专业为例[J]．教育教学论坛，2023(41)：101-104.

[10]郝保英，王涛．"大思政课"视域下高校思政课的实践性论析[J]．思想理
论教育导刊，2022(10)：106-112.

# 课程思政融入公共卫生研究生教学探索与实践

## ——以"选题依据与数据再分析"为例

张敏哲　陈　锐　余宏杰　何启强

（武汉大学　公共卫生学院，湖北　武汉　430071）

**摘　要**：基于立德树人的背景，本研究开展公共卫生研究生课程"选题依据与数据再分析"思政教学改革。在教学内容中融入科学家爱国情怀、科学家社会责任意识、职业素养与敬业精神、科研伦理与学术规范、科研诚信等思政元素，实现了思政教育与专业课程的有效融合，为培养有爱国情怀、具备良好职业道德素养、全面发展的新型复合型公共卫生专业人才奠定了坚实基础。

**关键词**：立德树人；课程思政；公共卫生；教学改革

**作者简介**：张敏哲（1995— ），男，浙江温州人，博士研究生，武汉大学公共卫生学院，研究方向为人口与健康，E-mail：herozhangminzhe@qq.com。

陈锐（1994— ），男，湖北汉川人，博士研究生，研究方向为慢性病预防，E-mail：1300525735@qq.com。

余宏杰（1992— ），男，重庆丰都人，博士研究生，研究方向为慢性病预防，E-mail：2396761448@qq.com。

何启强（1972— ），男，湖北黄石人，教授，武汉大学公共卫生学院，研究方向为人口与健康，E-mail：heqiqiang@gmail.com。

**基金项目**：武汉大学研究生"课程思政"示范课程建设项目。

习近平总书记在2016年12月全国高校思想政治工作会议上指出，"要坚持把立德树人作为中心环节，把思想政治工作贯穿教育教学全过程，实现全程育人、全方位育人，努力开创我国高等教育事业发展新局面"[1]。2020年4月，教育部等印发《关于加快构建高校思想政治工作体系的意见》要求"医学类专业课程要注重加强医德医风教育，注重加强医者仁心教育"。在此背景下，深入挖掘医学专业课程中的思政元素，将思政教育与专业知识有机融合，培养有理想、有信念、有责任担当的高层次综合型人才，成为新时期高等医学院校教学改革的新课题。[2]

"选题依据与数据再分析"为一门面向公共卫生研究生开设的专业课程，教学内容具有科学性、人文性和实践性的特点，具备开展思政教学的天然优势。研究生阶段是塑造求真务实的科学精神、提高正确的科研规范、树立良好的科研道德的重要时期，[3]但当前医学研究生教育对课程思政教学的基本内涵和实质理解不够充分、认识不够深入，导致课程思政教学效果不理想。[4]为此，本研究基于立德树人的教学根本任务，在"选题依据与数据再分析"教学中探索公共卫生专业研究生课程思政的教学改革与实现路径，以期为其他专业研究生课程思政建设提供思路。

# 一、开展课程思政教学的必要性

## （一）公共卫生事业发展的需要

高等教育的目的是为国家建设与发展培养合格的接班人。在新冠疫情全球大流行的背景下，国家对公共卫生专业人才的需求日益增加，以为预防疾病、保障人群健康提供重要保障。[5]为此，教育部门和高校多次强调要加强学生的思政教育，在指导公共卫生专业学生掌握医学前沿理论知识的同时，积极开展思政教育价值引导，有助于其树立正确的人生观、社会观和价值观，同时还关乎国家公共卫生事业的长远发展。[6]

## （二）公共卫生专业研究生培养的需要

公共卫生学科从群体角度探索社会、环境、职业等因素与健康、疾病的关系，预防和控制疾病的发生发展，以提高全人群的健康水平。在对公共卫生专业研究生进行专业课程教学过程中，不仅要培养其专业理论知识和科研创新能力，还应注重思想引领和价值观塑造，通过构建全员、全程、全方位育人机制，培养其职业素养和责任感，打造一批满足健康中国事业需要、服务社会需求的高层次复合型公共卫生专门人才。[7]

## 二、课程思政教学的实践

### (一)提炼课程思政元素

提炼思政元素是开展课程思政教学的第一步。本课题组不定期组织"选题依据与数据再分析"课程组教师进行课程研讨,学习习近平总书记在全国高校思想政治工作会议上的讲话以及相关文件精神,增强任课教师课程思政理念意识,从授课内容中提炼出科学家爱国情怀、科学家社会责任意识、职业素养与敬业精神、科研伦理与学术规范、科研诚信等思政元素,并构建了蕴含思政元素的案例(见表1)、故事、新闻和视频等素材库。立足公共卫生学科特点,通过教案设计总结提炼医学精神,并将之升华为思政元素,有机融入专业知识中,以引发学生的情感共鸣,激发学生的爱国情感和诚信意识,落实"立德树人"的育人目标。

表1         **"选题依据与数据再分析"思政点**

| 思政元素 | 思政教学设计 | 思政知识点 |
| --- | --- | --- |
| 科学家的爱国情怀 | 案例:朱裕壁创办武汉大学医学部;钱学森回国献身航天事业 | 树立正确的价值观,激发爱国热情 |
| 科学家的社会责任意识 | 案例:王大珩提议制订"863计划" | 培养社会责任意识 |
| 职业素养与敬业精神 | 案例:罗宾·沃伦发现幽门螺旋杆菌;朱英国攻克水稻育种难题 | 培养爱岗敬业精神 |
| 科研伦理与学术规范 | 案例:人类胚胎基因编辑事件;湖南"黄金大米"事件 | 恪守学术伦理与规范 |
| 科研诚信 | 分组讨论:科研诚信有哪些具体要求 | 遵守诚实守信、风清气正的科研底线 |

### (二)课程教学融入思政教育的路径

围绕"选题依据与数据再分析"的教学目的,并结合课程特点,本研究从教学目标、教学内容、教案设计等多方面进行思政教学改革,并采用了研究型教学、案例教学法、参与式教学等多种教学方法开展教学。

**1. 在教学内容中融入科学家爱国情怀教育**

爱国主义教育在思政教学中占据着突出地位。在教学中，讲述近代以来科学家报国的故事，引入思政案例：武汉大学医学部创始人朱裕壁在抗战期间，克服重重困难筹办了湖北第一所医学院校；人民科学家钱学森冲破美国重重阻挠，回国献身航天事业，矢志报国。[8]通过案例的讲解，学生认识到我国科学创新发展的成就，是一代代科技工作者追求真理、不懈奋斗的结果，从而继承和发扬以爱国主义为底色的科学家精神。

**2. 在教学内容中融入科学家社会责任意识教育**

强烈的社会责任感是科学工作者应有的标配。在教学中，讲解科学家社会责任的内涵和履行社会责任的途径，引入思政案例：两弹一星元勋王大珩以高度的忧患意识和危机感，向国家建言献策，并最终促使国家制定了《国家高技术研究发展计划纲要》（"863"计划），对中国科技发展产生了深远影响。通过案例的讲解，学生认识到自己的社会责任感，从而在研究中更加具有责任心，树立对社会高度负责的态度。

**3. 在教学内容中融入职业素养与敬业精神教育**

中华民族有着"敬业乐群""忠于职守"的传统。在教学中，讲解科学家视事业为神圣，具有精益求精的敬业精神，引入案例：为破解医学难题，喝下细菌的培养液，最终发现幽门螺旋杆菌的诺贝尔生理学或医学奖得主罗宾·沃伦；心系国家粮食安全，风雨无阻出没在田间地头，攻克水稻育种难题的武汉大学朱英国院士。[9]通过案例的讲解，学生明白了从事科研工作务必认真负责，爱岗敬业，自觉形成应有的职业素养。

**4. 在教学内容中融入科研伦理与学术规范教育**

科研伦理和学术规范是从事科研工作的道德准则和外在约束机制。在教学中，讲解科研伦理和学术规范的内涵和要求，引入案例：原南方科技大学贺建奎严重违背科研伦理道德，实施国家明令禁止的以生殖为目的的人类胚胎基因编辑活动；[10]美国塔夫茨大学研究员违反科研伦理和知情同意原则在我国开展"黄金大米"试验。[11]通过案例的讲解，学生进一步认识到科学研究工作者遵循基本伦理和学术规范的重要性。

**5. 在教学内容中融入科研诚信教育**

科研诚信是开展学术研究的基石，求真务实则是当代科研工作者安身立命之本。[12]在教学中，讲解科研诚信的具体要求和严重科研失信的表现，引入科技部、国家基金委、卫健委等部门发布的科研诚信案件，组织学生进行分组讨论，引发学生深入思考，引导研究生遵守诚实守信、风清气正的科研底线，努力成为优良学术道德的践行者和良好学术风气的维护者。

## 三、课程思政教学效果评价

课程评价是检验课程思政教学效果的重要指标。在"选题依据与数据再分析"课程教学结束后，本课题组通过发放调查问卷，了解学生对课程思政元素融入的认可度。

问卷涉及的问题包括 4 个层面共 10 个问题，其中第一层面评价开展思政教学的必要性；第二层面评价思政教学是否贴近教学内容、提升课程吸引力和授课效果；第三层面评价思政教学是否有助于引导研究生树立家国情怀、培养研究生爱岗敬业精神、引导研究生树立严谨治学的科研态度和遵循科研伦理和学术规范；第四层面评价思政教学是否有助于提升研究生的创新能力和引导其对未来职业规划的思考。由表 2 可见，问卷调查结果显示绝大多数学生认可将思政元素引入课程教学中，并认为思政教学有助于其提升专业素质、科研规范和创新精神。

表 2　　　　　　　**课程思政教学效果认可度**

| 思政教学 | 不同意 | 比较不同意 | 一般同意 | 比较同意 | 非常同意 |
|---|---|---|---|---|---|
| 1. 有必要开展 | 0 | 0 | 0 | 0 | 100% |
| 2. 贴近教学内容 | 0 | 0 | 0 | 0 | 100% |
| 3. 提升课程吸引力 | 0 | 0 | 0 | 6% | 94% |
| 4. 提升授课效果 | 0 | 0 | 0 | 0 | 100% |
| 5. 树立家国情怀 | 0 | 0 | 0 | 0 | 100% |
| 6. 培养爱岗敬业精神 | 0 | 0 | 0 | 0 | 100% |
| 7. 树立严谨的治学态度 | 0 | 0 | 0 | 0 | 100% |
| 8. 遵循科研伦理规范 | 0 | 0 | 0 | 0 | 100% |
| 9. 提升科研创新能力 | 0 | 0 | 0 | 6% | 94% |
| 10. 引导职业规划 | 0 | 0 | 0 | 6% | 94% |

## 四、结语

在加强课程思政、立德树人的背景下，本文深入挖掘课程思政元素，改革教学模式，将科学家爱国情怀、社会责任意识、职业素养与敬业精神、科研伦理与学术规范、科研诚信等思政教育内容融入"选题依据与数据再分析"教学过程中，充分发挥了课程思政的隐性教育作用，实现了思政教育与专业课程的有效融合，促进了价值引领、知识传授、能力培养的核心培养目标的有机统一，为培养具有爱国情怀、具备良好职业道德素养、全面发展的新型复合型公共卫生专业人才奠定了坚实基础。

## ◎ 参考文献

[1] 习近平. 把思想政治工作贯穿教育教学全过程开创我国高等教育事业发展新局面[N]. 人民日报, 2016-12-09.

[2] 郝晓美. 高校研究生课程思政教学改革论[J]. 学校党建与思想教育, 2020, 638(23)：73-75.

[3] 高珊, 黄河, 高国举, 等. "大思政"格局下研究生"课程思政"的探索与实践[J]. 研究生教育研究, 2021, 65(05)：70-75.

[4] 殷樟凤, 朱姬莹. 课程思政对医学生职业素养培养的思考与探索[J]. 中国现代医生, 2018, 56(13)：129-133.

[5] 曹松玉, 杨叶, 陆晓梅, 施雯, 严玮文, 王克波, 倪春辉. 将思政教育融入公共卫生实践技能课程的探索[J]. 医学教育研究与实践, 2019, 27(06)：1055-1057.

[6] 麻微微, 田琳, 张淑华, 等. 课程思政在预防医学专业教学中的需求及探索[J]. 医学教育管理, 2022, 8(S1)：35-40.

[7] 张鲍明, 罗小琴, 于莲, 等. 医学研究生突发公共卫生事件预防与控制课程思政建设路径探索[J]. 中国医学伦理学, 2020, 33(09)：1094-1097.

[8] 黄全安, 郭洋. 核心素养视阈下课程思政在高中物理教学中的融合探究[J]. 物理教学, 2021, 43(08)：25-30.

[9] 杨雪, 张全友. 红莲稻花开 馨香溢四方——记水稻育种专家中国工程院

院士朱英国及其"魔稻"团队[J]. 北京农业, 2011(02): 47-49.

[10]陈晓平. 试论人类基因编辑的伦理界限——从道德、哲学和宗教的角度看"贺建奎事件"[J]. 自然辩证法通讯, 2019, 41(07): 1-13.

[11]李久辉, 王磊. 从"黄金大米"事件到西方伦理委员会制度建设的思考[J]. 山东社会科学, 2015(01): 164-167.

[12]高晓宁, 林季. 课程思政在医学研究生科研诚信教学中的应用[J]. 中国医学教育技术, 2021, 35(06): 774-778.

# 基于纸数媒融合教育游戏的
# 专业课程思政探索

钱　俊[1]　陈云阳[1]　刘　毅[2]　李　莉[2]　周奕华[1]

（1. 武汉大学　图像传播与印刷包装研究中心，武汉　430079；

2. 湖北京华彩印有限公司，孝感　432800）

**摘　要**：思想政治教育是高等教育培养人才的内在需要，在专业课程中融入思政教育是当前课程改革的探索方向。本文以"防伪技术"课程教学为例，从四个教学专题中深入发掘课程思政元素，增强学生的文化自信与科研热情。游戏辅助的学习模式能有效提升教育效果，本文结合纸数媒融合的新型教育游戏开创"防伪技术"课程新模式，将其应用到教学过程，提升专业育人与思政育人的总体效果，引导学生在高速发展的新时代成长成才，成为堪当民族复兴重任的时代新人。

**关键词**：防伪技术；教育游戏；思政教育

**作者简介**：钱俊(1971—　)，男，湖北孝感人，博士研究生，武汉大学护理学院智慧护理工程中心主任，科研方向为智慧护理工程，E-mail：qianjungreat@whu.edu.cn。

陈云阳(2001—　)，男，山东临沂人，硕士研究生，研究方向为新型柔性电子材料，E-mail：15623760565@163.com。

刘毅(2000—　)，男，湖北孝感人，湖北京华彩印有限公司技术中心工艺员，科研方向为新材料开发与运用，E-mail：1978880256@qq.com。

李莉(1976—　)，女，湖北武汉人，湖北京华彩印有限公司行政总监，负责技术中心综合管理与人才开发，E-mail：491140306@qq.com。

周奕华(1974—　)，女，江苏丹阳人，博士研究生，武汉大学护理学院智慧护理工程中心副主任，研究方向为智慧护理工程，E-mail：yihuazhou@whu.edu.cn。

**基金项目：** 武汉大学研究生"课程思政"示范课程建设项目。

课程思政是中国特色社会主义高等教育彰显教育特色的重要载体，是高等院校培养德才兼备的新时代人才的内在需要，也是高校实现"三全育人"的重要保障。[1]高校担负着为党育人、为国育才的重任，因此应在全校范围内构建课程思政人才培养体系，使学生的情感素养、理论知识同步发展，全方位提升教育质量。专业课教师需要在传授专业知识的基础上，将社会主义核心价值观、理想信念教育融入专业课教学中，帮助和引导学生树立正确的人生观、世界观、价值观，让学生在高速发展的新时代成长成才，自强不息，成为堪当民族复兴大任的时代新人。

游戏不仅是一种内在的娱乐行为，也是人在幼年时期体验和了解世界的方式。基于游戏的学习一直是一种被教育者广泛使用的教学方法，它利用游戏的积极作用来提高教育效果。[2]

"防伪技术"课程面向研究生开设，详细介绍印刷包装防伪原理，系统论述防伪机理和功能；介绍各种材料的防伪特性及通过材料设计进行防伪的技术；介绍新型印刷工艺防伪手段以及物理信息防伪技术等。传统的授课方式下，思政内容的教学方式通常比较抽象、单一。传统的教学模式很难全面地激起学生的学习兴趣，不能做到把课程内容与实际科学研究有机融合，学生学习积极性不高。为此，我们探索融入思政教育的新型交互教育模式，这对教学改革发展起到有效的推动作用。为了将思政教学内容融入专业课程中，我们把课程分为四个专题，即中国古文明与防伪技术、制造大国的防伪技术、数字防伪技术、中国当代学术研究对世界防伪技术的贡献，如图1所示。

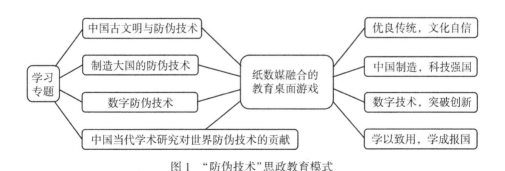

图1 "防伪技术"思政教育模式

# 一、创新形式，从学习专题入手融合思政教育

## （一）中国古文明与防伪技术

中国古代防伪技术源远流长，唐朝时用于标识身份的鱼符鱼袋、明清时期的牙牌腰牌，以及北宋的纸币"交子"[3]等，都是采用了当时先进的制造技术，实现特殊识别、防止伪造的功能。这些防伪技术在当时都是领先世界的先进技术，是我国古代劳动人民的智慧结晶，造就了独具特色的中国防伪技术文化。中国防伪技术文化是中国传统文化的重要组成部分，是推动中华文化前进的力量之一。

在教学过程中，我们为了让学生更加深入细致地了解我国古代各类先进的防伪技术，深切感受到我国古代劳动人民的精彩智慧和文化积淀，采用交互式教育游戏，使学生通过交互游戏的方式自行学习和了解这些古代的防伪技术和器件，探索一段段沉睡千年的历史。古代各类防伪凭证以及纸币的使用，极大地促进了我国古代商品贸易的流通和发展，铸就了辉煌灿烂的中国古代文明，是中华民族精益求精的工匠精神的体现，是中华优秀传统文化的重要载体。同时，将古代纸币防伪技术中用到的制浆造纸技术、特种印刷技术与本专业的相关专业知识紧密结合，有利于提升学生的专业兴趣、激发学生的科研热情。

2016 年 5 月，习近平总书记在哲学社会科学工作座谈会上的讲话中强调："文化自信是更基本、更深沉、更持久的力量。"本专题立足于我国古代文明发展历程中的各类防伪技术，使学生领略古代劳动人民的智慧力量和优秀的传统文化，增强文化自信和民族自豪感。

## （二）制造大国的防伪技术

介绍当今制造业大国的防伪技术，阐明防伪技术发展的现实意义，增强学生的社会责任感。介绍相关防伪技术发明专利的教学目的及目标除了使学生了解其技术的基本原理和应用场景，还将培养学生的爱国情怀、规矩与底线意识、工匠精神和创新思维等。进一步引导学生将先进防伪技术发展与科技强国战略、中国制造 2025、"两个一百年"奋斗目标等内容相结合，鼓励学

生在报效祖国的过程中实现自我价值。

### (三)数字防伪技术

介绍当下数字经济中的防伪技术，鼓励学生积极钻研信息数字技术、突破关键技术，成长成才，科研报国。促进数字经济和实体经济深度融合是建设现代化产业体系的核心内容之一，是推动高质量发展、加快形成新发展格局的重要任务。在数字经济中，防伪技术也不可或缺。数字防伪技术又称数码防伪技术，是利用计算机、网络通信、信息编码和高科技印刷等高新技术，开发研制的具有国际领先水平的综合防伪技术。

数字防伪技术领域大有可为，在课程教学中介绍数字防伪技术市场的广阔需求，鼓励学生积极学习，以勤学长知识、以创新求突破，为推动经济社会高质量发展作出更大贡献。

### (四)中国当代学术研究对世界防伪技术的贡献

近年来，我国的防伪技术研究一直不断发展，产生了众多高效能、低成本、应用广泛的防伪技术发明专利，对世界防伪技术的发展作出了极大贡献，也不断推动着技术革新和创新发展。

通过介绍中国当代学术研究对世界防伪技术的贡献，以及防伪技术研究的重大意义，学生更加深刻地体会到防伪技术在经济社会发展中的重要作用，激发学生学习科研热情的同时，增强学生"学以致用、学成报国"的深切社会责任感。

## 二、教育游戏模式提升思政教育效果

### (一)游戏中的教育潜力

长期以来，游戏已被证明是人类成长和发展的重要组成部分。游戏能够积极地吸引玩家，利用内在动机激发玩家的好奇心，激发玩家多样化的技能和更高层次的认知能力。张莉指出，将普遍常见的游戏应用到教育中，教育就变成了一种普遍的活动。[4]这是使用基于游戏的学习策略的关键特征。

近年来，教育和培训的方式已经发生了很大的变化。新的模式正将注意力从教师转移到学生身上，其目的是激发学生的学习兴趣，促进学生想象力的发展和发散性思维的培养。基于游戏的学习是一种很有希望帮助学习者参与学习的新方法。

### (二)交互式教育游戏模式

交互是传者与受者双方的信息交流，在各种形态的教学活动中都存在着交互。学习者可以主观能动地进行游戏，推进学习和游戏的过程，同时游戏内容也对使用者产生教育作用，形成双向的交互信息流动。[5]教育中的游戏化已经成为一个活跃且快速发展的研究领域，为教育目的进一步挖掘游戏的学习潜力，很多基于游戏的学习研究已经蓬勃发展，每年都有数百篇相关的新出版物问世。[6-7]

在教育游戏设计中应用交互技术，能更好地增强学习者与教育游戏之间的互动行为，让游戏提供给使用者更多特殊的功能体验。这也优化了"自主学习"的情境，由传统的"以教促学"转变成学习者的"自主学习"，这是通过学习者个人和信息环境发生交互、促进学习者学习知识和技能的一种新型学习方式。学习者不仅能够在学习过程中获得相应知识，同时在动手操作的过程中还能获得精神上的满足。[8-10]

### (三)纸数媒融合的"防伪技术"交互教育游戏

在课程教学中采用纸数媒融合的教育游戏设计。通过改变传统的静态文字图案的教学形式，以科学智能的交互式教育游戏手段加强与学生的互动，融入"防伪技术"思政教育，加强教学效果。游戏已经逐渐发展成为学习生态系统中的一部分，要充分意识到教育游戏在教学环节中的优势，在课堂中使用寓教于乐的游戏手段进行创新的可能性显著增加。

本课程依托研究课题组的设计成果，将纸质媒体与数字媒体实时结合，突破原有的传统教法，以这种更加有效的传达方式，在虚实情景融合的游戏模式中推进思政文化教育。通过设计特定识别接收设备，识别现实中纸质媒体特定的传感编码，通过印刷的导电油墨传递特定电信号，通过无线通信设备与智能终端连接，实现突破现实世界与元宇宙的虚拟世界的界限，建立虚实情景实时交互的链接模式。

如图2所示，整体游戏采用棋盘式桌游形式，棋盘上设置四条道路，分别对应四个学习专题的课程内容。在特制的游戏盘底座上设置特殊位点，特制的棋子落在特殊位点处即可触发游戏盘内置的电路，引发内置的语音模块，对相应的课程内容进行播报介绍。通过棋盘上图片的美术设计与文字语音播报内容，采用视听结合的交互式游戏教学形式，帮助学生理解课程内容，使得学生更容易接受相关课程知识和思想政治教育。

如图3所示，游戏盘底座内部设计有两层纵横交错的导电油墨线路，特定棋子落在某一点上后，该点处的两层电路接触，形成一条导电通路，触发特定的电信号，进而语音播报或触发其他多媒体感官效果。

同时，我们也在继续探索新的交互教育游戏机制，通过更新颖的游戏机制在更大程度上吸引学生的兴趣，提升教育效果。计划将古代防伪技术中的北宋纸币"交子"、唐朝时期用于识别身份的鱼符融入游戏设计（如图4所示），做成游戏棋子，能使学生更了解这些防伪技术的形态和特点，在游戏过程中沉浸式感受优秀的传统文化元素。

图2　纸数媒融合的交互式教育游戏

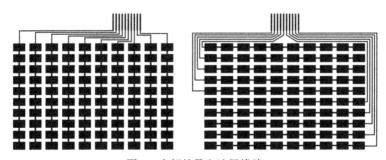

图3　内部的导电油墨线路

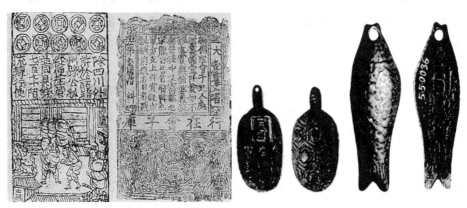

图4　纸币"交子"与用于识别身份的鱼符

纸数媒融合的教育游戏模式能够突破现实世界与元宇宙的虚拟世界的界限，建立虚实情景实时交互的链接模式，革新当前传统纸质桌面教育游戏模式，实现以导电油墨技术串联起"游戏+文创+教育"的组合新模式。这种新模式不仅使学生收获了专业课程知识教育，提高了美育程度，更能增强课程的思政教育效果，发展前景广阔。[11-13]

（四）加强交互式实践教学

采取讨论交流的形式，开展实际研究，探索学生的研究方向与防伪技术的密切结合点，设计和制造防伪器件，在实践教学环节中融入思政教育。

本课程安排学生根据自己的研究方向，探寻其与防伪技术的结合点，设计具体制造方案并在课堂上讨论交流。并且通过实践教学的方式带领学生进行制造，解决制造工艺上产生的问题，实际锻炼学生的综合能力。鼓励学生拓展研究应用，以真知促实干，走上科研成才、产业报国之路，为"中国智造"贡献力量。

## 三、结论

本文以研究生专业课程"防伪技术"为例，分析了传统理工科专业课程所面临的教学问题，从课程的专业特点出发，围绕课程思政的目标与内涵，深入挖掘专业课程中的思政元素，提升学生的文化自信和民族自豪感。

在课程教育中创新形式，提醒学生面对百年大变局，在新时代新征程上，更要大力弘扬传承中华优秀传统文化，进一步坚定文化自信，不断开拓创新，为开创党和国家事业发展新局面提供坚强思想保证和强大精神力量。

结合新型教育游戏模式有效地实现思政育人目标，在实践教学环节中将"读万卷书"与"行万里路"相结合，将价值引领、知识传授、科研素养培育有机融汇，最终实现教书、育人、育才的有机统一。

## ◎ 参考文献

[1]刘德兵，龙海燕，宋艳丽．高职"电工电子技术"课程思政实施路径探索与实践[J]．现代职业教育，2021(41)：1-3.

[2]HUO Y H. A pedagogy-based framework for optimizing learning efficiency across multiple disciplines in educational games [J]. International Journal of Information and Education Technology，2019，9(10)：83-88.

[3]葛丰田．古代纸币防伪和造假：你没听过的一种新招数[J]．中国防伪报道，2016(04)：100-101.

[4]张莉．游戏理论视域下高校课程教学的探索与实践[J]．河南广播电视大学学报，2021，34(01)：94-98.

[5]胡勇，何玉振，熊梦涵，等．混合现实电子沙盘虚拟对象的手眼协同交互设计研究[J]．包装工程，2022，43(06)：1-10.

[6]CARVALHO C V，COELHO A. Game-based learning, gamification in education and serious games[J]. Computers，2022，11(3)：31-37.

[7]Liu Z Y，AHMED S Z，GAZIZOVA F. Using the concept of game-based learning in education [J]. International Journal of Emerging Technologies in Learning (IJET)，2020，15(14)：53-57.

[8]张帅，伍传敏．基于移动增强现实的交互式游戏应用研究[J]．中国教育信息化，2018(21)：7-11.

[9]昂娟，俞欣．交互式数字故事在历史教育游戏设计中的应用[J]．通化师范学院学报，2014，35(06)：74-75，127.

[10]王鹏，冯磊，张炜．面向古生物博物馆的交互体验式文创产品设计模式研究[J]．包装工程，2020，41(16)：116-123.

[11]吴剑锋，上官培军.基于认知特征的儿童益智玩具设计研究[J].设计，2018(09)：9-11.

[12]王龙意.文化类桌面游戏设计研究[D].北京：中央美术学院，2018.

[13]周曦，黄心渊.学龄前儿童教育游戏角色的交互设计[J].包装工程，2022，43(06)：243-251.

# 以思政元素为主线，培养口腔健康促进的践行者

台保军　刘　畅

（武汉大学　口腔医学院 口腔预防教研室，湖北　武汉　430079）

**摘　要**：本案例以思政元素为主线，以医学生誓言为导入，以国家方针政策和口腔疾病干预项目为载体，采用全程化、多路径的方式，将医学生对国家、对人民的责任感和使命感、奉献精神、人文关怀等思政内容，有机地融入"口腔健康促进"的课程教学中，从而使学生掌握口腔健康促进和口腔健康教育的概念、任务、方法，及计划、实施和评价，提升学生将课堂理论知识应用到社会实践的能力，帮助学生树立正确的世界观、人生观和价值观，为口腔健康促进全身健康的目标而努力奋斗。

**关键词**：口腔健康促进；课程思政；口腔健康教育

**作者简介**：台保军(1959— )，女，河南南乐人，教授，研究方向为口腔预防医学，E-mail：taibaojun@126.com。

刘畅(1981— )，女，湖北武汉人，副主任医师，研究方向为口腔预防医学，E-mail：liuc0728@whu.edu.cn。

**基金项目**：武汉大学口腔医(学)院"课程思政"项目。

医学生是未来的医务工作者，肩负着防病治病、救死扶伤，全心全意为人民健康服务的重任。医学生职业素养的培养和塑造对医学生的成长成才尤为重要，是立德树人的首要任务。医学教育课程体系中，很多课程都体现着对生命的尊重、对科学的追求、对医学的奉献、对病人的关怀。[1]"口腔预防医学"是研究人群的口腔健康状况及普遍存在的口腔疾病的发生发展规律并提供预防对策，维护个体与群体口腔健康的学科。[2]"口腔健康促进"是"口腔预防医学"课程的重要章节。口腔健康促进旨在为提高大众口腔健康管理能力而

提供广泛社会和环境干预，通过消除危险因素、防治口腔疾病，以维护口腔健康，提高生活质量。该章节内容理论性较强，作为社区卫生服务实践的基础，学生必须掌握口腔健康促进和口腔健康教育的概念、任务、方法及计划、实施和评价。如何挖掘和应用"口腔健康促进"课程中的思政元素并将其融入教学全过程，落实立德树人根本任务，促进医学生全面发展，值得思考和探索。本案例从教学目标、思政主线、教学方法及思政成效四个方面对"口腔健康促进"课程思政教学进行设计，以期为全面推进课程思政建设提供借鉴与参考。

# 一、"口腔健康促进"课程思政教学目标

"口腔健康促进"课程的教学目标是将口腔健康促进的理论知识传递给学生，让学生掌握概念实质并领会重要意义，在将来的实践中应用自如，达到口腔健康促进的效果。"口腔健康促进"课程思政的教学目标立足党和国家对口腔医学人才的重大战略需求，以"厚基础、宽口径、高素质、强能力"为原则，以思政元素为主线，让学生在掌握扎实的口腔健康促进理论知识的基础上，体验口腔健康促进的实施过程，自觉树立预防为主的健康理念，培养强烈的社会责任感和使命感，全面塑造良好的职业素养，为人类健康的目标奋斗终身。

## （一）职业素养目标

以医学生誓言为导向，引出"健康"和"口腔健康促进"的概念，并从人文角度看口腔健康，指出口腔健康的主观感受、口腔疾病的表现和预防的根本方法，同时强调口腔健康与全身健康的关系，提升学生口腔预防意识和职业素养，希望每个学生都要为维护人类健康而努力奋斗。

## （二）健康与社会工作目标

通过介绍国家关于口腔健康的方针政策，诠释口腔健康促进的组成、途径和任务，培养学生的奉献精神，尽最大的努力学好本领，尽全力践行口腔健康促进，并在未来为国家方针政策的制定贡献自己的智慧和力量。

（三）公共卫生目标

结合对全国儿童口腔疾病综合干预项目的分析，使学生了解"口腔健康促进"课程计划、实施和评价的过程，并在理论知识的基础上进行实践，拓展视野，走出课堂，走进社会，培养人际沟通和换位思考的能力。

（四）健康教育目标

通过"9·20"全国爱牙日活动的设计和开展，以及本院创作的品牌口腔健康科普作品成果的展示，使学生掌握口腔健康教育的概念、任务、方法及计划、实施和评价，提出普及口腔健康知识是医学生的责任，并激发学生进行科普创作的热情。

## 二、"口腔健康促进"课程教学思政主线

（一）提升口腔医学生的职业素养

世界卫生组织关于"健康"的定义是一种在身体上、精神上的完美状态，以及良好的适应力。口腔健康是人体健康的组成部分，而不仅仅是没有口腔疾病。引导学生从人文的视角去认识口腔健康还包括个体的主观感受和心理状态。口腔健康是全身健康的基础，口腔健康与全身健康息息相关，互相影响。比如常见的牙周病会诱发或加重全身性疾病，如心脑血管疾病、糖尿病、感染性疾病、过敏性疾病等。全身系统性疾病如糖尿病、艾滋病、某些血液病等也会在口腔有所表现，这都提示学生在口腔医学理论知识学习和临床实践中，要有全局观、整体观，充分考虑口腔健康与全身健康的关系。

口腔疾病是可以预防、控制和治疗的，良好的口腔卫生习惯与定期的口腔专业保健相结合可维护口腔健康，促进全身健康，提高生命质量。引入医学生誓言："我志愿献身医学，热爱祖国，忠于人民，恪守医德，尊师守纪，刻苦钻研，孜孜不倦，精益求精，全面发展。我决心竭尽全力除人类之病痛，助健康之完美，维护医术的圣洁和荣誉，救死扶伤，不辞艰辛，执着追求，为祖国医药卫生事业的发展和人类身心健康奋斗终身。"在当前健康中国战略下，围绕新医科建设的要求，使学生树立预防为主的健康理念，提高基于人

文关怀的职业素养，激发对健康促进的责任感和使命感，提升学习动力，为维护人类健康而努力奋斗。[3]

### （二）培育口腔医学生为国家做贡献的信念

国家对口腔健康促进的政策、法律、法规为口腔健康促进提供了保障体系。《"健康中国 2030"规划纲要》指出到 2030 年，12 岁儿童患龋率控制在 25%以内，并实现全人群、全生命周期的慢性病健康管理。[4]《中国防治慢性病中长期规划（2017—2025 年）》中将口腔健康检查纳入常规体检，加大牙周病、龋病等口腔常见疾病干预力度，对儿童的牙齿实施局部用氟、窝沟封闭等口腔保健措施，深入推进以减盐、减油、减糖、健康口腔、健康体重、健康骨骼为重点的全民健康生活方式行动。[5]在《纲要》和《规划》确立口腔健康的目标后，通过提问第四次全国口腔健康流行病学调查结果，引出对落实目标的《健康口腔行动方案（2019—2025 年）》的解读，提出具体方法，包括口腔健康行为普及行动（加强口腔健康教育、开展"减糖"专项行动、实施口腔疾病高危行为干预）、全生命周期口腔健康管理优化行动、口腔健康能力提升行动和口腔健康产业发展行动，从而全面提升我国口腔健康水平，助力健康中国建设。[6]这些文件的导入和拓展，能够促进学生对国家政策的关注，从中领悟到国家的大健康观，并坚定将来利用所学的知识和培养的能力为健康中国的全面建设添砖加瓦的决心。

### （三）塑造口腔医学生的实践精神

为提高儿童口腔健康水平，原卫生部、财政部从 2008 年起设立了儿童口腔疾病综合干预项目，支持在项目地区建立儿童口腔卫生工作机制，开展儿童口腔健康教育、基层口腔卫生专业人员培训，对适龄儿童进行口腔健康检查和窝沟封闭等。课前预习《全国儿童口腔疾病综合干预项目工作规范》，全面仔细解读口腔健康促进项目计划的制定、口腔健康目标和项目内容的确定、实施方案的制定，最后进行总结评价，使学生进一步了解国情，设计并实施口腔健康促进项目，培养积极思考、学以致用等综合应用能力，[7]提高整体职业素养和就业竞争力，从而为未来的发展和成就奠定坚实的基础。

### （四）树立口腔医学生健康教育的责任感

介绍口腔健康教育的经典项目"9·20"全国爱牙日。龋病、牙周疾病是损害中国人民群众口腔健康的常见病、多发病，更是危害儿童和青少年健康和生长发育最常见的口腔疾病。为了进一步强化公众对口腔卫生的关注，普及口腔卫生知识，使广大群众了解口腔疾病可防、可治，让所有的人都懂得追求健康首要的是学习和坚持健康的生活方式，让大家知道健康的生活方式从维护口腔健康开始。1989 年，由原卫生部、教委等部委联合签署，确定每年的 9 月 20 日为"全国爱牙日"，宗旨是通过爱牙日活动，广泛动员社会力量，在群众中进行口腔疾病预防知识的普及教育，增强口腔健康观念和自我口腔保健的意识，建立口腔保健行为，从而提高全民族的口腔健康水平。"爱牙、健齿、强身"，是爱牙日永恒的主题，近年来的宣传主题是：口腔健康，全身健康，副主题每年都在更新。爱牙日活动是加强口腔预防工作，落实预防为主方针的重要举措。爱牙日活动形式多种多样，可以利用大众传媒，通过在学校、社区等地进行科普讲座、义诊咨询、线上直播、专家访谈、各媒体平台发表科普文章等，提高广大群众的口腔健康知识水平。除了在"爱牙日"集中进行口腔健康教育活动，也可以通过其他方式进行日常口腔健康教育。比如在临床椅旁进行口腔健康教育，属于个别交谈形式，是根据疾病情况、个人特点给予个性化口腔健康教育，从而促使学生积极锻炼人际沟通和部门组织协调能力，避免形而上学的思维固化，增强社会责任感。

（五）激发口腔医学生科普创作的热情

口腔健康教育是口腔健康促进的核心，武汉大学口腔授课教师团队利用视频、图片等多媒体，创作出一系列科普作品，2013 年出品了口腔科普 IP "牙牙精灵"，该作品最早依托于 2011 年国家自然科学基金科普项目制作和发行运营，后于 2019 年推出第二季，现已收获了超过数亿的点击量（见图 1），并先后获得湖北省科技进步二等奖、科技部全国优秀科普微视频奖、中华口腔医学会口腔健康科普作品创作大赛特等奖等 20 余项国家级与省市级荣誉，成为国内口腔领域具有代表性的科普动漫 IP。武汉大学口腔医院已将"牙牙精灵"的外观设计申请了知识产权，并进行商标注册，借助"牙牙精灵"的品牌效应，将健康知识传播给更多受众，并以此 IP 为核心延伸出口腔健康科普绘本、游戏、机器人、文创周边（见图 2），运用数字化技术展示科技前沿、创新成果，集内容创作、远程传播、现场体验于一体，打造线上线下融合的沉浸式口腔科普教育空间，形成了富有活力的科普生态，探索出一条健康科普科学化、系统化、规范化、品牌化的新道路。

图 1  "牙牙精灵"在网络视频平台播出

图 2  "牙牙精灵"文创产品

授课教师团队还创作了"牙牙精灵"健康科普系列绘本，经过精心创作、反复打磨，为中国儿童量身打造的全方位护牙攻略，以生动有趣的儿童语言，活泼可爱的漫画形象，让家长和孩子在趣味阅读中共同学习儿童口腔保健知识，自觉维护口腔健康。该绘本自发行以来，深受读者喜爱(见图 3)。

授课教师团队针对第四次全国流行病学调查结果进行科普解读，编写了《口腔健康从我做起》，联合中华口腔医学会和中国牙病防治基金会编写了疾控科普系列之《影响孩子一生的事——儿童口腔保健》(见图 4)。

授课教师团队于 2014 年获批中国科协科学传播专家团队科普项目(口腔科普动漫影片和益智闯关游戏开发)，2015 年获批中国科协科学传播专家团队科普项目(儿童口腔健康知识互动电子书)，2015 年获批中国科协科学传播专家团队科普项目(爱牙精灵幼儿口腔健康品牌活动)，部分成果在武汉大学口腔医院（whuss. com）官网医学教育——口腔保健中呈现。

图3 "牙牙精灵"健康科普绘本

图4 授课教师团队编写的科普图书

授课教师团队还在微信视频号(武大口腔台保军)、抖音号(武大口腔台保军)和新浪微博(台保军)发布短视频，进行口腔科普宣传。

这些口腔健康教育活动的实施，都能够激发学生作为医院一分子的集体自豪感，使他们获得职业认同感，并鼓励他们利用特长在口腔领域进行有特色的科普创作，培养科普创新能力，为建设人人健康的健康中国而努力奋斗。

## 三、"口腔健康促进"课程思政具体实施方法

### (一)课前导入

发放"全国儿童口腔疾病综合干预项目工作规范"资料，学生充分利用课前时间，结合教材章节内容，提前自学预习。

### (二)理论教学

通过思政主线，介绍国家对口腔健康促进的政策、法律法规，以全国儿童口腔疾病综合干预项目为例，根据预习资料，与学生互动，共同讨论如何制订项目计划、实施和评价，培养学生学以致用的能力。在口腔健康教育的理论讲授中，展现当年爱牙日主题，并通过 PPT 展示爱牙日宣传海报等资料，激发学生对口腔健康教育相关活动的参与意识。

### (三)实践延伸

通过理论联系实践，要求学生发挥特长和创造力，以讲座、视频、图片等不同的方式创作口腔健康教育相关作品，为提高社会人群口腔预防保健知识水平服务。在口腔健康教育相关活动中，鼓励学生利用所学理论知识凝练出有创意的作品，积极参加大学生科普创作大赛，并在社区进行口腔健康知识传播。

### (四)课后反馈

针对儿童口腔疾病综合干预项目与课程之间的结合之处，让学生提出自己对项目计划和实施的见解。依据本课程教学内容，结合口腔健康促进相关平台上的资料，引导学生思考如何通过口腔健康促进来实现健康中国的理想目标。

## 四、课程思政育人成效

通过对"口腔健康促进"教学内容的学习，所有学生都能够理解理论知识，较好地参与课堂中，对该课程的教学设计合理性评分在 90 分以上。课堂上，学生都能够体会到教师所讲的思政元素，通过后期实践，学生在这些方面的

思想水平均得到不同程度的提高。同时，学生自评口腔健康教育的能力、设计口腔健康促进项目的能力，制作口腔健康传播材料、团队合作、人际沟通的能力均得到显著提升。具体体现在每年中华口腔医学会组织的全国大学生口腔科普作品创作与传播活动中，学生频频获奖。如本科生团队设计的原创口腔科普作品"齿间的幸'氟'"微信秀荣获 2017 年第三届口腔健康科普作品创作大赛一等奖，"牙结石能有什么坏心思?"折页荣获 2022 年全国大学生口腔科普作品创作与传播活动的最高奖——"特等作品"(见图 5)。我校学生志愿者 smile 服务队出版了唇腭裂科普漫画书《你是上帝吻过的天使》，联合专家力量构建"志微笑"微信公众号线上诊疗平台(见图 6)，以微博为桥梁面向社会进行唇腭裂专业知识科普，走进武大定点扶贫地区宣讲口腔知识、寻找唇腭裂儿童，多次获得国家和校级荣誉奖项，如中国青年志愿服务公益创业赛银奖。

图 5　大学生获奖的口腔科普作品

图 6　大学生编写的科普书和建立的微信公众号

# 五、结语

可以通过"口腔健康促进"教学，在每一位学生心里种下一粒"科学普及"的种子，但该课程讲授的理论知识比较抽象枯燥，学生往往难以理解和掌握。本案例以思政为主线，将抽象的理论知识巧妙地结合具体的思政元素，提升了学生参与课堂活动的积极性，使学生听课时注意力更加集中，从而提升了教学效果，为教学目标的实现奠定了基础，同时也起到了课程思政"润物细无声"的作用，为学生指明了前进的方向。但课程思政尚缺乏科学有效的评价体系，需要在今后的教学工作中建立并不断完善，使之更有效地为学生的全面培养而服务。[8-10]

## ◎ 参考文献

[1]邱蔚六. 口腔医学人文[M]. 北京：人民卫生出版社，2020.

[2]冯希平. 口腔预防医学(第7版)[M]. 北京：人民卫生出版社，2020.

[3]刘健，李怀珍，邵路才. 社会主义核心价值观融入医学生医德培育路径的探索[J]. 中华医学教育杂志，2018，38(05)：685-688.

[4]中共中央、国务院. "健康中国2030"规划纲要[R]. 北京：2016.

[5]中共中央、国务院. 中国防治慢性病中长期规划(2017—2025年)[R]. 北京：2017.

[6]国家卫生健康委. 健康口腔行动方案(2019—2025年)[R]. 北京：2019.

[7]于丽霞，周燕，陶冶，庞亮月，曹依娜，支清惠. 口腔预防医学课程思政的实践与教学思考[J]. 中华口腔医学研究杂志(电子版)，2022，16(03)：184-188.

[8]高燕. 课程思政——课程思政建设的关键问题与解决路径[J]. 中国高等教育，2017(15)：4.

[9]王燕萍，张淑娥，李庆林，赵晨曦，袁嘉，周圣焱，王民，刘晓宁，曹德品. 高等医学院校课程思政实施现状的分析与思考[J]. 中华医学教育杂志，2022，42(07)：618-622.

[10]隆娟，温臣婷，王茜. 临床医学专业课程思政教学案例库建设的思考[J]. 中华医学教育杂志，2022，42(01)：16-19.

# 基于教材的高级汉语综合课课程
# 思政教学探索

## ——以《HSK 标准教程 5》为例

陈　静

（武汉大学　国际教育学院，湖北　武汉　430079）

**摘　要**：课程思政是我国在新时代背景下对高等教育提出的新要求，也是高等教育实现高质量发展的内在需求。汉语综合课全面承担着提高来华留学生汉语综合运用能力的职责，其课堂教学是开展课程思政的"主渠道"。《HSK 标准教程 5》兼具语言要素和文化知识，多角度地展现了中华优秀传统文化、当代国情与发展及中国人的价值观念、民族精神等，蕴含着丰富且多元的思政元素和案例，教学中将对留学生的价值塑造蕴于汉语知识传授与语言能力培养中，培养"知华""友华"高素质汉语人才和人类命运共同体的建设者。

**关键词**：课程思政；国际中文教育；教材；《HSK 标准教程 5》

**作者简介**：陈静（1979—　），女，湖北大冶人，硕士，武汉大学国际教育学院讲师，研究方向为国际中文教育，E-mail：gracechenjing@126.com。

# 一、引言

2020 年 5 月教育部印发的《高等学校课程思政建设指导纲要》（以下简称《纲要》）明确指出："发挥好每门课程的育人作用，提高高校人才培养质量。"[1]就国际中文教育领域而言，汉语综合课是国际中文教学课程体系中的主干课程，全面承担着提高来华留学生汉语综合运用能力的职责，也是课程思政进入留学生课堂的"主渠道"。教材是语言教学的重要载体，一方面要通过课本学习和技能训练让留学生获得必需的专业知识和语言交际技能，另一方面还要让留学生了解并理解中国的传统文化、当代国情与发展及中国人的价值观念和民族精神等，将对留学生的价值塑造蕴于汉语知识传授与语言能力培养中，培养"知华""友华"的高素质汉语人才和人类命运共同体的建设者。本文以《HSK 标准教程 5》为例，尝试对教材中的思政元素做一个简单的整理和分析，探索将语言专业课与课程思政教学相结合的模式，为留学生其他课程的课程思政教学积累经验。

《HSK 标准教程 5》是北京语言大学出版社与 CTI 协同推出的新一代中文教材，秉承了"教考结合"和"主题式教学"的理念。姜丽萍（2015）在《〈HSK 标准教程〉系列教材的编写理念与实践》一文中指出，教材以"亲切熟悉的话题"为话题设置理念，在初级教材中侧重日常生活类话题，中高级教材中侧重话题的开放性、通识性，引起学习者的讨论与思考，培养学习者的语言综合运用能力。[2]《HSK 标准教程 5》（以下简称《教程 5》）是学习者汉语水平由中级向高级过渡的重要用书，分上、下 2 册，共 36 课，共划分为 12 单元，每个单元有一个相同的主题，每个主题包含 3 篇课文，3 篇课文分别涉及单元主题的三个不同的方面。结合单元主题和课文内容，可以提炼出丰富多彩的思政元素和案例，在教学过程中将其巧妙地与语言教学相结合，可以"润物细无声"地激发留学生的情感与思想上的共鸣，帮助他们对中国文化有进一步的理解和认同。

## 二、课程思政内容在《HSK 标准教程 5》中的体现

### （一）中华优秀传统文化

习近平在中央政治局第二十三次集体学习时强调，"向国际社会展示博大精深的中华文明，讲清楚中华文明的灿烂成就和对人类文明的重大贡献"[3]。中华民族优秀的文化传统是我国历经千年延续至今的宝贵遗产，被一代代中国人继承并发扬光大。《教程 5》从单元主题到课文内容的选取覆盖了中国历史与传统文化、中国国情与发展、中国人的日常生活与价值观等。如上册第 6 课《除夕的由来》涉及了中国传统节日的由来、风俗习惯和庆祝活动的话题；第 7 课《成语故事两则》和第 15 课《纸上谈兵》则集中展现了汉语成语不仅能表

达丰富的含义，也蕴含着深刻的哲学思想；第 14 课《北京的四合院》介绍了中国建筑"天人合一"、建筑与自然和谐统一的传统文化。

### （二）价值观念和民族精神

价值观处于文化体系的核心地位，是课程思政内容的重中之重。《教程5》中出现了形形色色的中国人物角色，通过他们的故事传递出来的价值观念涵盖了个人品德、家庭美德、职业道德和社会公德等许多方面。如上册第 2课《留串钥匙给父母》和第 4 课《路子背米》通过展现中国人的家庭生活，体现了中国人勤劳孝顺、互相体谅的美德。下册的第 24 课《支教行动》通过郝琳硕老师的故事，展现了中国青年一代心系国家与社会的责任感和使命感，"把小我融入大我"[4]，也是目前我国提倡的以爱国主义为核心的民族精神的最佳体现。

### （三）新时代国情与中国梦

《教程 5》中不乏展现中国新时代发展变化的现实题材，如上册第 12 课《海外用户玩儿微信》一文向留学生介绍了中国人"科技强国"的时代精神和文化自信。第 28 课《最受欢迎的毕业生》和第 29 课《培养对手》分别涉及了大学生求职和商业竞争等时下热点话题，平衡了汉语教材历来"重传统轻现代"的局面，为教学内容注入了多元有益的元素，有助于消除留学生对中国的固有的偏见和刻板印象，使其了解一个真实现代的中国。

## 三、《HSK 标准教程 5》所蕴含的课程思政元素

《纲要》提出课程思政建设要"围绕政治认同、家国情怀、文化素养、宪法法治意识、道德修养等重点优化课程思政内容供给"，系统地进行中国特色社会主义和中国梦教育、社会主义核心价值观教育、法治教育、劳动教育、心理健康教育、中华优秀传统文化教育。根据《纲要》中提出的课程思政建设内容，对《教程 5》所蕴含的思政元素进行一个简单的挖掘和拓展，具体情况见表 1。

表1　　　　　　　对《教程 5》蕴含的课程思政元素的挖掘及拓展

| 单元 | 课号 | 题目 | 话题 | 思政元素的挖掘 | 思政元素的拓展 |
|---|---|---|---|---|---|
| 1. 了解生活 | 1 | 《爱的细节》 | 家庭生活 | 1. 中国夫妻的相处之道<br>2. 患难与共、相敬如宾的传统美德 | 比较中外择偶观，在比较中感受异同 |
| | 2 | 《留串钥匙给父母》 | 家庭生活 | 1. 中国人的亲情观<br>2. 中国父母和子女各自表达爱的方式 | 比较中外父母和子女各自表达爱的方式，在比较中感受异同 |
| | 3 | 《人生有选择，一切可改变》 | 家庭生活 | 1. 中国人的家庭观<br>2. 敢于打破传统、追求梦想的理念 | 组织讨论是否赞成"翟峰"的做法并说明理由 |
| 2. 谈古说今 | 4 | 《子路背米》 | 文学与艺术 | 中国的"孝"文化 | 组织讨论各自国家的"孝"文化有哪些表现 |
| | 5 | 《济南的泉水》 | 社会文化自然环境 | 1. 中国的地名文化<br>2. 舍己为人的奉献精神 | 介绍中国"绿水青山就是金山银山"的理念 |
| | 6 | 《除夕的由来》 | 节日活动 | 1. 中国传统节日的由来与风俗习惯<br>2. 舍己为人的奉献精神 | 对比中外传统的英雄形象的主要特点，在比较中感受异同 |
| 3. 聆听故事 | 7 | 《成语故事两则》 | 文学与艺术 | "盲人摸象"和"精诚所至，金石为开"所蕴含的文化含义 | 讨论如何确定目标才有可能取得成功 |
| | 8 | 《"朝三暮四"古今义》 | 文学与艺术 | 成语"朝三暮四"的古今义及其蕴含的哲学思想 | 讨论了解语义的变化对学习汉语是否有帮助 |
| | 9 | 《别样鲁迅》 | 文学与艺术 | 1. 中国的美食文化<br>2. 中国人的饭局文化 | 1. 结合青年鲁迅留学和弃医从文的经历，讨论留学的目的和意义<br>2. 爱国主义和民族精神 |
| 4. 走进科学 | 10 | 《争论的奇迹》 | 文学与艺术 | 独立思考能力和探索精神的重要性 | 介绍中国的"四大发明" |
| | 11 | 《闹钟的危害》 | 身心健康 | "日出而作，日入而息"的生活方式 | 介绍中医的养生文化 |
| | 12 | 《海外用户玩儿微信》 | 社会 | 中国人以改革创新为核心的时代精神 | 1. 科技如何改变了我们的生活<br>2. 了解科技强国的中国梦 |

续表

| 单元 | 课号 | 题目 | 话题 | 思政元素的挖掘 | 思政元素的拓展 |
|---|---|---|---|---|---|
| 5. 放眼世界 | 13 | 《锯掉生活的"筐底"》 | 文化娱乐 | 打破固有思维、培养创造性思维的重要性 | 讨论如何培养创造性思维 |
| | 14 | 《北京的四合院》 | 文学与艺术 | 中国建筑"天人合一"、建筑与自然和谐统一的传统文化 | 1. 中国人的家族观<br>2. 长幼有序、尊卑有别的中国礼仪规范 |
| | 15 | 《纸上谈兵》 | 文学与艺术 | "纸上谈兵"所蕴含的文化含义及哲学思想 | 围绕"纸上得来终觉浅，绝知此事要躬行"讨论理论与实践之间的关系 |
| 6. 修养身心 | 16 | 《体重与节食》 | 身心健康 | 中国人的审美观 | 组织学生讨论美丽的标准或美丽是否应该存在标准 |
| | 17 | 《在最美的时刻离开》 | 社会 | "峰终定律"的含义 | 介绍中国传统婚礼习俗 |
| | 18 | 《抽象艺术美不美》 | 艺术 | 中国传统艺术形式及审美观 | 介绍中国画中的"意境"概念 |
| 7. 文化交流 | 19 | 《家乡的萝卜饼》 | 语言与文化 | 1. "民以食为天"的中国文化<br>2. 中国菜的烹饪方式和中国人的饮食习惯 | 中国的食疗文化 |
| | 20 | 《小人书摊》 | 文学与艺术 | 1. 中国的地摊文化<br>2. 中国人传统的休闲娱乐方式 | 1. 中国人休闲娱乐生活的发展变化<br>2. "地摊经济" |
| | 21 | 《汉字叔叔——一个美国人的汉字情缘》 | 语言与文化 | 1. 汉字的特点<br>2. 坚韧不屈、无私奉献的精神 | 围绕"择一事终一生"、"干一行专一行"展开讨论 |
| 8. 体会教育 | 22 | 《阅读与思考》 | 教育 | "学而不思则罔""不深思则不能造其学"的学习态度 | 交流各自的或各国名人的读书方式和学习态度 |
| | 23 | 《放手》 | 教育 | 中国父母"望子成龙，望女成凤"的家庭教育观 | 现代中国年轻人的独立意识 |
| | 24 | 《支教行动》 | 教育 | 1. 了解中国的支教行动和公益事业<br>2. 以"郝琳硕"为代表的现代中国大学生的社会责任感和使命感 | 1. "教育乃立国之本"的理念<br>2. 中国"振兴乡村"的发展战略 |

续表

| 单元 | 课号 | 题目 | 话题 | 思政元素的挖掘 | 思政元素的拓展 |
|---|---|---|---|---|---|
| 9. 感受人生 | 25 | 《给自己加满水》 | 身心健康 | "压力效应"及其蕴含的道理 | 介绍中国人的平衡之道 |
| | 26 | 《你属于哪一种"忙"》 | 社会 | 张弛有度的生活态度 | 介绍"三思而后行"的典故并展开相关讨论 |
| | 27 | 《下棋》 | 家庭生活 | 中国人的取舍观 | 中国人"棋如人生"的人生观 |
| 10. 关注经济 | 28 | 《最受欢迎的毕业生》 | 社会 | "学贵专"的理念 | 1. 介绍"铁饭碗"<br>2. 组织学生讨论如何发掘自己的优势 |
| | 29 | 《培养对手》 | 社会 | "诚信""友善""和谐"的社会主义核心价值观 | 了解中国人"己欲立而立人，己欲达而达人"的价值观 |
| | 30 | 《竞争让市场更高效》 | 社会 | 中国人的竞争观念 | 1. 介绍《孙子兵法》<br>2. 介绍中国人"崇让"的传统理念 |
| 11. 观察社会 | 31 | 《门槛效应》 | 社会 | 人情社会 | 讨论并对比中外人际交往之道，在比较中感知异同 |
| | 32 | 《身边的环保》 | 全球与环境 | 环境保护，人人有责 | 1. 讨论垃圾分类和废品回收的必要性<br>2. 介绍中国"绿水青山就是金山银山"的理念 |
| | 33 | 《以堵治堵》 | 社会 | "反其道而行之"蕴含的道理 | 学习习近平总书记的《推动形成绿色发展方式和生活方式是发展观的一场深刻革命》 |
| 12. 亲近自然 | 34 | 《鸟儿的护肤术》 | 自然 | "人与自然和谐共生"的理念 | 学习习近平总书记在2021年10月《生物多样性公约》第十五次缔约方大会领导人峰会上的发言 |
| | 35 | 《植物会流汗》 | 自然 | "人与自然和谐共生"的理念 | 介绍中国"前人栽树，后人乘凉"的价值观 |
| | 36 | 《老舍爱养花》 | 自然 | 中国人的劳动观 | 1. 低碳生活<br>2. 如何看待人与自然的关系 |

需要说明的是，表1所罗列的思政元素是笔者结合单元主题和课文内容提炼出来的主要元素，并不代表教材仅有或全部的思政元素。可见，《教程5》中可挖掘的思政元素非常丰富，具体教学过程中可以根据具体的教学目标、学生的实际水平和需求及难易程度进行选择。

# 四、高级汉语综合课课程思政价值目标

高级汉语综合课是针对来华留学生的汉语言专业高级阶段汉语教学的主干课程与专业必修课，在传授语言知识、培养与提高学生汉语综合运用能力的同时，注重对学生语言实践能力的培养、人文素养的提高和世界观、人生观、价值观的塑造。教育部在《来华留学生高等教育质量规范(试行)》中指出，来华留学生教育的人才培养目标集中在提升留学生的学科专业水平、对中国的认知和理解、语言能力及跨文化交际能力和全球胜任力四个方面。[5]《武汉大学课程思政教学评价指南》第一辑和第二辑分别从学习能力、科学精神、批判性思维、学生的核心素养和文化认同等多个角度对课程思政教学的评价提出了具体的要求。[6-7]再结合《教程5》中所蕴含的课程思政元素来看，高级汉语综合课课程思政教学主要可以围绕以下几个培养目标展开：

## (一)认知中国

通过学习《教程5》，留学生可以接触到中国的家庭生活、教育、美食文化、传统节日、文学艺术、民族精神和哲学思想等一系列关于中国传统文化、国情与发展的主题。如《留串钥匙给父母》展示了中国普通老百姓的生活；《除夕的由来》介绍了中国传统节日的相关习俗；《成语故事两则》和《纸上谈兵》展现了汉语成语所包含的丰富含义与哲学思想；《家乡的萝卜饼》涉及了中国的美食文化；《支教行动》展现了现代中国年轻人的社会责任感和奉献精神；《海外用户玩儿微信》展现了科技兴国的"中国梦"……留学生在掌握语言知识的同时，比较全面地、深刻地认识中国和了解中国，这是来华留学生实现培养"知华"目标的重要途径，也是实现"友华"的必要基础和前提。

## (二)文化认同

培养留学生对中国文化认同的核心是让他们在理解的基础上，认同中华优秀传统文化和价值观、革命文化及中国特色社会主义先进文化。[8]来华留学生由于文化背景、价值观念、生活方式及汉语水平等方面存在差异，在理解和接受中国文化的程度上有所不同，不少留学生对中国文化的认知尚停留在器物和中国人的日常生活层面。因此教师在开展课程思政教学过程中，必须有意识地引导留学生，让其对中国文化的认知扩展到中国人的思维方式、人文精神、价值观念、审美情趣等层面，引导留学生更多地了解中国人的精神生活、文化生活和中国的制度。[9]另外，提升留学生对中国文化的认同，并非让他们全盘接受，也不是消除文化差异，而是通过巧妙的方式在差异中实现文明互鉴，使中华文化拥有更广阔的沟通平台。

（三）思辨精神

无论是培养留学生对中国文化的认知还是认同，都需要他们具备独立的思考能力、勇于质疑的批判精神、开放且包容的心态和胸怀。在具体教学中，教师可以组织各种讨论活动，启发留学生客观、辩证地分析问题。如《教程5》上册第3课《人生有选择，一切可改变》中，为了支持"翟峰"的梦想，妻子也放弃了工作，连女儿也放弃了接受系统正规教育的机会。教师可以引导留学生就"他们的这种做法是否值得提倡？""翟峰是不是一个自私的人？"等问题展开讨论，鼓励留学生各抒己见。另外，教师还可以在课堂上组织各种对比讨论活动，让留学生在对比中感受中外文化和观念的异同，在感受差异中学会接纳和欣赏，从而拥有包容开放的心态和胸怀，培养"和而不同"的和谐辩证思维。

# 五、对开展高级汉语综合课课程思政教学的建议

（一）循序渐进

课程思政是一项长期工程，在教学过程中应该遵循教学规律，由浅入深，由表及里地开展，汉语综合课中的课程思政教育更要注意思政元素融入的度，不可一蹴而就。[10]参加高级汉语综合课的留学生的汉语水平和对中国社会和文化的了解程度相对提高，高级汉语综合课的课程思政教学可以根据教学的需要和学生的学习需求，适当地增加思政元素的数量、提高内容的难度和涉

及范围的广度，以满足留学生更深层次的学习需求。

## （二）潜移默化

针对留学生的课程思政教学必须注意方式和方法，不可以强行灌输，生搬硬套。教师要制订合适的教学方案，采取灵活有效的教学方法，将思政元素巧妙地融入课堂教学，适当引导留学生，调动其积极性，提高学生的课堂参与度，充分发挥教师和学生双方的能动性，在自然和谐的氛围中"润物细无声"地完成课程思政教学目标。

## （三）适可而止

课程思政元素涉及中华优秀传统文化、语言文字、当代中国国情、法治意识、道德修养、社会主义核心价值观等多个层面的内容，在高级汉语综合课课堂上开展课程思政教育必然受到语言教学任务和留学生汉语水平等因素的限制和影响，因此每堂课的思政元素的数量和难易程度都应该控制在合理的范围之内，切不可强行灌输，认为越多越好。

# 六、高级汉语综合课课程思政教学环节设计

以《HSK 标准教程 5》下册第 24 课《支教行动》为例，将思政元素融入高级汉语综合课教学设计，尝试为开展高级汉语综合课课程思政教学提供一点参考。

思政教学目标：《支教行动》一文讲述了哈佛毕业生郝琳硕在云南大理州支教的真实故事。通过学习课文，留学生既能了解中国乡村教育的现实情况，认识到"教育乃立国之本"，也能从郝琳硕身上看到中国年轻人的责任与担当，从而认真思考人生的意义和价值是什么。

## （一）教学预习阶段

在学习《支教行动》这一课之前，教师会提前下发预习材料和布置预习任务，让学生提前了解相关背景知识，包括留守儿童、农民工、乡村教育、"美丽中国"支教项目、郝琳硕的个人经历、云南大理州等，以便课堂教学顺利开展。

## （二）课堂教学阶段

围绕课文内容，按照由易到难的顺序，教师通过提问引导留学生进行思考、讨论和分析。具体的问题与相关讨论内容见表 2。

表 2　　　　　　　　　与《支教行动》课文相关的问题及讨论内容

| 教 师 提 问 | 讨 论 内 容 |
| --- | --- |
| 1. 赵福根（课文中的留守儿童）在学校是个什么样的学生？ | 1. 留守儿童在教育方面存在的问题 |
| 2. 郝琳硕老师通过家访，了解到赵福根的家庭情况如何？ | 2. 留守儿童普遍存在的现实生活困难 |
| 3. 郝琳硕老师如何改变了赵福根？赵福根发生了哪些变化？ | 3. 因材施教的重要性 |
| 4. 郝琳硕老师组织研究性学习活动的目的是什么？ | 4. 如何从根本上解决乡村教育问题 |
| 5. 你如何理解"孩子们是国家的未来与希望"这句话？ | 5. 教育乃立国之本 |

课文学习结束后，留学生对中国乡村留守儿童、乡村的教育及发展问题都有了基本的了解，对郝琳硕老师充满爱心和智慧的教学方法感到敬佩，也对教育的重要性有了深刻的理解。接下来，教师还可以组织留学生针对郝琳硕的"海归支教"的经历开展进一步的讨论，以"如果你是郝琳硕，你愿意参加支教行动吗"为线索，启发他们思考学习的目的、个人与社会、年轻一代的责任感、奉献精神等问题。

## （三）课后复习阶段

教师布置书面作业：结合郝琳硕参加支教行动的故事，谈谈你的看法和感受，包括且不限于教育的重要性、学习的目的与意义、个人力量是否能影响或改变社会、年轻人的社会责任和使命等。字数不少于 300 字。

这一环节是为了引导留学生在课堂学习的基础上进行总结和反思，提升对课文内容的理解和思想认识水平。书面写作既能反映留学生对语言知识的掌握情况，也能体现对课程思政教学内容的理解，并把这种理解用汉语准确流畅地表达出来，是对课程思政教学效果的一个反馈。[11]

# 七、结语

时代的发展对国际中文教育的人才培养提出了新的要求，即培养优秀汉语人才与德智体美劳全面发展、知华友华的创新型国际人才。课程思政教学是这一新时代国际中文教育人才培养目标得以实现的重要方式。作为主干课程的汉语综合课全面承担着提高来华留学生汉语综合运用能力的职责，其课堂教学是开展课程思政的"主渠道"。以《HSK 标准教程 5》为代表的汉语教材，兼具语言知识和文化要素，以教材为载体，融入了丰富多元的思政元素和案例。在教学实践中，教师不仅要保持对课程思政教育的敏感度，运用课程思政的学科思维处理教材内容和组织教学，还要充分发挥积极性和创造性，将课程思政教学与国际中文教育有效地结合在一起，实现教书与育人相统一，将"知华""友华"这一人才培养目标落到实处。这无论是对国际中文教育自身的发展，还是对来华留学生的全方面培养，都具有十分重要的意义。

## ◎ 参考文献

［1］中华人民共和国教育部．高等学校课程思政建设指导纲要［Z］．2020．

［2］姜丽萍．《HSK 标准教程》系列教材的编写理念与实践第十二届国际汉语教学研讨会论文集［C］．世界汉语教学学会，2015：17-24．

［3］习近平主持中央政治局第二十三次集体学习并讲话［N］．新华社，2020-09-29．

［4］习近平总书记到南开大学考察调研的发言［N］．人民日报，2019-02-17．

［5］中华人民共和国教育部．教育部关于印发《来华留学生高等教育质量规范（试行）》的通知（2018）［Z］．2018-10-09．

［6］武汉大学本科生院．武汉大学课程思政教学评价指南：第一辑［Z］．2022-11：21-27．

［7］武汉大学本科生院．武汉大学课程思政教学评价指南：第二辑［Z］．2023-12：21-25．

［8］孔子学院总部、国家汉办编制．国际汉语教学通用课程大纲［M］．北京：北京大学出版社，2014．

［9］教育部中外语言交流合作中心．国际中文教育用中国文化和国情教学参考框架［M］．北京：华语教学出版社，2022．

［10］郭九．来华留学生汉语综合课程思政的挖掘与实施［C］//张浩．国际中文本科教育课程思政研究．北京：北京理工大学出版社，2023：138-147．

［11］张亚茹．高级汉语综合课思政教学探索［C］//张浩．国际中文本科教育课程思政研究．北京：北京理工大学出版社，2023：13-21．